Tout ce qu'ont dit les prophètes

Yehia Sa'a

TOUT CE QU'ONT DIT LES PROPHÈTES
Publié par BonneSemence Canada
CP 82091
Gatineau, QC J8T 8B6
Canada
sous contrat de licence avec GoodSeed® International

Cet ouvrage est la traduction du livre intitulé
ALL THAT THE PROPHETS HAVE SPOKEN

Publié par GoodSeed® Canada

ISBN 1-890082-19-8

…commençant par Moïse
et par tous les prophètes,
il leur expliqua
dans toutes les Écritures…

Table des matières

Avant-propos 1

Chapitre un
1 Prologue 5
2 Mettre les choses au clair 6
3 Un livre sans pareil 8

Chapitre deux
1 Au commencement, Dieu... 15
2 Les anges, l'armée des cieux et les étoiles 20

Chapitre trois
1 Les cieux et la terre 25
2 C'était bon 30
3 L'homme et la femme 37

Chapitre quatre
1 Je... 49
2 Dieu a-t-il réellement dit? 53
3 Où êtes-vous? 60
4 La mort 65

Chapitre cinq
1 Paradoxe 75
2 Expiation 79
3 Le prophète Hénoc 89
4 Le prophète Noé 90
5 Babel 101

Chapitre six
1 Le prophète Job 107
2 Le prophète Abraham 108
3 La foi authentique 112
4 Agar et Ismaël 113
5 Ismaël et Isaac 115
6 Celui qui pourvoit 117

Chapitre sept
1 Israël et Juda 125
2 Le prophète Moïse 127
3 Pharaon et la Pâque. 130

Chapitre huit
1 Du pain, des cailles et de l'eau 139
2 Dix règles 142
3 Le tribunal 151

Chapitre neuf
1 La tente de la rencontre 159
2 L'incrédulité 169
3 Juges, rois et prophètes 173

Chapitre dix
1 L'ange Gabriel 185
2 Jésus-Christ 193
3 Parmi les docteurs de la loi 201
4 Le prophète Jean 204

Chapitre onze
1 Tenté 213
2 Puissance et Renommée 216
3 Nicodème 219
4 Le rejet 222
5 Le pain de vie 227

Chapitre douze
1 Un vêtement souillé 231
2 Le chemin 234
3 Le plan 236
4 Lazare 238
5 L'enfer 242
6 Accueil et Trahison 244

Chapitre treize
1 Le jardin 249
2 Le lieu du crâne 253
3 Le tombeau vide 266

Chapitre quatorze
1 Sur le chemin d'Emmaüs 275
2 La loi et les prophètes 278
— D'Adam jusqu'à Noé
3 La loi et les prophètes 284
— D'Abraham jusqu'à la loi —
4 La loi et les prophètes 293
— Du tabernacle jusqu'au serpent d'airain —
5 La loi et les prophètes 299
— De Jean-Baptiste jusqu'à la résurrection —

Chapitre quinze
1 Tout ce qu'ont dit les prophètes 309
2 Jésus retourne au ciel 310
3 Croyez-vous aux prophètes? 311

Appendice 314

Dans le but de faciliter la lecture et de rester fidèle aux textes bibliques, j'ai employé le plus souvent des lettres minuscules pour les pronoms et pour certains noms qui se rapportent à Dieu. Cependant, dans les cas où il pourrait y avoir un manque de clarté quant à la personne désignée, j'ai utilisé des majuscules.

Tous les versets bibliques sont en italique et mis en retrait. Lorsque j'ai voulu souligner certains faits, les mots paraissent en caractères gras. Des crochets insérés dans le verset biblique indiquent des explications qui ont été ajoutées au texte.

Avant-propos

Nous vivons dans un monde où prolifère une multiplicité de croyances. Quel que soit le nom qu'on leur donne – religions, croyances, sectes ou tout simplement regroupements de personnes déséquilibrées qui n'en font qu'à leur guise –, on doit tout de même tenir compte de ce que les gens croient.

Tout au long de l'histoire, la religion s'est souvent retrouvée au cœur des guerres et des querelles. Avec l'émergence du village mondial, les adhérents de croyances diverses échangent de plus en plus de rapports entre eux. Cette situation augmente la possibilité de déclenchement d'un conflit majeur.

Il est bon de connaître les croyances des gens qui nous entourent et de comprendre le raisonnement qui les conduit à de telles croyances. Ainsi, nous aurons la capacité d'exprimer notre désaccord sans toutefois devenir désagréables. De plus, nos concitoyens se sentiront mieux compris et moins menacés.

Tout ce qu'ont dit les prophètes parle de la Bible, le livre le plus répandu et le plus passionnément contesté dans l'histoire de l'humanité. Si vous désirez sincèrement comprendre le message des prophètes – les Écrits de l'Ancien et du Nouveau Testament – ce livre est pour vous.

J'ai tenté de présenter le message des prophètes le plus objectivement possible. Cela n'a pas toujours été facile, car les écrits des prophètes exigent, par leur nature même, une prise de position. Néanmoins, je me suis efforcé d'en donner une explication claire et de laisser au lecteur la liberté de tirer ses propres conclusions. C'est à vous de décider ce que vous allez croire.

Certains m'accuseront de manquer d'objectivité puisque je présente les Écritures comme étant vraies. J'ai cru devoir courir ce risque, car la Parole de Dieu se déclare elle-même être la vérité.

J'ai résolu également de ne pas en *atténuer* le message. Là où les Écritures exigent un choix, j'ai essayé de l'illustrer clairement. La Parole de Dieu est très directe dans ce qu'elle communique, et j'ai tenté de refléter cette réalité en évitant des propos vagues.

Si vous désirez comprendre le message des prophètes, écrit il y a bien des années, je vous invite à lire *Tout ce qu'ont dit les prophètes.* Leur message pourrait vous étonner.

La Parole de Dieu dit :

…Viens. Et que celui qui a soif vienne; que celui qui veut prenne de l'eau de la vie, gratuitement.

Je le déclare à quiconque entend les paroles de la prophétie de ce livre : Si quelqu'un y ajoute quelque chose, Dieu le frappera des fléaux décrits dans ce livre;

et si quelqu'un retranche quelque chose des paroles du livre de cette prophétie, Dieu retranchera sa part de l'arbre de la vie et de la ville sainte, décrits dans ce livre. Apocalypse 22.17-19

Chapitre un

1 Prologue

2 Mettre les choses au clair

3 Un livre sans pareil

1 Prologue

Vers l'an 33 apr. J.-C.

Le soleil de midi émet une chaleur accablante. C'est le silence total. Même les oiseaux refusent de chanter. Cléopas frappe une motte de terre sur le chemin poussiéreux et pousse un soupir d'épuisement. À travers les brumes de chaleur, il distingue à peine la colline à l'horizon. Quelques kilomètres plus loin se trouve Emmaüs – son village. Le coucher du soleil surprendra les deux hommes avant leur arrivée. Normalement, ils auraient quitté Jérusalem plus tôt. Onze kilomètres, c'est quand même une bonne marche! Mais, à cause des événements survenus dans la matinée, ils étaient restés à Jérusalem en espérant recevoir des nouvelles plus précises. D'habitude, Emmaüs passe presque inaperçu, mais aujourd'hui, il présente un attrait tout particulier : il vaut mieux se trouver n'importe où sauf à Jérusalem, avec sa populace tumultueuse, ses cohortes romaines et son gouverneur, Ponce Pilate.

Cléopas est perdu dans ses sombres pensées. La voix irritée de son compagnon, qui lui pose une question pour la seconde fois, ramène Cléopas à la réalité. Les deux hommes ont discuté des événements de la journée et des dernières années jusqu'à ce qu'il n'y ait plus rien à dire. Cléopas est fatigué, mais il est surtout perplexe en pensant à ce qui s'est passé à Jérusalem. Ces temps-ci, la vie semble apporter plus de questions que de réponses.

Le pied pesant, les deux compagnons descendent la colline et prennent le tournant. C'est alors qu'ils rencontrent l'homme.

Quelques heures plus tard, la nuit même, lorsque les deux hommes trempés de sueur se tiennent au milieu de leurs amis à Jérusalem, où ils se sont empressés de retourner, ils ne parviennent pas à leur expliquer comment l'homme s'est joint à eux sur la route. Cléopas déclare que l'inconnu est sorti de l'ombre d'un rocher, mais cette explication ne coïncide pas avec celle de son ami. En fait, ni l'un ni l'autre n'est certain d'où venait l'homme. Hésitant, Cléopas dit qu'il est tout simplement apparu. Cette déclaration provoque la risée.

Malgré tout, les deux hommes sont certains d'une chose : se servant d'un recueil de livres anciens (la Bible) :

> *…et commençant par Moïse et par tous les prophètes, [l'homme] leur expliqua dans toutes les Écritures ce qui le concernait.* Luc 24.27

Son explication des Saintes Écritures était incroyablement logique. Cependant, il leur avait aussi fait un reproche :

> *O hommes sans intelligence, et dont le cœur est lent à croire tout ce qu'ont dit les prophètes!* Luc 24.25

Bien que Cléopas et son compagnon aient été lents à croire, dès que l'homme leur a expliqué le message des prophètes, cela a chassé tout découragement et tout doute de leur esprit. Ravis de leur nouvelle compréhension des Écritures, ils se sont empressés de retourner à Jérusalem pour raconter à leurs amis leur rencontre avec *l'homme*. Il fallait à tout prix qu'eux aussi entendent ce message – celui que Cléopas et son compagnon avaient entendu *sur le chemin d'Emmaüs.*

Qu'a dit *l'homme* de si logique au sujet de la Bible, ce livre qui intrigue tant de gens?

Le présent livre répond précisément à cette question. Pour que ce soit clair, nous ferons comme *l'homme* : nous regarderons ce que les Écritures enseignent dans la *Loi*, les *Prophètes* et les *Psaumes*.

2 Mettre les choses au clair

À bien y penser, il est tout à fait raisonnable, voire absolument logique, de consacrer quelques heures de sa vie à acquérir une meilleure compréhension de la Parole de Dieu.

Après tout, les Écritures ont des choses profondes à dire au sujet de la vie et de la mort.

Depuis des siècles, la Bible – le recueil ancien des Écritures – est un best-seller. C'est le livre le plus lu, le plus publié, le plus traduit, et qui a été le plus attaqué de toute l'histoire. Quelqu'un de tant soit peu instruit se doit de connaître l'essentiel de son contenu. Malheureusement, les Écritures sont discréditées, non pas en raison de ce qu'elles disent, mais à cause de quelques hommes et femmes bien connus qui prétendent suivre l'enseignement de la Parole de Dieu tout en faisant de très mauvais choix dans leur vie personnelle.

Le message même du Livre de Dieu a parfois été attaqué par des gens sincères qui n'ont jamais pris le temps de comprendre ce qu'il dit réellement.

Cependant, les Écritures n'ont pas changé et, en dépit de ce qu'affirment hypocrites et critiques, il est tout à fait logique que vous appreniez **vous-même** à connaître le message de ce Livre.

*Assembler correctement les morceaux du puzzle**

| *ou casse-tête

Les Écritures peuvent être comparées à un puzzle. Pour bien en comprendre le message, il faut en assembler correctement les pièces. Quelques principes fondamentaux vous aideront à y parvenir.

Éléments de base

Le premier principe, nous le connaissons bien : quel que soit le concept à maîtriser, il faut poser un bon fondement, c'est-à-dire commencer par des connaissances *déjà acquises*, puis progresser vers celles qui sont *inconnues*. On n'enseigne pas l'algèbre aux enfants de la maternelle. Il faut commencer avec les chiffres *simples* et ensuite passer aux concepts plus *complexes*. Si l'on ignore les principes mathématiques fondamentaux, même l'algèbre rudimentaire sera hors de portée.

Il en va de même pour les Écritures : il faut d'abord en assimiler les principes élémentaires. Sans cela, le lecteur risque d'introduire des concepts insolites dans sa compréhension du texte et ainsi modifier ou mal comprendre le message principal. Mal assemblé, le puzzle donnerait une fausse image de l'ensemble.

Suivre une suite logique

Le deuxième principe de l'apprentissage est surtout important lorsqu'on étudie l'histoire ou qu'on lit un récit : *il faut commencer au début et progresser chronologiquement jusqu'à la fin.* Loin d'être exhaustif, le présent livre couvre néanmoins les principaux événements des Écritures. Ceux-ci sont alignés selon une suite logique – un peu comme lorsque l'on étend des vêtements sur une corde à linge en laissant un espace entre chaque pièce. Lorsque vous aurez une vue d'ensemble du message, vous pourrez, si vous le désirez, combler les espaces.

Même si le livre ne traite pas de tous les récits, ceux qui seront relatés ont tous un fil conducteur qui porte sur un seul et même message. Si vous êtes un lecteur typique, une fois que vous aurez terminé de lire ce livre, vous trouverez que le message des Écritures est tout à fait logique. Ce sera alors à vous de décider d'y croire ou non. Le choix vous en revient. Le présent livre vise simplement à faciliter votre compréhension.

Se concentrer sur ce qui est important

Ce dernier principe s'applique à tout apprentissage d'une nouvelle matière. L'objectif est d'apprendre premièrement les éléments les plus importants. Dans le présent livre, on se concentrera sur le thème principal de la Parole de Dieu. Lorsque vous l'aurez saisi, le message des Écritures aura pour vous une signification profonde et à la fois simple.

3 Un livre sans pareil

Nul doute que la Bible est un livre sans pareil. En fait, il s'agit d'un ensemble de livres, soixante-six en tout. Voici comment un auteur décrit le caractère unique des Écritures :

« Ce livre a été :

1. écrit sur une période de 1 500 ans;

2. écrit durant 40 générations;

3. écrit par plus de 40 auteurs venant de toutes les couches de la société – rois, paysans, philosophes, pêcheurs, poètes, hommes d'État, savants, etc. :

> Moïse, un chef d'État instruit dans les universités d'Égypte
> Pierre, un pêcheur
> Amos, un berger
> Josué, un général
> Néhémie, un échanson
> Daniel, un premier ministre
> Luc, un médecin
> Salomon, un roi
> Matthieu, un percepteur d'impôt
> Paul, un rabbin;

4. écrit en différents endroits :

   Moïse, dans le désert
   Jérémie, dans un cachot
   Daniel, sur une colline et dans un palais
   Paul, en prison
   Luc, en voyage
   Jean, sur l'île de Patmos
   d'autres, sur les lieux de campagnes militaires;

5. écrit dans des circonstances différentes :

   David, en temps de guerre
   Salomon, en temps de paix;

6. écrit dans des états d'esprit différents :

   quelques-uns en débordant de joie,
   d'autres au milieu d'une tristesse et d'un désespoir profonds;

7. écrit sur trois continents :

   l'Asie, l'Afrique, l'Europe;

8. écrit en trois langues :

   en hébreu, en araméen et en grec.

9. Enfin, ce livre traite de centaines de sujets controversés et, malgré cela, les écrits forment un tout harmonieux et continu de la Genèse à l'Apocalypse. Il ne s'agit que d'un seul récit[1]... »

C'est *ce* récit que nous voulons considérer avec simplicité et sans jargon théologique. Ce qui distingue les Écritures dans le monde des livres c'est qu'elles déclarent être la parole même de Dieu.

Soufflée hors de Dieu

Les Saintes Écritures affirment que :

> *Toute Écriture est inspirée de Dieu...* — *2 Timothée 3.16a*

« littéralement : ... soufflée hors de Dieu ... produite par le souffle créateur de Dieu, donnée de Lui, parlée par Lui[2]. »

Le concept de l'Écriture « soufflée hors de Dieu » peut faire l'objet d'une étude en soi. Tout comme on expire l'air et que cet air vient du plus profond de l'être, toute Écriture doit être considérée comme étant l'oeuvre de Dieu lui-même. Dieu et sa parole sont inséparables. Voilà pourquoi les Écritures sont souvent appelées la *Parole de Dieu.*

Les prophètes

Pour simplifier, on peut dire que Dieu a *soufflé* à certains hommes ce qu'il voulait qu'ils écrivent à son sujet et ils l'ont écrit. La plupart de ces écrivains étaient appelés des *prophètes*.

> *Après avoir autrefois, à plusieurs reprises et de plusieurs manières, parlé à nos pères par les prophètes…* Hébreux 1.1

Aux temps anciens, un prophète était celui qui rapportait au peuple les paroles de Dieu. Normalement, le message concernait la vie de tous les jours, mais immanquablement les prophètes parlaient aussi d'événements futurs. Ces révélations comportaient un but pratique : elles donnaient au peuple un moyen efficace pour déterminer si un prophète était authentique.

> *Quand ce que dira le prophète n'aura pas lieu et n'arrivera pas, ce sera une parole que l'Éternel n'aura point dite.* Deutéronome 18.22

Le message du prophète était reconnu valide si ses prophéties s'accomplissaient avec exactitude. Elles devaient s'accomplir à la lettre. Il n'y avait aucune place pour l'erreur.

> *Mais le prophète qui aura l'audace de dire en mon nom une parole que je ne lui aurai point commandé de dire, ou qui parlera au nom d'autres dieux, ce prophète-là sera puni de mort.* Deutéronome 18.20

Dieu a guidé les prophètes afin qu'ils écrivent exactement ce qu'Il voulait. Il leur a néanmoins permis de se servir de leur propre style littéraire tout en communiquant, sans erreur, *sa* parole – la *parole de Dieu*. Ces hommes n'avaient pas la liberté d'ajouter leurs propres idées au message. Ce n'était pas non plus le fruit de leur imagination.

> *…sachez tout d'abord vous-mêmes qu'aucune prophétie de l'Écriture ne peut être un objet d'interprétation particulière, car ce n'est pas par une volonté d'homme qu'une prophétie a jamais été apportée, mais c'est poussés par le Saint-Esprit que des hommes ont parlé de la part de Dieu.* 2 Pierre 1.20,21

Dieu n'a pas simplement approuvé un quelconque effort littéraire de l'homme. Le mot traduit par « poussés » signifie aussi « portés ». Il est employé ailleurs dans la Parole de Dieu dans le contexte du transport d'un homme paralysé[3]. Tout comme le paralytique ne pouvait marcher par lui-même, les prophètes ne pouvaient rédiger les Écritures de leur propre initiative.

Les Écritures sont catégoriques sur ce point: c'est le message de *Dieu*, du commencement jusqu'à la fin.

Grande exactitude

Les prophètes ont écrit les paroles de Dieu sur des rouleaux généralement faits de peau d'animal ou de papier en fibre végétale. Les manuscrits originaux sont appelés des *autographes*.

Comme ces derniers s'usaient avec le temps, on en faisait des copies. Mais quelles copies! Elles étaient toutes écrites à la main. Parce que les copistes étaient conscients du fait qu'ils transcrivaient la *parole* même de Dieu, ils ont effectué un des travaux de *photocopie* les plus remarquables de tous les temps. Pour transcrire le texte hébreu: « Les copistes prenaient toutes les précautions imaginables, aussi contraignantes et laborieuses soient-elles, afin de s'assurer de la transmission exacte du texte. Toutes les lettres du texte étaient comptées et l'on déterminait celle qui était au milieu du livre. Il en allait de même pour chaque mot du texte[4]. » C'est ainsi que l'on s'assurait que la copie était identique à l'autographe.

Nous avons une preuve que les scribes étaient méticuleux dans leur tâche. Lorsqu'on a examiné les manuscrits de la mer Morte – écrits vers l'an 100 av. J.-C. – ils ne présentaient que de minimes variantes par rapport à ceux qui résultaient de mille ans de transcription[5].

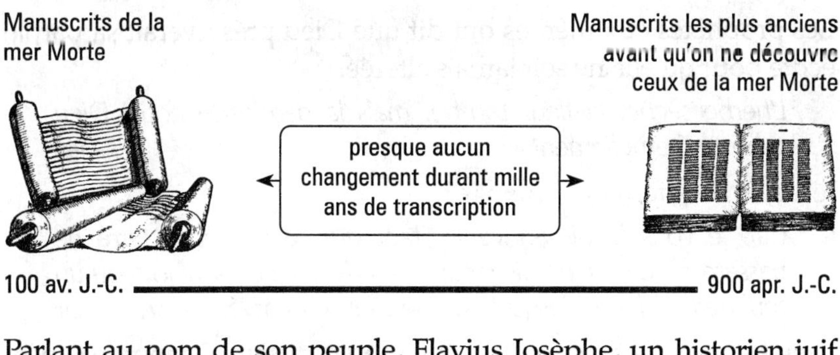

Parlant au nom de son peuple, Flavius Josèphe, un historien juif du premier siècle, déclare: « …le niveau de confiance que nous avons placé dans ces livres de notre propre nation se reconnaît par nos actions; car nul n'a osé, depuis toutes ces années, ni rajouter ni retrancher quoi que ce soit à ces écrits, ni leur apporter aucune modification; tout Juif... considère ces livres... comme étant divins[6]. »

Les scribes étaient persuadés que s'ils modifiaient le texte, ils porteraient atteinte à Dieu lui-même. Il existe donc de bonnes raisons de croire que ce que nous avons entre les mains aujourd'hui est essentiellement ce que les prophètes ont écrit.

Traductions

Initialement, les autographes – et leurs copies évidemment – étaient rédigés en hébreu, en araméen ou en grec. Ces langues étant familières pour très peu de gens, les Écritures ont donc été traduites en d'autres langues. Toutefois, ces traductions se basent toutes sur un texte original ancien.

Ainsi, les traductions de l'Ancien Testament – la Loi, les Écrits et les Prophètes – sont effectuées à partir de manuscrits datant de 100 ans avant la naissance du Christ (manuscrits qu'on peut lire encore aujourd'hui). Jésus lui-même a cité une traduction grecque vieille alors d'au moins 150 ans. Cette traduction peut aussi être lue de nos jours. Pour le Nouveau Testament (qui relate la vie du Messie), on se base sur plus de 2700 manuscrits grecs datant du deuxième siècle. Il est possible de se servir de n'importe lesquelles de ces sources anciennes pour vérifier l'exactitude de ce que nous lisons aujourd'hui.

Les prophètes eux-mêmes ont dit que Dieu préserverait sa parole écrite pour qu'elle ne soit jamais altérée.

> *L'herbe sèche, la fleur tombe; mais la parole de notre Dieu subsiste éternellement.* Ésaïe 40.8

Jésus, le Messie, a également dit :

> *Car, je vous le dis en vérité, tant que le ciel et la terre ne passeront point, il ne disparaîtra pas de la loi un seul iota ou un seul trait de lettre, jusqu'à ce que tout soit arrivé.* Matthieu 5.18

Dieu est grand, et conformément à son caractère, il a merveilleusement préservé sa Parole.

La Parole de Dieu

Il n'est pas essentiel de se souvenir de tous les détails au sujet des traductions. Ce qui importe, c'est de se rappeler que les Écritures déclarent être la parole écrite de Dieu – son message à l'humanité. En lisant sa Parole, il nous est possible de faire connaissance avec Dieu. Une telle déclaration devrait convaincre même la personne la plus insouciante d'écouter ce que les Écritures ont à dire.

À toujours, ô Éternel! Ta parole subsiste dans les cieux.

Psaume 119.89

Conseils pratiques

Pour ceux qui ne sont pas familiers avec la façon de chercher dans la Parole de Dieu, il peut être utile de savoir que la plupart des éditions des Écritures sont divisées en soixante-six livres, eux-mêmes ensuite subdivisés en chapitres et en versets.

La portion des Écritures écrite avant la venue du Messie est appelée l'Ancien Testament; le reste est appelé le Nouveau Testament.

Historiquement, l'Ancien Testament se répartit en trois catégories:

1. La Loi de Moïse: Certaines personnes appellent cette portion la « Torah », les « Livres de Moïse », la « Loi », le « Taurat » ou le « Pentateuque ».
2. Les Écrits: Aussi connus comme les « psaumes », les « livres de poésie », les « psaumes de David » ou le « Zabour ».
3. Les Prophètes

Dans les Écritures, l'expression « la loi et les prophètes » désigne l'Ancien Testament dans son ensemble. Cette partie représente environ les deux tiers des Écritures.

L'autre tiers est appelé le Nouveau Testament. Il contient des récits sur la vie de Jésus et est habituellement appelé « l'évangile » ou « l'Injil» selon les repères culturels de la personne.

Dans plusieurs parties du globe, on appelle les Écritures la « Bible », un mot latin qui signifie tout simplement « livre ». L'emploi du mot « Bible » ne devrait pas être associé à un groupe particulier de croyants. Dans le présent livre, nous utiliserons le plus souvent les termes « Parole de Dieu », « Parole » et bien sûr « les Écritures ».

Chapitre deux

1 Au commencement, Dieu…

2 Les anges, l'armée des cieux et les étoiles

1 Au commencement, Dieu…

Dieu est grand! Les Écritures l'affirment maintes et maintes fois. Sa grandeur est évidente dès la toute première phrase de la Bible qui commence par trois mots lourds de sens:

Au commencement, Dieu… Genèse 1.1

On n'y trouve aucun argument pour essayer de prouver l'existence de Dieu. Il est tout simplement là.

Éternel

Dieu a toujours existé; avant les plantes, les animaux et les êtres humains; avant la terre et l'univers. Il n'a ni commencement ni fin. Dieu a toujours été et il sera toujours. Les Écritures déclarent que Dieu existe depuis l'éternité passée, et cela, jusque dans l'éternité à venir. Dieu est éternel. Moïse, un des prophètes de Dieu, a écrit:

Avant que les montagnes soient nées, et que tu aies créé la terre et le monde, d'éternité en éternité tu es Dieu. Psaume 90.2

L'intelligence humaine a tant de difficulté à saisir le concept d'un Dieu éternel que beaucoup de gens déclarent tout simplement que c'est *impossible.* Mais il existe des illustrations qui peuvent nous aider à comprendre. Par exemple, comparons l'éternité au cosmos.

La plupart d'entre nous peuvent se faire une idée du système solaire – du soleil et des planètes qui sont en orbite autour de lui. Si nous savons que ce système est vaste, les sondes spatiales nous donnent l'impression que même les distances les plus lointaines sont accessibles. Mais faisons un pas de plus et commençons à mesurer l'univers. Montons à bord d'un vaisseau spatial. Voyageant à la vitesse de la lumière, nous faisons *sept fois le tour de la Terre en une seconde!* Le voyage vous a plu? Un peu rapide peut-être? En voyageant dans l'espace à la même vitesse, nous dépassons la Lune en deux secondes, la planète Mars en quatre minutes, et Pluton, en cinq heures. De là, nous commençons à explorer notre galaxie, la Voie lactée.

Il est vrai que le concept d'un Dieu éternel est difficile à saisir, mais celui de l'immensité de l'univers l'est également. Ces deux notions dépassent l'imagination et pourtant elles sont bien réelles.

À la vitesse de la lumière, nous faisons sept fois le tour de la Terre en une seconde...

... dépassons la Lune en deux secondes ...

... la planète Mars en quatre minutes ...

... et Pluton en cinq heures.

À la vitesse de la lumière, nous arrivons à l'étoile la plus proche en 4,3 ans, ce qui veut dire que nous avons parcouru 300 000 km à la seconde pendant chacune de ces années – l'équivalent de 40 682 300 000 000 km.

À la vitesse de la lumière, il faudrait 100 000 ans pour traverser la Voie lactée d'un bout à l'autre.

Notre étoile, le Soleil, se situe presque à l'extrémité de la Voie lactée. Cette case pourrait contenir notre système solaire en entier avec ses planètes.

La Voie Lactée[1]

La bande blanchâtre et floue que nous apercevons dans le ciel par nuits claires fait partie de la gigantesque famille des étoiles nommée la galaxie de la Voie lactée. L'univers contient environ 100 milliards de galaxies et chacune d'elles contient des milliards d'étoiles. Il y a une vingtaine de galaxies dans notre amas et des milliers de galaxies dans notre superamas.

Aimeriez-vous qu'une étoile porte votre nom?
En se basant sur la population actuelle de la Terre, chaque individu pourrait avoir seize galaxies (c'est-à-dire des milliards d'étoiles) portant son nom.

Les Écritures sont claires à ce sujet. L'existence éternelle de Dieu est si inhérente à sa grandeur que la Parole de Dieu utilise cette caractéristique dans la désignation même de Dieu :

> *… il invoqua le nom de l'Éternel, Dieu de l'éternité.* Genèse 21.33b

Plusieurs noms

Dieu possède plusieurs noms ou titres, et chacun d'eux met en évidence des traits particuliers de sa personnalité – de sa grandeur. En voici trois :

1) Je Suis

> *Dieu dit… : JE SUIS CELUI QUI SUIS… C'est ainsi que tu répondras… Celui qui s'appelle « JE SUIS » m'a envoyé vers vous.* Exode 3.14

Autrement dit, *Je Suis celui qui est* ou *Je Suis celui qui est autosuffisant.* Dieu subsiste par lui-même.

Nous, les humains, avons besoin de nourriture, d'eau, d'air, de sommeil, de lumière et d'une liste interminable de choses essentielles à la vie; mais il n'en est pas ainsi pour Dieu. Il n'a besoin de rien, de rien du tout! Il est *autosuffisant*; il est le *Je Suis.*

2) Seigneur

Le nom *Je Suis* n'est pas souvent employé dans les Écritures, car on retrouve sa signification dans le mot *Seigneur.*

> *Nul n'est comme toi parmi les dieux, Seigneur, et rien ne ressemble à tes œuvres.* Psaume 86.8

En plus de faire allusion à la nature éternelle et autosuffisante de Dieu, le nom Seigneur attire l'attention sur la place que Dieu occupe – celle qui est au-dessus de tout. Il est le Seigneur des seigneurs.

3) *Le Très-Haut*

Ce titre va de pair avec le nom *Seigneur.* Il met l'accent sur la position de Dieu en tant qu'autorité souveraine.

> *Qu'ils sachent que toi seul, dont le nom est l'Éternel, tu es le Très-Haut sur toute la terre!* Psaume 83.19

Tout comme les empires de l'Antiquité ont été gouvernés par des chefs qui avaient une autorité absolue sur leur royaume, il en est de même pour Dieu. Il est le roi de l'univers, le Dieu Très-Haut.

Le mot *Dieu,* en soi, fait allusion à la suprématie souveraine. Il signifie « celui qui est tout-puissant, la Divinité suprême ».

> *L'Éternel est dans son saint temple, l'Éternel a son trône dans les cieux; ses yeux regardent, ses paupières sondent les fils de l'homme.* Psaume 11.4

Dieu règne du ciel. Nous ne connaissons pas beaucoup de choses au sujet du *ciel,* mais le peu que nous en savons dépasse l'imagination. Nous en reparlerons davantage plus loin, mais pour l'instant, il suffit de savoir que ce grand Dieu est l'autorité suprême.

Un seul Dieu

Le titre *le Très-Haut* laisse sous-entendre que Dieu est indéniablement unique – un autre aspect de sa grandeur. Il n'a pas d'égal. Lui seul est le souverain Seigneur de tout.

> *Je suis l'Éternel, et il n'y en a point d'autre, à part moi, il n'y a point de Dieu.* Ésaïe 45.5a

> *Avant moi il n'a point été formé de Dieu, et après moi il n'y en aura point.* Ésaïe 43.10b

Il n'est pas question ici d'une hiérarchie de dieux, ce qui implique l'existence d'un grand Dieu qui dominerait sur les autres. Il n'existe aucun autre dieu, que ce soit un dieu autosuffisant ou un dieu créé.

> *Ainsi parle l'Éternel… Je suis le premier et je suis le dernier, et hors moi il n'y a point de Dieu.* Ésaïe 44.6b

Les Écritures sont catégoriques: il n'y a qu'un seul Dieu.

Un Esprit

Avant d'aborder un autre sujet, il nous faut considérer un dernier point. Les Écritures disent que, parce qu'il est esprit, Dieu est invisible.

> *Dieu est Esprit…* Jean 4.24a

Pensez aux funérailles d'un ami décédé. Le corps y était, mais où était votre ami? Il était absent! Son esprit n'était plus là. Lorsqu'on regarde une personne, on ne voit que son enveloppe terrestre, le corps humain; on ne voit pas la vraie personne, c'est-à-dire son esprit.

Les Écritures indiquent de différentes façons que l'esprit de l'homme a un commencement dans le temps, mais qu'il n'aura jamais de fin. Il n'en est pas ainsi pour Dieu : Dieu n'a ni commencement ni fin. Il est le seul esprit éternel qui vit depuis l'éternité passée jusque dans l'éternité à venir.

Dieu : Il est **Esprit**.

Il est **éternel**.

Il est le ***Je Suis*** **– celui qui est autosuffisant**.

Il est le ***Dieu Très-Haut*****, l'autorité souveraine**.

Il est le **seul Dieu**.

2 Les anges, l'armée des cieux et les étoiles

On trouve des informations un peu partout dans la Bible au sujet du premier acte créateur de Dieu. Il est possible d'en rassembler suffisamment pour répondre aux questions rudimentaires, mais rien de plus. Les Écritures n'ont pas été écrites pour satisfaire la curiosité de l'homme. Elles fournissent des renseignements élémentaires sur certains événements, mais pour ce qui est des détails, elles demeurent silencieuses. Il en est ainsi au sujet des esprits.

Noms

Les Écritures donnent plusieurs noms aux esprits. Certains d'entre eux sont au singulier, d'autres au pluriel. Nous les appelons souvent « anges », mais la Parole de Dieu emploie divers termes pour les identifier, notamment chérubins, séraphins, anges, archanges et étoiles du matin. Dans un sens collectif, les Écritures les appellent les multitudes, l'armée des cieux ou les étoiles*.

*À ne pas confondre avec les étoiles qui scintillent la nuit. Le sens est déterminé par le contexte.

> *… l'armée des cieux t'adore.* — *Néhémie 9.6b*

Il se pourrait que chaque ange ait un nom personnel, cependant la Parole de Dieu n'en mentionne que quelques-uns, tels que Gabriel et Micaël.

Invisibles et innombrables

Tout comme Dieu, les esprits sont invisibles. Ils n'ont pas de corps. Même si nous ne les voyons pas, ils sont sans doute partout, car les Écritures disent qu'il y en a :

> *… des myriades qui forment le chœur des anges.* Hébreux 12.22b

L'expression employée pour indiquer le nombre d'anges qui se trouvent autour du trône de Dieu désigne une multitude innombrable :

> *Je regardai et j'entendis la voix de beaucoup d'anges autour du trône, des êtres et des vieillards, et leur nombre était des myriades de myriades et des milliers de milliers.* Apocalypse 5.11

Serviteurs

Les anges ont été créés pour servir Dieu et pour accomplir sa volonté. Ils sont appelés des esprits au service de Dieu :

> *Bénissez l'Éternel, vous ses anges, qui êtes puissants en force, et qui exécutez ses ordres, en obéissant à la voix de sa parole! Bénissez l'Éternel, vous toutes ses armées, qui êtes ses serviteurs, et qui faites sa volonté.* Psaume 103.20,21

> *Ne sont-ils pas tous des esprits au service de Dieu…?* Hébreux 1.14a

Le mot « ange » est dérivé du terme grec qui signifie « messager » ou « serviteur ». Puisque c'est Dieu qui a créé les anges, ils lui appartiennent et doivent lui obéir.

Créateur-propriétaire

Dans notre société industrialisée et matérialiste, l'idée d'un créateur qui soit également propriétaire d'un objet a perdu son sens. Je me rappelle le jour où j'ai traversé un village tribal en Papouasie-Nouvelle-Guinée. Chaque fois que je désignais du doigt un objet en demandant : « À qui est cet aviron? À qui est cette pirogue? », on m'indiquait la personne à qui appartenait la chose. Quand j'ai demandé comment ils savaient qui en était le propriétaire, les villageois, abasourdis, m'ont répondu : « Le propriétaire est évidemment celui qui l'a fabriqué ». Le rapport entre créateur et propriétaire était très évident dans leur esprit. Lorsque j'ai demandé si je pouvais casser un aviron, ils m'ont affirmé catégoriquement que ce n'était pas une bonne idée–à moins que je ne veuille me mettre le créateur-propriétaire à dos. J'ai poussé le raisonnement un peu plus loin: le propriétaire pouvait-il, lui, casser cet aviron? Haussant les épaules, ils m'ont répondu: « Il peut le casser s'il veut. Après tout, c'est lui qui l'a fabriqué. »

De la même façon, il n'est pas inapproprié de considérer les anges comme étant la propriété de Dieu, puisque c'est lui qui les a créés. En tant que serviteurs et messagers de Dieu, les anges doivent exécuter ses ordres. Ceci n'est pas une forme ancienne de servitude. Il n'y a ici aucun parallèle à établir avec un esclavage forcé. Les anges ne pouvaient avoir de meilleur créateur-propriétaire.

Intellect et pouvoir extraordinaires

Pour être en mesure d'exécuter les directives de Dieu, les anges ont été dotés d'une grande intelligence et d'un pouvoir supérieur. Certains ont plus de capacités que d'autres. Les anges ont été créés parfaits, sans rien de mauvais en eux. Toutefois, ce ne sont pas des automates. Ils ont une volonté qui leur permet de faire des choix[3].

Semblables, mais différents

Les anges sont semblables aux hommes à quelques égards, mais ils surpassent la race humaine en intelligence et en puissance. De plus, les anges ne meurent jamais[4], ne se marient pas et ne se reproduisent pas[5]. Ils sont habituellement invisibles. Cependant, dans certaines circonstances, ils se rendent visibles. Lorsqu'un ange s'adresse à un être humain, son langage lui est intelligible.

Le chérubin oint

L'esprit le plus puissant, le plus intelligent et le plus beau que Dieu a créé était un chérubin. Son nom signifiait « astre brillant, fils de l'aurore ».

> *Te voilà tombé du ciel, Astre brillant, fils de l'aurore.* Ésaïe 14.12a
>
> *Tu étais un chérubin oint… tu étais dans la sainte montagne de Dieu… tu fus parfait dans tes voies depuis le jour où tu fus créé…* Ézéchiel 28.14,15 (Darby)

Le sens du mot « oint » trouve son origine dans l'ancien rituel qui consistait à verser de l'huile sur une personne ou sur une chose pour la mettre à part pour l'accomplissement d'une tâche particulière pour Dieu. Ce geste était considéré comme sacré et ne devait pas être pris à la légère.

Il semble que ce chérubin se tenait toujours dans la présence de Dieu. Peut-être était-ce lui qui représentait en quelque sorte les autres anges et qui les dirigeait dans l'adoration de leur Créateur-propriétaire. Nous en apprendrons davantage à son sujet plus loin dans ce livre.

Adorateurs

Le mot « adorer » signifie « rendre un culte ». Les Écritures disent que tous les anges adorent Dieu:

> *Tu donnes la vie à toutes ces choses, et l'armée des cieux t'adore.* Néhémie 9.6b

Il est tout à fait normal que Dieu soit l'objet de leur adoration puisque c'est lui qui est le souverain roi. Les Écritures déclarent que ce grand Dieu est digne de toute louange.

> *Tu es digne, notre Seigneur et notre Dieu, de recevoir la gloire, l'honneur et la puissance; car tu as créé toutes choses, et c'est par ta volonté qu'elles existent et qu'elles ont été créées.* Apocalypse 4.11
>
> *Car tu es grand, et tu opères des prodiges; toi seul, tu es Dieu.* Psaume 86.10

Témoins des actes créateurs de Dieu

L'œuvre créatrice de Dieu ne fait que commencer. Sous les regards de toute l'armée céleste qui se réjouit, Dieu entreprend son prochain chef-d'œuvre.

Sa toile de fond: l'univers

Son sujet: la planète Terre.

> Les paroles que Dieu a adressées au prophète Job nous rappellent l'incomparable grandeur de notre Créateur:
>
> *Où étais-tu quand je fondais la terre? Dis-le, si tu as de l'intelligence. Qui en a fixé les dimensions, le sais-tu? Ou qui a étendu sur elle le cordeau? Sur quoi ses bases sont-elles appuyées? Ou qui en a posé la pierre angulaire, alors que les étoiles du matin [êtres spirituels] éclataient en chants d'allégresse, et que tous les fils de Dieu poussaient des cris de joies?* Job 38.4-7

Chapitre trois

1 Les cieux et la terre

2 C'était bon

3 L'homme et la femme

1 Les cieux et la terre

Le premier livre de la Bible est la *Genèse.*

Ce mot signifie « commencement ».

> *Au commencement, Dieu créa les cieux et la terre. La terre était informe et vide; il y avait des ténèbres à la surface de l'abîme, et l'Esprit de Dieu se mouvait au-dessus des eaux. Dieu dit: Que la lumière soit! Et la lumière fut. Dieu vit que la lumière était bonne; et Dieu sépara la lumière d'avec les ténèbres. Dieu appela la lumière jour, et il appela les ténèbres nuit. Ainsi, il y eut un soir, et il y eut un matin: ce fut le premier jour.* Genèse 1:1-5

Du néant

« Au commencement, Dieu créa... ». Le fait de créer quelque chose démontre un pouvoir extraordinaire. Ceci est encore plus incroyable lorsqu'on comprend que Dieu a tout créé à partir du néant. L'homme parvient à créer, mais seulement à partir de matériaux existants. Il a besoin de peinture et d'une toile pour peindre. Il construit une maison avec du bois, du mortier et des briques. Mais quand Dieu a créé, il n'a employé aucun matériau.

Omnipotent

Dieu est grand! Créer quelque chose à une si grande échelle, sans matière première, sans plan architectural, sans atelier et sans outil, exige une habileté qui dépasse celle des hommes. Les Écritures déclarent que la création fut possible grâce au pouvoir illimité de Dieu:

> *Notre Seigneur est grand, puissant par sa force...* Psaume 147.5a

Il ne fait aucun doute que Dieu est *tout-puissant.*

Omniscient

Dieu est grand! Il possède non seulement la puissance, mais également la connaissance. Il est *omniscient.*

> *Notre Seigneur est grand... Son intelligence n'a point de limite.* Psaume 147.5b

Dieu sait tout. Il n'a pas besoin de consulter un architecte ou un ingénieur pour obtenir des précisions. Son savoir est sans limite.

Lors de la création, Dieu n'a pas été contraint de respecter le plan d'un autre.

Omniprésent

Quand l'homme construit ou façonne un objet, il a besoin d'un lieu de travail, soit d'un atelier ou d'un studio. Mais Dieu n'en a pas eu besoin. En effet, l'Écriture enseigne que Dieu est *présent partout*:

> *Ne suis-je Dieu que de près, dit l'Éternel, et ne suis-je pas aussi Dieu de loin? Quelqu'un se tiendra-t-il dans un lieu caché, sans que je le voie? dit l'Éternel. Ne remplis-je pas, moi, les cieux et la terre? dit l'Éternel.* Jérémie 23.23,24

Ces trois attributs (l'omnipotence, l'omniscience et l'omniprésence) attestent que Dieu est infiniment grand. Sans ces qualités, Dieu n'aurait pas pu créer le monde complexe dans lequel nous vivons.

> *Il a créé la terre par sa puissance, il a fondé le monde par sa sagesse, il a étendu les cieux par son intelligence.* Jérémie 51.15

Les *anges,* aussi forts et intelligents qu'ils soient, ne possèdent aucune de ces caractéristiques. Et nous? Nous sommes loin de les posséder.

Pour l'humain, construire le plus simple des objets demande un effort collectif. Disons, par exemple, qu'on décide de fabriquer une chaise pliante en métal.

Tout d'abord, il faut du métal.

> *Mais où trouver le métal approprié?*

Dans la roche.

> *Et qui sait quelle roche contient cette sorte de métal?*

Il faut un géologue et un prospecteur qui sachent où trouver le minerai convenable.

> *Maintenant, supposons qu'on ait trouvé la roche appropriée. Quelle est la prochaine étape? Cette roche est sous terre!*

On doit faire appel à des gens qui sachent fabriquer des explosifs et de la machinerie minière. Ensuite, des mineurs doivent être capables de manier ces outils en toute sécurité.

> *Mais, on ne peut tout de même pas fabriquer une chaise avec un tas de minerai de fer.*

Il faut le faire fondre.

Peut-on produire une chaleur assez forte pour faire fondre de la roche?

Il faut des personnes qui connaissent les techniques de la fonte.

Eh bien! On vient à bout d'en trouver! Mais ce n'est pas tout…

Ces experts viennent de former un bloc d'acier. À ce point-ci, nous serions peut-être prêts à nous asseoir sur le lingot – une fois refroidi bien sûr – mais pour fabriquer une chaise, il faut trouver quelqu'un qui sache transformer le bloc en une feuille de la bonne épaisseur. Ensuite, il faut la courber et la souder.

Souder?

Il semble qu'on ait besoin de quelqu'un qui s'y connaisse en électricité et qui sache comment la produire.

On se rend vite à l'évidence que la fabrication d'une chaise est un processus complexe, sans compter le fait qu'il faudra de la peinture qui adhère au métal, et dans la couleur désirée.

Et comment faire les pieds de la chaise?

Ils sont en plastique.

Plastique?

N'est-ce pas un dérivé de produits pétroliers? Voyons… pour extraire du pétrole, il faudrait…

Tout cela pour fabriquer une simple chaise en métal. Créer, même le plus simple des objets, nécessite les connaissances et l'expertise de centaines d'individus. **Personne ne sait tout.**

Aucun être, que ce soit un humain ou un ange, ne peut se comparer de près ou de loin au Dieu qui **connaît** toutes choses, qui a le **pouvoir** de créer à partir de rien et qui est présent **partout** en même temps, ce qui lui permet de placer l'objet qu'il a créé à l'endroit de son choix. Dieu est unique.

> *Ah! Seigneur Éternel, voici, tu as fait les cieux et la terre par ta grande puissance et par ton bras étendu: rien n'est étonnant de ta part.* *Jérémie 32.17*

Dieu dit

Les Écritures décrivent l'acte remarquable qu'est la création de façon simple et concise. Le récit le plus époustouflant qui soit est rapporté en quelques mots seulement. Le texte des Écritures ne fait que mentionner le moyen que Dieu a utilisé pour créer. Il ne s'est pas servi de mains ni d'outils. Dieu a tout simplement ordonné au cosmos et à tout ce qui s'y trouve d'exister :

Dieu dit : Que la lumière soit! Genèse 1.3

... l'univers a été formé par la parole de Dieu... Hébreux 11.3a

Une fois de plus, un tel exploit dépasse l'imagination humaine. Il est difficile de concevoir comment quelqu'un pourrait prononcer quelques mots et faire apparaître une chaise en métal. Il est encore plus difficile d'imaginer que quelqu'un puisse ordonner à l'univers

Dieu : présent partout en même temps

Certains attributs de Dieu sont plus faciles à comprendre que d'autres. Sa *toute-puissance* et son *omniscience* constituent des concepts moins difficiles à saisir que sa capacité d'être partout en même temps. Cependant, les Écritures déclarent à maintes reprises que Dieu est *omniprésent.*

À bien y penser, l'idée d'un Dieu présent partout est très rassurante. Quand je suis en voyage, loin de ma famille, je tiens à ce que Dieu veille sur elle. Mais, en même temps, je veux qu'il soit aussi avec moi. Quand je suis en danger, je ne veux pas être obligé d'aller *à la recherche de Dieu.* Surtout si j'ai besoin d'aide **sur-le-champ**! Bien sûr, je n'en désire pas moins que Dieu soit encore disponible pour aider les membres de ma famille.

L'omniprésence de Dieu est également une chose terrifiante. Cela veut dire que lorsque je fais le mal, je ne peux me cacher nulle part.

Au dixième siècle avant Jésus-Christ, le prophète David a écrit les paroles suivantes, sous l'inspiration de Dieu :

Où irais-je loin de ton Esprit, et où fuirais-je loin de ta face?

tout entier d'exister par une simple parole. Mais ne devrait-on pas s'attendre à un tel pouvoir de la part d'un Dieu infiniment grand? La Bible affirme que :

> *Les cieux ont été faits par la parole de l'Éternel, et toute leur armée par le souffle de sa bouche… Que toute la terre craigne l'Éternel! Que tous les habitants du monde tremblent devant lui! Car il dit, et la chose arrive; il ordonne, et elle existe.* Psaume 33.6,8,9

C'est ainsi que tout a commencé. Dieu ordonna à la lumière d'exister. Il appela la lumière « jour », et les ténèbres, « nuit ». Voilà comment, selon les Écritures, le premier jour de la création fut achevé.

> *Si je monte aux cieux, tu es là; si je me couche au séjour des morts, te voilà.*
>
> *Si je prends les ailes de l'aurore, et que j'aille habiter à l'extrémité de la mer, là aussi ta main me conduira, et ta droite me saisira.*
>
> *Si je dis : Au moins les ténèbres me couvriront, la nuit devient lumière autour de moi; même les ténèbres ne sont pas obscures pour toi, la nuit brille comme le jour, et les ténèbres comme la lumière.* Psaume 139.7-12

Il est nécessaire de différencier le concept du panthéisme de celui d'un Dieu qui est présent partout en même temps. Le panthéisme enseigne que Dieu est en tout, et que tout est Dieu. La Bible enseigne, au contraire, que le Seigneur est distinct de sa création; il n'en fait pas partie. Les Écritures définissent Dieu comme un être, non pas une *force abstraite* ou une *réalité transcendante.*

> *Ne le sais-tu pas? Ne l'as-tu pas appris? C'est le Dieu d'éternité, l'Éternel, qui a créé les extrémités de la terre; il ne se fatigue point, il ne se lasse point; on ne peut sonder son intelligence.* Ésaïe 40.28

La Bible : un livre ancien mais exact

Il y a bien longtemps, les gens croyaient que la Terre était plate. Cette théorie ne tire pas son origine de la Bible. Cette dernière utilise plutôt un mot qui fait allusion à la forme sphérique de la Terre lorsqu'elle dit :

> *C'est lui qui est assis au-dessus du cercle de la terre…* Ésaïe 40.22a

Dans l'Antiquité, certaines personnes ont émis l'hypothèse que la Terre reposait sur des fondations solides ou bien qu'elle était soutenue par un dieu mythologique. Le prophète Job a écrit :

> *…Il suspend la terre sur le néant.* Job 26.7b

Au deuxième siècle après Jésus-Christ, Ptolémée a établi le nombre des étoiles à 1022. Ce chiffre a fait autorité jusqu'à l'invention du télescope, par Galilée, au 17e siècle. Même si on ne peut voir à l'œil nu qu'environ 5000 étoiles, la Parole de Dieu, dès ses premières pages, compare le nombre des étoiles au :

> *…sable qui est sur le bord de la mer.…* Genèse 22.17b

2 C'était bon

L'œuvre créatrice de Dieu venait de débuter. Sous les regards de toute l'armée céleste, les cieux et la terre avaient été mis sur scène. D'un seul mot, le Dieu souverain avait allumé les projecteurs. Fin du premier acte : le premier jour était terminé. Au cours des cinq jours suivants, Dieu ajouterait cinq autres actes à cette grande pièce de théâtre.

> *Ne le savez-vous pas? Ne l'avez-vous pas appris? Ne vous l'a-t-on pas fait connaître dès le commencement? N'avez-vous jamais réfléchi à la fondation de la terre? C'est lui qui est assis au-dessus du cercle de la terre, et ceux qui l'habitent sont comme des sauterelles; il étend les cieux comme une étoffe légère, il les déploie comme une tente, pour en faire sa demeure.* Ésaïe 40.21,22

Les Écritures comparent la planète Terre à une tente. Il s'agit de la demeure la plus unique de l'univers. Mais pour la rendre habitable, plusieurs grands projets de construction devaient d'abord être réalisés. Les anges gardaient le silence. Le rideau se leva sur le deuxième jour – celui de la création de « l'étendue ». L'étendue? Qu'est-ce? Laissez-moi vous expliquer.

Le deuxième jour

> *Dieu dit: Qu'il y ait une étendue* entre les eaux, et qu'elle sépare les eaux d'avec les eaux. Et Dieu fit l'étendue, et il sépara les eaux qui sont au-dessous de l'étendue d'avec les eaux qui sont au-dessus de l'étendue. Et cela fut ainsi. Dieu appela l'étendue ciel. Ainsi, il y eut un soir, et il y eut un matin : ce fut le second jour.* Genèse 1.6-8

*Le mot étendue peut signifier soit « atmosphère de la Terre » ou « espace cosmique ».

Voilà le premier indice que le monde au commencement était différent du monde actuel. Lorsque Dieu créa le monde, la surface de la Terre était couverte d'eau. Les Écritures disent que Dieu a placé une partie des eaux terrestres dans les cieux. Quelques commentateurs des Écritures suggèrent que ce verset fait référence aux nuages; d'autres, à une voûte de vapeur encerclant le globe. Quoi qu'il en soit, il y a des preuves que les conditions climatiques de la Terre au commencement étaient bien différentes de celles d'aujourd'hui. La planète jouissait fort probablement d'un climat tropical uniforme. On sait qu'une atmosphère contenant une plus grande quantité de vapeur aurait créé sur la terre un effet de serre. Nous verrons plus loin ce qui aurait pu causer ce changement climatique, mais pour l'instant, il importe de savoir que, selon les Écritures, Dieu a créé une étendue, synonyme sans doute de *l'atmosphère.*

Le troisième jour

Au début du troisième jour, l'eau sur la Terre n'était qu'un vaste océan. Aucune terre ferme n'était visible. Dieu parla de nouveau :

> *Dieu dit: Que les eaux qui sont au-dessous du ciel se rassemblent en un seul lieu, et que le sec paraisse. Et cela fut ainsi. Dieu appela le sec terre, et il appela l'amas des eaux mers. Dieu vit que cela était bon. Puis Dieu dit : Que la terre produise de la verdure, de l'herbe portant de la semence, des arbres fruitiers donnant du fruit selon leur espèce et ayant en eux leur semence sur la terre. Et cela fut ainsi. La terre produisit de la*

verdure, de l'herbe portant de la semence selon son espèce, et des arbres donnant du fruit et ayant en eux leur semence selon leur espèce. Dieu vit que cela était bon. Ainsi, il y eut un soir, et il y eut un matin : ce fut le troisième jour. Genèse 1.9-13

On peut diviser le troisième jour en deux parties. Premièrement, la terre ferme apparut. Il semblerait que le fond de l'océan se soit affaissé, formant ainsi d'énormes bassins d'eau et faisant surgir la terre sèche. Deuxièmement, les plantes et les arbres furent créés.

Car ainsi parle l'Éternel, le créateur des cieux, le seul Dieu, qui a formé la terre, qui l'a faite et qui l'a affermie, qui l'a créée pour qu'elle ne soit pas déserte, qui l'a formée pour qu'elle soit habitée : Je suis l'Éternel, et il n'y en a point d'autre. Ésaïe 45.18

Dès le début, Dieu préparait la Terre pour qu'elle soit habitée. Il créait maintenant la vie végétale afin de pourvoir aux besoins physiques de l'homme : de la nourriture pour manger, de l'oxygène pour respirer et du bois pour construire.

Le quatrième jour

Le premier jour de la création, Dieu avait dissipé les ténèbres en ordonnant à la lumière d'exister. Le quatrième jour, Dieu créa les luminaires :

Dieu dit : Qu'il y ait des luminaires dans l'étendue du ciel, pour séparer le jour d'avec la nuit ; que ce soient des signes pour marquer les époques, les jours et les années ; et qu'ils servent de luminaires dans l'étendue du ciel, pour éclairer la terre. Et cela fut ainsi. Dieu fit les deux grands luminaires, le plus grand luminaire pour présider au jour, et le plus petit luminaire pour présider à la nuit ; il fit aussi les étoiles. Dieu les plaça dans l'étendue du ciel, pour éclairer la terre, pour présider au jour et à la nuit, et pour séparer la lumière d'avec les ténèbres. Dieu vit que cela était bon. Ainsi, il y eut un soir, et il y eut un matin : ce fut le quatrième jour. Genèse 1.14-19

Il peut sembler étrange que Dieu ait créé la lumière avant de créer les luminaires, mais il faut se rappeler qu'il était aussi facile pour Dieu de créer la lumière que de créer les luminaires.

…Moi, l'Éternel, j'ai fait toutes choses, seul j'ai déployé les cieux… Ésaïe 44.24b

Il a fait la lune pour marquer les temps; le soleil sait quand il doit se coucher. Psaume 104.19

Un univers bien ordonné

Le soleil, la lune et les étoiles montrent que le créateur est un Dieu d'ordre. Il règne un ordre tel dans l'univers que ce dernier fonctionne avec la précision d'une horloge atomique. En fait, l'univers est une sorte d'horloge. Les scientifiques calculent l'échelle des marées des années à l'avance, sans douter le moins du monde de son exactitude. Lorsque l'homme met des engins spatiaux en orbite, il a confiance que ceux-ci arriveront à des planètes lointaines au moment précis prévu par les programmeurs*. Notre planète entière est dépendante de la rotation de la Terre autour du Soleil. Sans cette régularité, rien ne survivrait.

* La sonde spatiale Galilée de la NASA (organisme américain chargé de la recherche aéronautique et spatiale) est arrivée à la planète Jupiter au moment prévu, après un voyage de six ans.

L'ordre qui est évident dans l'univers est le résultat de lois physiques qui régissent toutes choses. On peut étudier ces lois au moyen de disciplines scientifiques telles que l'astronomie, la biologie, la physique et la chimie. Dieu les a mises en place pour maintenir l'univers d'une façon remarquablement précise.

Il est avant toutes choses, et toutes choses subsistent en lui. Colossiens 1.17

Nous tenons ces lois tellement pour acquises que nous ne nous attardons pas à savoir ce que le monde serait sans elles. Pensez-y – qu'arriverait-il si, à l'occasion, au hasard, la loi de la gravité cessait pendant quelques secondes. Le résultat serait le chaos et la mort. Il en serait de même si quelqu'un enlevait soudainement tous les feux de circulation et tous les panneaux de signalisation routière d'une ville. Les lois ont leur raison d'être. Elles fixent les limites à respecter pour le bon fonctionnement des choses.

À toi est le jour, à toi est la nuit; tu as créé la lumière et le soleil. Tu as fixé toutes les limites de la terre… Psaume 74.16,17

Par pur instinct, l'homme veille à respecter les lois naturelles. Par exemple, lorsqu'il marche au bord d'une falaise, il fait preuve d'une grande prudence sachant fort bien que s'il défie la loi de la gravité, il subira de graves conséquences. Là où il y a une loi, il y a aussi une conséquence; la plupart d'entre nous essayent à tout prix d'éviter ces conséquences fâcheuses. Les lois de l'univers – sa structure et l'ordre qui y règne – sont un reflet de la nature de Dieu. Il est un Dieu d'ordre.

Le cinquième jour

Le cinquième jour, Dieu créa les oiseaux et la vie marine, dans toute leur diversité.

> *Dieu dit : Que les eaux produisent en abondance des animaux vivants, et que des oiseaux volent sur la terre vers l'étendue du ciel. Dieu créa les grands poissons et tous les animaux vivants qui se meuvent, et que les eaux produisirent en abondance selon leur espèce; il créa aussi tout oiseau ailé selon son espèce. Dieu vit que cela était bon.*
>
> *Dieu les bénit, en disant : Soyez féconds, multipliez, et remplissez les eaux des mers; et que les oiseaux multiplient sur la terre. Ainsi, il y eut un soir, et il y eut un matin : ce fut le cinquième jour.*
>
> Genèse 1.20-23

Le sixième jour

Le sixième jour fut le point culminant de l'œuvre créatrice de Dieu. Il commença par créer les animaux terrestres :

> *Dieu dit : Que la terre produise des animaux vivants selon leur espèce, du bétail, des reptiles et des animaux terrestres, selon leur espèce. Et cela fut ainsi.*
>
> *Dieu fit les animaux de la terre selon leur espèce, le bétail selon son espèce, et tous les reptiles de la terre selon leur espèce. Dieu vit que cela était bon.* Genèse 1.24,25

Les espèces

On a vu dans la description du troisième jour que les plantes devaient se reproduire selon leur espèce. Ensuite, le cinquième jour, la vie marine et les oiseaux du ciel reçurent l'ordre de se reproduire selon leur espèce. Maintenant, le sixième jour, l'Écriture déclare que les animaux terrestres devaient eux aussi se reproduire selon leur espèce. Que signifie l'expression « selon leur espèce »? Cela veut tout simplement dire que les chats donnent naissance à des chatons, les chiens à des chiots, et les lions à des lionceaux.

Quel soulagement! Nul besoin de s'inquiéter qu'un oignon de tulipe produise un cèdre.

Il est vrai qu'une espèce peut présenter certaines variantes[1], mais elle ne change pas de classe. Par exemple, il est possible de croiser diverses races de chevaux et d'en produire toute une variété – des Arabes aux Clydesdales, – mais ce sont tous des chevaux. Aucune information génétique n'a été rajoutée; en fait, chaque nouvelle race possède moins d'information génétique que sa race originale. D'autre part, puisque les espèces sont fixes, un fermier n'a pas à s'inquiéter que le mouton du voisin viendra dans son champ s'accoupler avec la jument de son fils. Une fois de plus, nous voyons que pour maintenir l'ordre, Dieu a incorporé des lois physiques dans le système.

Parfait, saint et sans défaut

Alors que Dieu crée l'univers, l'Écriture déclare à plusieurs reprises:

> *…Dieu vit que c'était bon.* Genèse 1.25b

Voilà un autre exemple d'une déclaration concise, remplie de signification. Tout ce que Dieu avait créé était réellement bon.

> *Les voies de Dieu sont parfaites…* Psaume 18.31a

L'homme n'arrive pas à faire quelque chose qui soit absolument parfait. Son chef-d'œuvre peut être très acceptable, mais il présentera néanmoins quelques imperfections. À l'opposé, tout ce que Dieu avait créé était sans défaut.

Les Écritures enseignent que Dieu lui-même est parfait, sans tache. On utilise les mots « saint » et « juste » pour décrire certains aspects de cette perfection.

> *Saint, saint, saint est l'Éternel des armées!* Ésaïe 6.3a

> *Son œuvre n'est que splendeur et magnificence, et sa justice subsiste à jamais.* Psaume 111.3

> *…le Dieu saint sera sanctifié par la justice.* Ésaïe 5.16b

Nous examinerons les mots *saint* et *juste* plus loin dans notre étude de la Parole de Dieu, mais pour le moment il suffit de savoir que ces mots sont employés pour décrire certains aspects de la nature parfaite de Dieu.

La sainteté absolue de Dieu est un point capital du message des Écritures. C'est un point qu'on ne doit pas négliger; une pièce essentielle du puzzle.

La perfection fait partie intégrante de la nature de Dieu – c'est un autre aspect de sa grandeur. Parce qu'il est parfait, il n'a pu faire autrement que de créer quelque chose de parfait. Il est évident que la création n'est plus parfaite aujourd'hui, mais au commencement, elle l'était. Dieu a dit que tout était bon, parfait.

Dieu se soucie de nous

Dieu aurait pu créer toutes les plantes et tous les animaux en noir et blanc. Mais non, il a choisi d'employer des teintes et des pigments infiniment variés. De plus, il nous a donné des yeux capables de distinguer les couleurs.

Il a également fourni en abondance des aliments bons à manger. Non seulement il a créé un nombre infini de saveurs, mais il nous a aussi équipés de papilles gustatives capables de savourer une variété incroyable de mets.

Dieu a donné aux fleurs des centaines de parfums différents et il nous a dotés d'un nez capable de les apprécier.

Dieu aurait pu ne créer que quelques variétés de végétaux. Quelques-unes nous auraient certainement suffi. Cependant, nous voyons autour de nous une flore extrêmement diversifiée. Il est évident que Dieu se soucie réellement des êtres humains. Les Écritures disent qu'il:

> *...nous donne avec abondance toutes choses pour que nous en jouissions.* 1 Timothée 6.17b

Dieu possédait non seulement tout le pouvoir et toute la capacité de créer cette variété infinie, mais il se préoccupait du bien-être de sa création. Dieu est grand! Il s'est révélé à nous par une bonté qui se manifeste dans le monde qui nous entoure.

Aujourd'hui, l'homme continue à être impressionné par la création de Dieu. Pendant des siècles, elle fut cachée, en grande partie, aux yeux de l'homme qui ne pouvait ni la voir ni la comprendre. Mais en inventant des microscopes électroniques, des accélérateurs de particules, des satellites d'observation et d'autres appareils, l'homme a pu commencer à explorer ce qui lui était autrefois voilé. Il ne s'est pas encore lassé de découvrir! Au contraire, plus il découvre, plus il est fasciné et plus il se rend compte des limites de ses connaissances. Pourtant, toutes ces choses existent depuis très longtemps, créées par un Dieu merveilleux et digne d'adoration.

L'Éternel est grand et très digne de louange, et sa grandeur est insondable. Psaume 145.3

Avant que le soleil ne se couche sur le sixième jour, il restait une dernière chose à faire pour compléter l'univers de Dieu : la création de l'homme et de la femme.

3 L'homme et la femme

Car ainsi parle l'Éternel, le créateur des cieux, le seul Dieu, qui a formé la terre, qui l'a faite et qui l'a affermie, qui l'a créée pour qu'elle ne soit pas déserte, qui l'a formée pour qu'elle soit habitée : Je suis l'Éternel, et il n'y en a point d'autre. Ésaïe 45.18

Le sixième jour (suite)

Le sixième jour commença par la création des animaux. Jusqu'ici, Dieu avait préparé la Terre pour qu'elle soit *habitée.* Les anges devaient se demander ce que Dieu projetait pour l'apothéose de la création. La Terre serait-elle pour eux? Il est impossible de savoir si de telles conjectures angéliques ont eu lieu, mais la façon dont Dieu s'y est pris pour créer l'homme était pour le moins surprenante.

Puis Dieu dit : Faisons l'homme à notre image, selon notre ressemblance, et qu'il domine sur les poissons de la mer, sur les oiseaux du ciel, sur le bétail, sur toute la terre, et sur tous les reptiles qui rampent sur la terre. Dieu créa l'homme à son image, il le créa à l'image de Dieu, il créa l'homme et la femme.* Genèse 1.26,27

*Vous vous demandez peut-être à qui Dieu s'adressait lorsqu'il a dit : « **Faisons** l'homme à **notre** image… »? Nous aborderons cette question dans un prochain chapitre.

Créés à l'image de Dieu

Les Écritures disent que Dieu a créé l'homme *à l'image de Dieu.* Il est évident que cela ne veut pas dire qu'il est une copie exacte de Dieu. Aucun de nous n'est omniscient, omnipotent ou omniprésent.

La Bible n'enseigne pas non plus que nous sommes de *petits dieux*. L'homme est plutôt semblable à un miroir qui reflète l'image de l'objet sans pour autant être l'objet lui-même. Lorsqu'on considère l'homme, on constate qu'il a plusieurs choses en commun avec Dieu.

Par exemple, Dieu a donné à l'homme un **intellect**. C'est comme s'il nous avait donné un soupçon de sa propre intelligence. De ce fait, tout comme Dieu, nous sommes capables de faire des recherches, de comprendre et de créer. Cependant, nous ne sommes pas omniscients. En fait, l'homme vient au monde avec très peu de connaissances. Toutes nos *connaissances* doivent être acquises.

Dieu a également donné à l'homme des **émotions**. Ce mot peut avoir une valeur péjorative, mais il a aussi un sens positif. La capacité d'éprouver des *sentiments* est une qualité importante chez l'être humain. Sans *sentiments,* nous serions semblables à des robots dans nos relations avec autrui : froids et mécaniques. Dieu n'est pas comme un robot. L'Écriture nous dit que, contrairement à un robot sans émotions, le Seigneur est compatissant et tendre; il ressent aussi de la colère lorsqu'il voit une injustice. Un *dieu* indifférent et incapable de démontrer de l'amour ou de la compassion serait effrayant. Dieu nous a donné la capacité d'éprouver des sentiments parce que *lui-même* en éprouve.

L'homme a aussi une **volonté**. On tient trop souvent pour acquis le fait que l'homme est capable de prendre ses propres décisions. C'est cette possibilité de faire des choix et d'avoir des préférences qui permet à l'homme de jouir d'une vie remplie de variété. Certaines personnes aiment le riz, d'autres préfèrent les pommes de terre. Pour le déjeuner, on peut choisir du jus de raisin, du jus de pomme ou du jus d'orange. Les choix sont illimités.

C'est également cette capacité de choisir qui distingue l'homme du monde des automates. Incapables de prendre eux-mêmes des décisions, les automates répondent uniquement selon les données programmées. L'homme, par contre, a été doté d'une *volonté* afin qu'il puisse volontairement suivre Dieu, non comme un robot, mais comme un être intelligent qui comprend que Dieu se préoccupe de lui et veut son bien.

Quand les Écritures disent que l'homme a été créé à l'image de Dieu cela veut dire qu'il possède un *intellect,* des *émotions* et une *volonté*. Il y a d'autres aspects que nous pourrions examiner, mais poursuivons plutôt notre récit. La Parole de Dieu dit:

> *L'Éternel Dieu forma l'homme de la poussière de la terre, il souffla dans ses narines un souffle de vie et l'homme devint une âme vivante.* Genèse 2.7

Le terme *souffle de vie* est souvent associé à *l'esprit* ou à la dimension immatérielle de l'homme. Voilà une autre caractéristique de l'homme qui reflète l'image de Dieu, car Dieu aussi est Esprit. Comme nous l'avons déjà vu, les esprits sont invisibles puisqu'ils n'ont pas de corps. Cependant, Dieu a choisi de donner à l'homme une *maison physique* faite de chair et d'os pour abriter son esprit, une *maison* faite à partir *de la poussière de la terre.* Une fois formé, le corps de l'homme serait resté là, complet à tous égards, mais sans vie. C'est seulement lorsque Dieu a insufflé le souffle de vie en l'homme que celui-ci devint un être vivant. Seul Dieu peut donner la vie. Aucun être humain et aucun ange n'a ce pouvoir. Une fois de plus, nous voyons que le Seigneur est entièrement distinct de sa création. Il est au-dessus de tout.

Une compagne

Le premier et unique homme que Dieu créa fut *Adam,* ce qui signifie « homme ». Ensuite, Dieu créa la femme:

> *L'Éternel Dieu dit: Il n'est pas bon que l'homme soit seul; je lui ferai une aide semblable à lui.* Genèse 2.18
>
> *Alors l'Éternel Dieu fit tomber un profond sommeil sur l'homme, qui s'endormit; il prit une de ses côtes, et referma la chair à sa place. L'Éternel Dieu forma une femme de la côte qu'il avait prise de l'homme, et il l'amena vers l'homme.*
>
> *L'homme et sa femme étaient tous deux nus, et ils n'en avaient point honte.* Genèse 2.21,22, 25

Ces quelques versets ont suscité des discussions animées. Certains s'imaginent que Dieu a fait de la femme une citoyenne de second ordre. Ce n'est pas le cas. Dieu a formé la femme à partir de la côte d'Adam, pour qu'elle soit sa compagne, non de son talon, pour être son esclave. Plus tard, Adam changera le nom de sa femme en celui *d'Ève,* ce qui signifie « dispensatrice de la vie ».

Le jardin parfait

Dieu plaça Adam et Ève dans un jardin qu'il avait préparé spécialement pour eux. Ce jardin s'appelait *Éden.*

> *Puis l'Éternel Dieu planta un jardin en Éden, du côté de l'orient, et il y mit l'homme qu'il avait formé. L'Éternel Dieu fit pousser du sol des arbres de toute espèce, agréables à voir et bons à manger…* Genèse 2.8,9a

Tous les jardins botaniques et zoologiques du monde ne pourraient se comparer au jardin de Dieu. C'était un véritable paradis: une verdure luxuriante, de l'eau étincelante et claire, grouillante de poissons, une incroyable diversité d'animaux; c'était d'une beauté indescriptible! Le climat était différent aussi. L'Écriture dit:

> *…l'Éternel Dieu n'avait pas fait pleuvoir sur la terre… Mais une vapeur s'éleva de la terre, et arrosa toute la surface du sol.* Genèse 2.5b,6

Nous ne savons pas grand chose au sujet du jardin d'Éden, mais il ne s'agissait certainement pas d'un endroit où Adam et Ève avaient du mal à survivre. Il y avait en abondance tout ce qu'il leur fallait. Dieu avait créé un jardin plus qu'adéquat pour satisfaire leurs besoins. C'était un environnement parfait.

Créateur-propriétaire

Dieu n'a pas demandé à Adam et Ève s'ils voulaient vivre dans le jardin. Il savait très bien ce qui était le mieux pour eux. Il n'avait pas besoin de consulter qui que ce soit, car étant leur Créateur, Dieu était aussi leur propriétaire. (Rappelez-vous l'illustration du village tribal: celui qui fabrique l'aviron en est aussi le propriétaire.)

> *À toi, Éternel, la grandeur, la force et la magnificence, l'éternité et la gloire, car tout ce qui est au ciel et sur la terre t'appartient; à toi, Éternel, le règne, car tu t'élèves souverainement au-dessus de tout!* 1 Chroniques 29.11

> *À l'Éternel la terre et ce qu'elle renferme, le monde et ceux qui l'habitent!* Psaume 24.1

> *Sachez que l'Éternel est Dieu! C'est lui qui nous a faits, et nous lui appartenons; nous sommes son peuple…* Psaume 100.3

Tout comme les anges appartiennent à Dieu parce qu'il les a créés, l'homme appartient à Dieu, son Créateur. Et comme les anges sont les serviteurs de Dieu, l'homme a reçu du Seigneur la responsabilité de prendre soin de la planète Terre.

> *L'Éternel Dieu prit l'homme, et le plaça dans le jardin d'Éden pour le cultiver et pour le garder.* Genèse 2.15

Période d'essai

Que Dieu n'ait pas consulté Adam et Ève avant de les placer dans le jardin ne signifie pas qu'ils n'aient pas eu de choix à faire. Lorsque Dieu a créé l'homme, il lui a donné une volonté, c'est-à-dire la capacité de choisir. Dans certains domaines de la vie, tel que l'amour, cette capacité n'a aucune valeur à moins qu'il n'y ait une alternative. Dieu a donc mis l'homme devant un choix très simple. Au milieu du jardin se trouvaient deux arbres :

> *…l'arbre de la vie au milieu du jardin, et l'arbre de la connaissance du bien et du mal.* Genèse 2.9b

Le premier arbre mentionné est *l'arbre de vie.* Si l'homme mangeait de cet arbre, il ne mourrait jamais. Cela ne présentait aucun problème.

Cependant, un avertissement était rattaché au second arbre. C'était *l'arbre de la connaissance du bien et du mal.* Adam et Ève connaissaient déjà le bien, mais le mal leur était inconnu. Ils ont tous deux été créés parfaits et innocents. Leur expérience de la vie était jusqu'alors limitée à la bonté de Dieu. Selon les Écritures, si Adam et Ève mangeaient le fruit de cet arbre, ils connaîtraient non seulement le bien, mais aussi le mal.

> *L'Éternel Dieu donna cet ordre à l'homme : Tu pourras manger de tous les arbres du jardin;* ***mais tu ne mangeras pas de l'arbre de la connaissance du bien et du mal****, car le jour où tu en mangeras, tu mourras certainement.* Genèse 2.16,17

On a déjà vu que lorsqu'une personne défie une des lois physiques de Dieu, telle que la loi de la gravité, il y a des conséquences. Ce principe s'applique à toutes les lois et à tous les commandements de Dieu. Dans le verset précédent, nous lisons que Dieu a donné à Adam et à Ève une seule règle, facile à observer : « Ne mangez pas le fruit de cet arbre. » Les conséquences d'une désobéissance étaient également très claires : l'homme mourrait. Nous reviendrons sur le sujet de la mort plus loin.

C'est cet arbre de la connaissance du bien et du mal qui servait à distinguer l'homme d'un robot. L'homme avait un choix à faire: manger ou ne pas manger; obéir ou désobéir. Puisque Dieu leur avait accordé ce choix, il est évident qu'Adam et Ève ne faisaient pas partie du monde des automates qui sont programmés à ne faire que ce qu'on leur indique. Il y a une grande différence entre celui qui est programmé à dire « Je t'obéirai », et celui qui choisit d'obéir de son plein gré. C'est cette capacité de *choisir* qui donne de la valeur au mot *obéissance.* Le choix est à la base d'une relation authentique.

Cette unique restriction n'était guère une privation pour les premiers êtres humains. La situation était loin de ressembler à celle dépeinte par certains artistes qui ont représenté Adam et Ève assis sous deux petits arbres n'offrant qu'une variété limitée de fruits. Au contraire, la multitude d'arbres dans le jardin portaient des fruits en abondance :

> *L'Éternel Dieu fit pousser du sol des arbres de toute espèce, agréables à voir et bons à manger…* Genèse 2.9a

Créés pour la gloire de Dieu

Lorsque Dieu a accordé ce choix à Adam et à Ève, son désir n'était pas que l'homme n'en fasse qu'à sa tête. Au contraire, l'homme avait été créé pour refléter la splendeur de Dieu et l'honorer.

> *Tu es digne, notre Seigneur et notre Dieu, de recevoir la gloire, l'honneur et la puissance; car tu as créé toutes choses, et c'est par ta volonté qu'elles existent et qu'elles ont été créées.* Apocalypse 4.11

Un fils honore son père quand il lui obéit. La relation est semblable en ce qui concerne Dieu et l'homme. L'homme a été créé avec une volonté afin que par son choix d'obéir à Dieu, celui-ci soit honoré. À vrai dire, en tant que Créateur de l'univers, le Seigneur est digne de tout l'honneur que l'homme peut lui rendre. Démontrer un tel honneur envers Dieu, procure à l'homme de grands bienfaits. Les Écritures enseignent que lorsqu'il se soumet au plan de Dieu pour sa vie, l'homme expérimente le plus grand bonheur, la plus grande satisfaction et la meilleure vie possible. Il en fut ainsi pour Adam et Ève.

> *Dieu les bénit, et Dieu leur dit: Soyez féconds, multipliez, remplissez la terre, et assujettissez-la; et dominez sur les poissons*

de la mer, sur les oiseaux du ciel, et sur tout animal qui se meut sur la terre. Genèse 1.28

L'homme – ami de Dieu

Dieu avait à cœur le bien-être d'Adam et Ève. Il désirait satisfaire tous leurs besoins.

Et Dieu dit: Voici, je vous donne toute herbe portant de la semence et qui est à la surface de toute la terre, et tout arbre ayant en lui du fruit d'arbre et portant de la semence: ce sera votre nourriture. Et à tout animal de la terre, à tout oiseau du ciel, et à tout ce qui se meut sur la terre, ayant en soi un souffle de vie, je donne toute herbe verte pour nourriture. Et cela fut ainsi.
Genèse 1.29,30

L'Écriture mentionne que Dieu venait vers Adam et Ève le soir, pour marcher avec eux. Il est très difficile pour nous de concevoir qu'un homme puisse vivre dans la présence de Dieu. Évidemment les choses étaient différentes en ce temps-là. Mais, il est très clair dans les Écritures que Dieu n'était pas un Créateur distant et indifférent à l'égard d'Adam et Ève – il était leur ami. De plus, parce qu'Adam et Ève étaient innocents de tout mal, ils possédaient une perfection qui leur permettait d'être dans la présence de Dieu. *Il n'y a que des personnes parfaites*[2] *qui peuvent vivre dans la présence d'un Dieu parfait.*

La famille idéale est celle où les parents entourent leurs enfants d'amour et de soins, et où les enfants honorent leurs parents par leur obéissance.

C'est ce genre de relation qu'Adam et Ève avaient avec Dieu. Celui-ci pourvoyait à leurs besoins, et Adam et Ève honoraient le Seigneur par leur obéissance. C'était selon le plan de Dieu.

La création achevée

Dieu vit tout ce qu'il avait fait et voici, cela était très bon. Ainsi, il y eut un soir, et il y eut un matin: ce fut le sixième jour. Genèse 1.31

L'être humain a tendance à vouloir entreprendre de grands projets. Il commence avec beaucoup d'enthousiasme, mais par la suite, ses efforts deviennent plutôt intermittents, puis il perd tout intérêt et met de côté le projet inachevé. Dieu au contraire termine toujours ce qu'il entreprend. L'homme peut changer d'idée en cours de route, mais Dieu ne change jamais ses plans.

> *Les desseins de l'Éternel subsistent à toujours, et les projets de son cœur, de génération en génération.* Psaume 33.11

La création étant achevée, l'Écriture dit que Dieu s'est reposé le septième jour, non pas parce qu'il était fatigué, mais parce qu'il avait terminé son œuvre. Le temps était venu pour lui d'admirer son chef-d'œuvre et d'en jouir.

Que dire de l'évolution?

Les Écritures ne mentionnent pas l'évolution. La dualité création-évolution est souvent présentée comme un débat entre la religion et la science, d'où la controverse. Le présent livre n'a pas pour but d'en discuter. Cependant, voici quelques points à considérer:

Premièrement, il est difficile d'affirmer que l'évolution relève entièrement de la science et la création de la religion. Depuis le temps où Charles Darwin a publié sa théorie en 1859, le darwinisme classique a été largement remplacé par le néodarwinisme et la théorie des équilibres intermittents, théories qui diffèrent grandement l'une de l'autre. En réalité, il n'existe pas de faits expliquant les origines à propos desquels tous soient d'accord. Un grand nombre de scientifiques affirment que la théorie de l'évolution n'est pas une science pure, mais qu'elle inclut certains aspects clés de la religion. Cette religion présuppose qu'il n'y a pas de dieu, préférant mettre sa foi dans le hasard et dans le passage du temps. Les érudits font également remarquer que l'évolution des molécules-à-l'homme transgresse certaines lois fondamentales de la physique.

D'autre part, il n'est pas tout à fait juste de dire que la création relève uniquement de la religion. Une importante communauté de scientifiques a conclu que la complexité de l'univers ne peut exister sans qu'il y ait eu un concepteur (tel que Dieu) ou plusieurs concepteurs. Se basant sur la science, ces experts font remarquer que le monde a une complexité irréductible[3], même au niveau le plus infime. Ils démontrent qu'une telle complexité universelle et un tel ordre ne pourraient exister s'ils n'avaient pas été planifiés dès le début. L'évolution par hasard est impossible. Bien que certains de ces scientifiques ne s'affichent pas comme croyant aux Saintes Écritures, plusieurs autres en acceptent la véracité. Ceux-ci sont souvent appelés des créationnistes. Depuis les années soixante, il y a eu une véritable explosion d'écrits à ce sujet (voir l'appendice). Beaucoup de ces références sont écrites à l'intention des non-initiés. Je vous encourage à étudier davantage avant de prendre une décision finale à ce sujet.

Certaines personnes se demandent comment le récit de la création cadre avec le sujet des dinosaures. En s'appuyant sur ce que dit l'Écriture, il n'y a aucune raison de croire que Dieu ne les aurait pas créés en même temps que tous les autres animaux. Dans un prochain chapitre, nous verrons ce qui aurait pu contribuer à leur disparition.

D'autres encore s'interrogent au sujet de l'âge de la Terre. Certains disent qu'elle est très vieille, mais l'Écriture ne soutient pas cette hypothèse. Il est vrai que les scientifiques ont produit de nombreuses sortes d'horloges – astronomiques, solaires, terrestres et biologiques[4] – dans le but de déterminer l'âge de l'univers, mais même si ces modèles sont basés sur des calculs raisonnés, ils sont néanmoins fondés sur des suppositions. De plus, les résultats de ces calculs ont laissé les scientifiques perplexes, car les âges donnés varient entre quelques milliers et des milliards d'années. Darwin a avancé la théorie de 400 millions d'années pour l'évolution biologique. Aujourd'hui, l'estimation se situe habituellement à 4,6 milliards d'années. Quelle horloge dit vrai?

Y a-t-il une réponse plausible qui correspond au récit biblique? En se basant strictement sur les Écritures, nous savons que Dieu a créé la Terre à maturité. Le jour de sa création, Adam a pu marcher à l'ombre de grands arbres, s'émerveiller à la vue d'immenses animaux et contempler un ciel étoilé. Peut-être s'est-il alors exclamé : « Le monde doit exister depuis très longtemps! » Cependant, Dieu lui aura dit que l'univers avait, au maximum, six jours; qu'Il l'avait créé entièrement fonctionnel. Les scientifiques, tout comme Adam, regardent en arrière et essaient de déterminer le passé d'après leurs observations. La Parole de Dieu, au contraire, raconte les origines de la Terre selon la perspective d'un témoin oculaire, Dieu lui-même.

Dieu plaisantait-il lorsqu'il a dit qu'il a créé la Terre? Qui devons-nous croire? En qui pouvons-nous avoir confiance?

Il y a plusieurs siècles, un roi s'est mis à réfléchir sur sa place dans ce monde :

> *Quand je contemple les cieux, ouvrage de tes mains, la lune et les étoiles que tu as créées : Qu'est-ce que l'homme, pour que tu te souviennes de lui? Et le fils de l'homme, pour que tu prennes garde à lui? Tu l'as fait de peu inférieur à Dieu, et tu l'as couronné de gloire et de magnificence. Tu lui as donné la domination sur les œuvres de tes mains, tu as tout mis sous ses pieds, les brebis comme les bœufs, et les animaux des champs, les oiseaux du ciel et les poissons de la mer, tout ce qui parcourt les sentiers des mers. Éternel, notre Seigneur! Que ton nom est magnifique sur toute la terre!* Psaume 8.4-10

Chapitre quatre

1 Je...

2 Dieu a-t-il réellement dit?

3 Où êtes-vous?

4 La mort

1 Je…

Au terme de sa création, Dieu y apposa son sceau en déclarant qu'elle était *très bonne.* Tout était à sa place. Il n'y avait ni douleur, ni maladie, ni lutte pour la survie du plus fort, ni conflit, ni mort. Entre Dieu et l'homme, il y avait une relation unique, une communion, une amitié. Éden était l'endroit idéal où vivre. Tout était très bon.

Par contre, de nos jours, il en est tout autrement: la douleur et la maladie existent et seuls les plus forts survivent. En outre, les conflits ne sont pas que verbaux. En effet, tout au long de l'histoire, la tyrannie de la guerre a dominé dans plusieurs parties du monde. Les plus grands s'attaquent aux plus petits. Que ce soit au sein de la famille ou du gouvernement, l'abus du pouvoir imprègne la société. Tout dépérit, se détériore ou se brise. Qu'il s'agisse du règne animal ou de la race humaine, la vie est une lutte perpétuelle. Le monde *n'est plus un endroit où tout est très bon.* Qu'est-il arrivé?

Le chérubin protecteur

Pour découvrir la réponse à cette question, il faut retourner au jardin d'Éden. Les Écritures disent, en parlant du chérubin le plus puissant:

> *Tu étais en Éden, le jardin de Dieu; tu étais couvert de toute espèce de pierres précieuses.* *Ézéchiel 28.13a*

Le nom de cet ange signifiait « étoile du matin ». Il faisait partie de la cohorte angélique dite des *chérubins* et il avait été choisi – *oint* – par Dieu pour accomplir des tâches particulières qui lui permettaient d'entrer dans la présence de Dieu.

> *Tu étais un chérubin protecteur… Je t'avais placé et tu étais sur la sainte montagne de Dieu…* *Ézéchiel 28.14*

Cet ange était parfait. Selon la Parole de Dieu, il possédait une beauté et une sagesse incroyables.

> *Tu as été intègre dans tes voies, depuis le jour où tu fus créé…* *Ézéchiel 28.15a*

> *Tu mettais le sceau à la perfection, tu étais plein de sagesse, parfait en beauté.* *Ézéchiel 28.12b*

Même s'il était supérieur en puissance, rien n'indique que ce chérubin exerçait un pouvoir quelconque sur les autres êtres célestes.

L'orgueil

La date précise du prochain événement historique ne peut être déterminée; sans doute a-t-il eu lieu peu de temps après l'achèvement de la création. Mais même si la *date* est indéterminée, les *faits*, eux, sont très clairs. La Bible dit que ce chérubin protecteur devint orgueilleux. Sa beauté et sa force lui montèrent à la tête. De cette fierté, est née l'ambition. Cinq fois dans son discours, ce chérubin dit « Je... ». Il est évident qu'il avait l'intention d'orchestrer une révolte céleste contre Dieu:

> *Astre brillant, fils de l'aurore... Tu disais en ton cœur:*
> ***Je** monterai au ciel,*
> ***J'**élèverai **mon** trône au-dessus des étoiles de Dieu;*
> ***Je m'**assiérai sur la montagne de l'assemblée, à l'extrémité du septentrion;*
> ***Je** monterai sur le sommet des nues,*
> ***Je serai semblable au Très-Haut**.* Ésaïe 14.12-14

* Le Très-Haut est un des noms de Dieu.

Il voulait non seulement prendre le pouvoir au ciel, mais ce chérubin était déterminé à être semblable au Très-Haut. Il avait l'intention de mener un coup d'État et visait à prendre LUI-MÊME la place de Dieu. IL serait alors le chef suprême de tous les anges et IL régnerait sur l'univers. Le cœur de ce chérubin débordait d'une ambition orgueilleuse.

Il y avait, cependant, un problème avec son plan: Dieu était au courant depuis le moment où l'idée fut conçue. Dieu sait *tout* et il connaissait les pensées du chérubin. La Bible dit que Dieu déteste l'orgueil. L'arrogance est en tête de liste des choses que Dieu a en abomination.

> *Il y a six choses que hait l'Éternel, et même sept qu'il a en horreur: **Les yeux hautains**...* Proverbes 6.16,17a

Le chérubin est allé délibérément à l'encontre du plan de Dieu pour lui. Il faut se rappeler que Dieu n'a pas créé les anges pour être des robots. Ils ont une volonté. Leur choix de servir Dieu ou non est une expression de soumission volontaire à un Dieu souverain. Mais cet ange protecteur, insatisfait de son rôle, aspirait à une position plus élevée. Enflé d'orgueil, il a décidé de se révolter contre Dieu. Il a *dédaigné* son Créateur ainsi que la tâche qu'Il lui avait confiée. Selon le dictionnaire, *dédaigner* signifie « repousser, rejeter avec mépris, n'en pas tenir compte». Dieu appelle une telle attitude «péché».

Jugement

Parce que Dieu est parfait, il n'a pas pu tolérer le péché de ce chérubin et prétendre que cela n'avait pas d'importance. *La perfection, par sa nature même, exige l'absence de ce qui est imparfait.* Cette vérité sera réitérée tout au long de notre étude des écrits des prophètes.

Dieu est *juste* et il ne peut avoir aucune part avec ce qui est injuste.

La sainteté de Dieu exclut le péché.

Dieu, qui est sans péché, ne peut pas tolérer la présence du péché.

C'est une réalité aussi certaine que n'importe quelle loi physique régissant l'univers.

La réponse de Dieu à la rébellion de l'ange protecteur fut instantanée. Il chassa le chérubin de sa place au ciel.

> *…tu as péché. Je te précipite de la montagne de Dieu… chérubin protecteur… ton cœur s'est élevé à cause de ta beauté, tu as corrompu ta sagesse par ton éclat; je te jette par terre…* Ézéchiel 28.16b,17

L'adversaire de Dieu n'est pas parti sans résistance. Il était encore un être puissant et, de plus, beaucoup d'autres anges l'ont suivi dans sa rébellion. On trouve dans les Écritures des détails assez précis sur ce qui est arrivé. Le prochain passage s'y réfère. Pour faciliter votre compréhension, des indications visuelles permettront d'identifier de *qui* parle le texte.

> *Un autre signe parut encore dans le ciel; et voici, c'était un grand dragon rouge feu… Sa queue entraînait le tiers des étoiles du ciel, et les jetait sur la terre… Et il y eut guerre dans le ciel. Michel et ses anges combattirent contre le dragon. Et le dragon et ses anges combattirent, mais ils ne furent pas les plus forts, et leur place ne fut plus trouvée dans le ciel. Et il fut précipité, le grand dragon, le serpent ancien, appelé le diable et Satan, celui qui séduit toute la terre, il fut précipité sur la terre, et ses anges furent précipités avec lui[1].* Apocalypse 12.3a,4a,7-9

Le diable, Satan, les démons

Le texte mentionne qu'un tiers des anges ont suivi le chérubin rebelle. Ce dernier est ensuite identifié sous d'autres noms tels que le *diable* ou *Satan.* Tout comme les noms de Dieu reflètent son caractère, les noms de Satan révèlent le sien. Satan signifie « adversaire » ou « ennemi ». Diable signifie « faux accusateur » ou « diffamateur ». Les anges rebelles qui ont suivi Satan étaient désormais appelés des *démons* ou des *mauvais esprits.*

L'étang de feu

Lorsque Dieu a expulsé le diable et ses démons du ciel, ce n'était, pour ces esprits rebelles, que la première étape de son jugement. Selon les Écritures, Dieu a un lieu pour le châtiment final, un :

> *…feu éternel qui a été préparé pour le diable et pour ses anges.*
>
> *Matthieu 25.41b*

Cet endroit est communément appelé *l'enfer.* Souvent, dans les bandes dessinées, on représente Satan et ses démons au milieu des flammes en train de manigancer des mauvais coups. Cependant, selon la Parole de Dieu, Satan n'est pas encore dans ce lieu. Il a été expulsé du ciel, mais non jeté dans l'étang de feu. Ce jour viendra plus tard, une fois que plusieurs autres événements impliquant Satan et ses démons auront eu lieu. Alors, ils seront jetés pour toujours dans ce lieu de tourments. En parlant de ce temps à venir, l'Écriture dit :

> *Et le diable, qui les séduisait, fut jeté dans l'étang de feu et de soufre… Ils seront tourmentés jour et nuit, aux siècles des siècles.*
>
> *Apocalypse 20.10*

La guerre

Malgré le fait que Satan et ses démons aient été bannis du ciel, ils ont conservé leur immense force et leur grande intelligence. Ils étaient maintenant des ennemis du Dieu Très-Haut. La guerre totale était déclenchée. Satan s'opposerait à tout ce qui est bien, à tous les plans de Dieu et à tout ce que Dieu représente. Rien ne l'arrêterait.

On ne peut que spéculer sur la réaction de Satan après son expulsion du ciel. On peut facilement se l'imaginer, rongé par la haine et la jalousie, parcourant des yeux l'univers afin de trouver une faille dans l'armure de Dieu.

Mais il n'y en a aucune!

Il doit bien y avoir une manière de se venger de Dieu.

Le regard de Satan se pose sur la terre… et il y voit l'homme.

Un sourire sournois apparaît sur ses lèvres.

2 Dieu a-t-il réellement dit?

Quand Dieu a créé l'homme, il ne l'a pas tout simplement placé sur la terre pour ensuite le laisser se débrouiller tout seul. Selon les Saintes Écritures, Dieu rendait visite à Adam et Ève dans le jardin. Ce fait nous est rapporté de façon tellement simple que cela nous laisse croire à des visites coutumières. Adam et Ève étaient en bons termes avec leur Créateur-propriétaire, et Dieu pourvoyait fidèlement à tous leurs besoins.

Fourbe et menteur

Mais voilà que Satan arrive furtivement dans le jardin. Aucun son de trompette n'a annoncé son identité ni ses intentions. Satan est beaucoup trop rusé pour cela. L'Écriture déclare que Satan est le grand menteur, le diable. Il est incapable de dire la pure vérité.

> *…le diable… a été meurtrier dès le commencement, et il ne se tient pas dans la vérité, parce qu'il n'y a pas de vérité en lui. Lorsqu'il profère le mensonge, il parle de son propre fonds; car il est menteur et le père du mensonge.* Jean 8.44b

Mensonge dans le texte original est le mot grec *pseudos* qui signifie « un mensonge prémédité, volontaire ». C'est un mot qu'on utilise couramment et qui fait allusion à ce qui est une *imitation.*

Il y a quelques années, je lisais dans une revue d'actualités un article au sujet de Satan. On y voyait un dessin du diable avec un corps rouge, des cornes sur la tête, une queue pointue et une fourche à la main. C'était absolument affreux! Selon la Bible, ce portrait de Satan est tout à fait faux. Les Écritures déclarent que:

> *…Satan lui-même se déguise en ange de lumière.*
> 2 Corinthiens 11.14b

Il se présente dans toute sa splendeur, en imitant Dieu le plus possible. Une meilleure représentation du diable aurait été un ange resplendissant ou un homme éloquent revêtu d'une robe d'ecclésiastique. Satan aime la religion. Il contrefait la vérité, mais il n'est pas digne de confiance parce que, par sa nature même, il est un imposteur, un être faux, un raconteur de mensonges délibérés.

Je suis persuadé que Satan était très satisfait de son portrait – *un bonhomme rouge avec une fourche à la main.* C'est plus facile de tromper les gens lorsque ceux-ci ne savent pas de quoi ils doivent se méfier. Satan aurait également approuvé les propos de l'auteur qui affirmait que les théologiens avaient pratiquement abandonné l'idée de l'existence du diable – laissant entendre que *plus personne n'y croyait.* Quel coup magistral de tromperie que d'avoir des théologiens qui disent à tout le monde que le diable n'est qu'un mythe!

Tromperie

Satan a donc fait son entrée dans le jardin d'Éden aussi subtilement que possible. Aucune trompette, aucune fanfare. Il s'est incarné dans le corps d'un serpent – un reptile qu'on identifie souvent au diable. Les Écritures mentionnent plusieurs occasions au cours desquelles les mauvais esprits ont habité des êtres humains ou des animaux, parlant à travers eux et les faisant agir de façon anormale. Cette incarnation de Satan n'était donc pas quelque chose d'insolite. Cette fois-ci, Satan parle à travers un reptile. Il s'adresse à Ève:

> *Le serpent était le plus rusé de tous les animaux des champs, que l'Éternel Dieu avait faits. Il dit à la femme: Dieu a-t-il réellement dit: Vous ne mangerez pas de tous les arbres du jardin?*
>
> Genèse 3.1

Le fait que le serpent puisse parler ne semble pas avoir étonné Ève. Sans doute découvrait-elle chaque jour de nouvelles facettes de la création de Dieu. Elle pensait peut-être que ce n'était qu'une autre de ces créatures qu'elle n'avait pas encore rencontrées. Cependant, il m'est impossible d'être catégorique sur ce point.

Doute

Il est intéressant de remarquer que Satan est venu vers la femme avec une question *au sujet de Dieu.* Il a semé dans l'esprit d'Ève quelque chose qu'elle n'avait jamais considéré auparavant: *la créature peut remettre en question les faits et gestes de son Créateur.* Satan a posé sa question sur un ton de mépris: « Dieu a-t-il réellement dit…? ».

« Je veux dire, vraiment… est-ce que Dieu a *réellement dit ça?* »

Satan insinuait que l'homme devait sûrement être simple d'esprit et naïf pour prendre Dieu au mot sans le questionner.

> « Il se peut qu'il vous prive de quelque chose. Comment pouvez-vous le savoir? Peut-être Dieu n'est-il pas aussi bon qu'il le laisse entendre. »

Satan laisse planer un doute à propos de l'intégrité de Dieu. Était-il possible que Dieu n'ait pas été franc avec Adam et Ève? Pour sa part, Satan se présente à Ève comme celui qui a vraiment à cœur le bien-être de l'homme. Il contrefait la bonté de Dieu et, par sa fausse logique, met en question la parole de Dieu afin de semer le doute.

De plus, Satan a grandement exagéré l'interdiction de Dieu. Dieu n'avait PAS défendu à l'homme le fruit de tous les arbres. Il n'avait interdit qu'un seul arbre : l'arbre de la connaissance du bien et du mal. Mais l'exagération a produit l'effet voulu.

> *La femme répondit au serpent : Nous mangeons du fruit des arbres du jardin. Mais quant au fruit de l'arbre qui est au milieu du jardin, Dieu a dit : Vous n'en mangerez point et vous n'y toucherez point, de peur que vous ne mouriez.* Genèse 3.2,3

Ève essaie de prendre la défense de Dieu, bien que cela ne soit pas du tout nécessaire. Dans son empressement, Ève a même ajouté au commandement de Dieu. Le Seigneur avait dit à l'homme de ne pas *manger* le fruit de l'arbre, mais il n'a jamais dit de ne pas le *toucher.* Quand on *ajoute* à la Parole de Dieu, on y *retranche* toujours quelque chose. Ève a donné l'impression que Dieu était plus exigeant qu'il ne l'était en réalité. Elle a donc porté atteinte au caractère de Dieu. Inciter les gens à ajouter des éléments à la Parole de Dieu ou à en retrancher est l'une des spécialités de Satan. Il aime la confusion qui s'ensuit. L'ajout d'Ève était *si minime,* mais c'était tout ce qui était nécessaire; il y avait une faille dans l'armure.

Dénégation

> *Alors le serpent dit à la femme : Vous ne mourrez point; mais Dieu sait que, le jour où vous en mangerez, vos yeux s'ouvriront, et que vous serez comme Dieu, connaissant le bien et le mal.* Genèse 3.4,5

Satan ne s'est pas contenté de mettre en doute la parole de Dieu; il l'a catégoriquement démentie. Il a appelé Dieu *menteur.* Il insinuait que la raison pour laquelle Dieu avait défendu à Adam et Ève de manger le fruit de l'arbre, était qu'il avait peur que l'homme devienne trop intelligent. Satan a habilement mêlé le mensonge avec la vérité. Il était vrai que leurs yeux s'ouvriraient et qu'ils connaîtraient le bien et le mal, mais il était faux de leur faire croire qu'ils seraient comme Dieu avec tous ses attributs. Il était faux également de leur dire qu'ils ne mourraient pas. Satan mentait délibérément. Même s'il connaissait très bien les conséquences de la désobéissance à Dieu, Satan a cruellement incité l'homme à courir à sa propre perte.

Désobéissance

> *La femme vit que l'arbre était bon à manger et agréable à la vue, et qu'il était précieux pour ouvrir l'intelligence; elle prit de son fruit, et en mangea; elle en donna aussi à son mari, qui était auprès d'elle, et il en mangea.* Genèse 3.6

Satan avait réussi un coup de maître. On peut presque entendre ses éclats de rire retentissant dans le jardin. Comme d'habitude, il n'est pas resté là pour aider à réparer les dégâts. L'Écriture dit que:

> *…le diable rôde comme un lion rugissant, cherchant qui il dévorera.* 1 Pierre 5.8b

Satan se présente comme étant quelqu'un qui peut nous donner du plaisir et du bon temps, mais en réalité ce ne sont que des plaisirs temporaires et vains. En fin de compte, Satan ne donne rien si ce n'est que peine et chagrin. Il est un compagnon malveillant et cruel.

Au cours des années, certains ont jeté le blâme sur Ève pour cette désobéissance flagrante, mais il faut noter que durant tout l'entretien entre elle et Satan, il semble que son mari, était à ses côtés. Adam aurait pu essayer d'empêcher Ève de manger du fruit défendu et certainement qu'il n'était pas obligé d'en prendre lui-même. Mais ils en ont *tous deux* mangé.

On peut comparer la désobéissance d'Adam et Ève à celle des enfants jouant dans la rue en dépit des directives de leur mère. Les enfants désobéissants pensent *savoir mieux que maman* ce qui est sans danger et amusant. Ils manifestent un manque de confiance dans les connaissances de leur mère en ce qui a trait à la sécurité. Ils méprisent son autorité. De la même façon, Adam et Ève ont péché quand ils pensaient *savoir mieux que Dieu ce qui était bon pour eux.* Leur choix de désobéir reflète un manque de confiance en leur Créateur; ils ont douté de la parole de Dieu.

Adam et Ève avaient toutes les raisons au monde de dire au diable que c'était LUI le menteur, mais ils ont choisi de croire Satan au lieu de croire Dieu. Ils ont désobéi aux directives explicites de Dieu et se sont joints à la rébellion du diable. L'Écriture dit:

Que dire des mauvais esprits, des djinns et de la magie noire?

À travers le monde, différents peuples ont inventé des manières de se protéger contre le pouvoir des mauvais esprits. Certains ont sur soi des porte-bonheur ou des amulettes. D'autres placent des fétiches dans leur maison, boivent des breuvages magiques ou consultent leur guide spirituel. D'autres prononcent le nom de Dieu ou récitent une petite formule avant d'entrer dans une maison ou dans une voiture afin de se prémunir contre les accidents. D'autres encore offrent des sacrifices aux « esprits protecteurs » afin d'être protégés contre le malin. Toutes ces idées viennent de l'homme et non de Dieu. Les Écritures enseignent que Satan et ses démons sont capables de faire certains miracles, mais même s'ils sont *puissants,* ils ne sont pas *tout-puissants.* Nous n'avons aucunement besoin de craindre les pouvoirs maléfiques si nous écoutons Dieu, car il est infiniment plus puissant que tous les mauvais esprits et toute la magie noire.

Le nom de l'Éternel est une tour forte; le juste s'y réfugie, et se trouve en sûreté. Proverbe 18.10

Au reste, fortifiez-vous dans le Seigneur, et par sa force toute-puissante… prenez par-dessus tout cela le bouclier de la foi, avec lequel vous pourrez éteindre tous les traits enflammés du malin. Éphésiens 6.10,16

> *…Celui donc qui veut être ami du monde* se rend ennemi de Dieu.* Jacques 4.4b

* Dans ce contexte, on parle du système de valeurs du monde qui est influencé par Satan et contrôlé par lui.

C'est la conséquence logique lorsqu'on prend parti. Adam et Ève ont abandonné leur amitié avec Dieu pour se joindre à Satan. Ils ont rejeté un monde parfait pour en expérimenter un qui leur avait été défendu.

Amitié rompue

Le choix d'Adam et Ève de suivre Satan, a eu des répercussions. Comme nous l'avons déjà vu, *enfreindre une loi amène toujours des conséquences.* Les Écritures enseignent que les conséquences du péché sont sérieuses. Le choix délibéré d'Adam et Ève a créé un vaste gouffre dans la relation entre Dieu et l'homme. Un Dieu parfait ne pouvait pas entretenir de relation avec une personne déloyale; un ami dont les sentiments étaient partagés et qui l'avait trahi. Aucune relation n'est possible là où il n'y a pas de confiance. L'amitié entre Dieu et l'homme fut rompue.

Est-ce que Dieu est trop exigeant?

Certains diront: « Mais ce n'était qu'un tout petit péché mignon, seulement quelques bouchées d'un fruit! » C'est vrai! Dieu n'avait pas exigé grand-chose de l'homme. En fait, ce n'était même pas une épreuve. Adam et Ève avaient des dizaines d'arbres fruitiers à leur disposition. C'était un tout petit test, mais CE test a défini l'homme comme étant un être humain avec une volonté propre.

Supposons qu'une jeune femme ait un fiancé qui semble très gentil. Il lui démontre beaucoup d'affection, l'entoure d'attentions, la réconforte quand elle est triste et lui dit souvent combien il l'aime. Par la suite, cette femme découvre que son fiancé a été programmé à *aimer…* qu'il n'agissait pas du tout de sa propre volonté. Quelle déception! Le tout semblerait si artificiel, si vide de sens, et ce serait le cas. Adam et Ève avaient une option, une décision simple, facile à prendre. Mais le fait d'avoir ce petit choix faisait une grande différence.

C'est pourquoi Dieu les a livrés… aux convoitises de leurs cœurs… eux qui ont changé la vérité de Dieu en mensonge, et qui ont adoré et servi la créature [Satan] au lieu du Créateur, qui est béni éternellement[2]. Romains 1.24,25

Feuilles de figuier

Les yeux de l'un et de l'autre s'ouvrirent, ils connurent qu'ils étaient nus. Genèse 3.7a

Adam et Ève ont ressenti immédiatement que quelque chose n'allait pas. Ils étaient profondément affligés. Pour la première fois, ils éprouvaient un malaise – celui de la culpabilité et de la honte. La Parole de Dieu dit qu'ils ont eu peur. Adam et Ève ont reconnu, pour la première fois, qu'ils étaient nus. Cherchant désespérément une solution à leur dilemme, ils ont:

…cousu des feuilles de figuier [et] ils s'en firent des ceintures. Genèse 3.7b

---

C'est ce choix… *de manger* ou *de ne pas manger*
d'obéir ou *de désobéir*
d'aimer ou *de ne pas aimer*

…qui définissait l'homme en tant qu'être humain.

L'homme n'était pas un robot. Il avait le libre choix d'aimer. L'amour qui existait entre Adam et Ève n'était pas artificiel, il était authentique. L'obéissance et l'amour qu'ils avaient pour Dieu au commencement étaient aussi réels.

Même si l'épreuve avait semblé insignifiante, la désobéissance au Seigneur, même dans les moindres choses, est toujours sérieuse. L'Écriture enseigne que Dieu, étant parfait (saint et juste), ne peut pas tolérer le péché, aussi minime soit-il. Elle dit aussi, très catégoriquement, qu'il est mal de désobéir. La désobéissance est un péché.

Ils pensaient peut-être qu'en arrangeant leur *apparence extérieure* Dieu ne remarquerait pas que quelque chose avait changé à *l'intérieur.* Ils feraient semblant de rien et tout irait bien. C'était la première tentative de l'homme pour rectifier, par ses propres moyens, un monde dégénéré.

Il y avait cependant un problème avec leur idée d'employer des feuilles de figuier – elle n'était pas efficace. La condamnation était toujours là. Le fait d'avoir une bonne apparence extérieure n'avait rien changé à la réalité intérieure. Ils n'étaient plus parfaits. Le sentiment de culpabilité continuait à les ronger. Le gouffre entre Dieu et l'homme persistait.

> *Alors, ils entendirent la voix de l'Éternel Dieu, qui parcourait le jardin vers le soir, et l'homme et sa femme se cachèrent loin de la face de l'Éternel Dieu, au milieu des arbres du jardin.* Genèse 3.8

Seuls les coupables s'enfuient pour se cacher. Normalement, on ne se cache pas d'un ami! Il y avait maintenant un obstacle, un abîme, entre Dieu et l'homme. L'amitié était rompue.

3 Où êtes-vous?

Satan avait réussi à convaincre Adam et Ève qu'il leur était possible de devenir comme Dieu. C'était exactement ce qu'il avait souhaité pour lui-même. Mais Dieu n'a pas créé l'homme pour qu'il soit dirigé par ses propres instincts ou pensées. C'est la parole de Dieu qui importe, et Il avait dit:

> *...tu ne mangeras pas de l'arbre...car le jour où tu en mangeras, tu mourras certainement.* Genèse 2.17

À l'instant même où Adam et Ève ont mangé le fruit, tout a changé. Ce que Dieu a dit est arrivé. Sa parole n'avait pas changé. Elle ne change jamais.

> *Alors ils entendirent la voix de l'Éternel Dieu, qui parcourait le jardin vers le soir, et l'homme et sa femme se cachèrent loin de la face de l'Éternel Dieu, au milieu des arbres du jardin.* Genèse 3.8

L'Écriture ne mentionne pas à quoi pensaient Adam et Ève lorsqu'ils étaient cachés derrière l'arbuste, écoutant Dieu qui s'approchait. Mais si vous avez déjà fait un mauvais coup pendant l'absence de vos parents... lorsque vous les voyez revenir chez vous... eh bien! vous avez une idée de leurs sentiments. Mais ce n'étaient pas leurs parents qu'Adam et Ève avaient offensés. Ils avaient désobéi au Dieu de l'univers, le Dieu souverain et saint. Qu'est-ce que leur Créateur-propriétaire allait dire? Qu'est-ce qu'un Dieu tout-puissant allait faire?

> *Mais l'Éternel Dieu appela l'homme, et lui dit: Où es-tu?*
> Genèse 3.9

Adam et Ève sortent de leur cachette avec un air innocent. Hein! Tu nous cherches? Adam prend la parole:

> *…J'ai entendu ta voix dans le jardin, et j'ai eu peur, parce que je suis nu, et je me suis caché.* Genèse 3.10

Adam parle, mais il commet une bévue. Comme le garçon qui s'est absenté de l'école et qui a ensuite écrit sa propre note en la signant « ma mère », Adam oublie qu'il n'a jamais ressenti la peur auparavant et que sa nudité ne l'avait jamais dérangé non plus. Adam avait des miettes de biscuits plein le visage. Dieu dit:

> *…Qui t'a appris que tu es nu? Est-ce que tu as mangé de l'arbre dont je t'avais défendu de manger?* Genèse 3.11

Des questions, des questions!

Pourquoi Dieu posait-il toutes ces questions? Est-ce qu'un Dieu qui sait tout pouvait ne pas savoir où Adam et Ève étaient cachés? Dieu ne devait-il pas savoir *pourquoi* l'homme se sentait nu? Le Seigneur était-il limité au point d'être obligé de demander aux coupables s'ils avaient mangé du fruit défendu? À vrai dire, Dieu savait *exactement* ce qui s'était passé, mais il posait ces questions afin de permettre à Adam et Ève de comprendre eux-mêmes ce qui était arrivé. *Ils avaient désobéi à Dieu! Ils avaient cru Satan au lieu de croire Dieu.*

En étudiant les Écritures, nous verrons que Dieu se sert souvent de questions pour aider l'homme à parvenir à une meilleure compréhension des choses.

C'était la faute de Dieu

Dieu donnait ainsi à Adam et à Ève l'occasion de reconnaître eux-mêmes leur culpabilité.

> *L'homme répondit: La femme que tu as mise auprès de moi m'a donné de l'arbre, et j'en ai mangé.* Genèse 3.12

Adam a avoué, jusqu'à un certain point, avoir mangé du fruit défendu, mais seulement parce que la *femme,* que Dieu lui avait donnée, lui en a offert. Adam était une victime!

« C'était la faute de Dieu. »

« Si Dieu n'avait pas créé la femme… elle ne m'aurait pas donné le fruit et je ne l'aurais pas mangé. » Il était évident que tout cela était de Sa faute.

Et l'Éternel Dieu dit à la femme : Pourquoi as-tu fait cela? La femme répondit : Le serpent m'a séduite, et j'en ai mangé. Genèse 3.13

Ah! Voilà! Ce n'était ni la faute de la femme ni celle de l'homme. C'était la faute du serpent. Ève aussi était victime. Et bien sûr, si Dieu n'avait pas créé le serpent… Ève non plus n'aurait pas péché. Dieu a vraiment manqué son coup!

Dieu n'a pas questionné le serpent, car en réalité, Adam et Ève ont tous les deux décidé délibérément de pécher. Dieu leur avait donné la possibilité de confesser librement leur péché, mais ils ont raté l'occasion qui leur était offerte – ils ont refusé de reconnaître leur faute.

Comment ils ont réagi	Comment ils auraient dû réagir
Adam : *L'homme répondit : La femme que tu as mise auprès de moi m'a donné de l'arbre, et j'en ai mangé.* **Eve :** *La femme dit : Le serpent m'a séduite, et j'en ai mangé.*	*Dieu, j'ai échoué lamentablement. J'ai désobéi à ton commandement de ne pas manger le fruit. J'ai péché. Pardonne-moi, s'il te plaît.* *Seigneur Dieu, moi aussi j'ai péché. J'ai désobéi à ton commandement. Je voudrais voir notre relation restaurée. S'il te plaît, dis-moi que faire.*
Se penser victimes Jeter le blâme sur autrui	Assumer la responsabilité de leurs actions Chercher la restauration

Adam et Ève avaient mal agi et maintenant ils ont mal réagi. Mais Dieu ne les a pas anéantis. Si nous avions été à la fois le juge, le jury et le bourreau, nous les aurions vite condamnés. Mais Dieu manifeste une compassion au-delà de tout ce qu'on peut imaginer.

Une promesse

Ce premier péché a eu de graves conséquences pour toute l'humanité. Nous verrons qu'Adam et Ève agissaient à titre de représentants pour tout être humain. Leur péché a entraîné une malédiction, mais Dieu, dans sa grâce, leur a aussi fait une promesse.

> *L'Éternel Dieu dit au serpent: Puisque tu as fait cela… je mettrai inimitié entre toi et la femme, entre ta postérité et sa postérité: celle-ci t'écrasera la tête, et tu lui blesseras le talon.* Genèse 3.14a,15

Il faut examiner ces déclarations de plus près. Dieu ne parlait pas de l'aversion que les femmes et les serpents auraient l'un pour l'autre. La promesse comportait deux facettes:

Le diable et ses démons	**La femme et sa postérité**
*L'Éternel Dieu dit au **serpent**,*	
*«Puisque **tu** as fait cela…*	
*je mettrai inimitié entre **toi***	*et la femme,…*
*…entre **ta postérité***	*et sa **postérité**;*
	***celle-ci** t'écrasera…*
*…**la tête**, et **tu** lui blesseras*	***le talon.**»*

Dieu voulait dire par là qu'un jour il allait délivrer l'homme de l'emprise de Satan. La *femme* mettrait au monde un enfant mâle qui *écraserait* la tête de Satan; ce serait une blessure mortelle. Satan aussi ferait mal à l'enfant, mais ce ne serait qu'une *blessure* au talon – une plaie temporaire qui guérirait.

Voilà la première de plusieurs promesses concernant la postérité d'Ève. Cet enfant mâle serait appelé l'OINT DE L'ÉTERNEL en raison de la mission spéciale que Dieu lui confierait. Cette mission était celle de *libérer (sauver)* l'humanité des conséquences du péché et de la domination de Satan. C'est pour cela qu'il est connu aussi comme le LIBÉRATEUR PROMIS. Cette déclaration de Dieu était sans doute une très bonne nouvelle pour Adam et Ève.

La promesse d'envoyer un LIBÉRATEUR révèle un autre aspect de la personne de Dieu: Il est *celui qui sauve* ou le *Sauveur*.

> *Il n'y a point d'autre Dieu que moi, je suis le seul Dieu juste et qui sauve. Tournez-vous vers moi, et vous serez*

sauvés, vous tous qui êtes aux extrémités de la terre! Car je suis Dieu, et il n'y en a point d'autre. Ésaïe 45.21b,22

Malédiction

Comme nous l'avons déjà vu, le péché entraîne toujours des conséquences. Si on défie la loi de la gravité, on aura des os cassés; si on transgresse la parole de Dieu, on subira les conséquences de la désobéissance. Dieu ne pouvait pas fermer les yeux sur le péché d'Adam et Ève et leur dire: « Ne vous en faites pas », « Ce n'était pas votre faute », « On oublie tout ça » ou bien « Ce n'était qu'un tout petit péché. » Non, il était trop tard pour retourner en arrière. Adam et Ève étaient coupables. Un seul péché a eu pour conséquence le jugement. Un seul péché a mené à la crainte et à la culpabilité. Un seul péché a engendré d'autres péchés. La terre et tout ce qui s'y trouve a souffert à cause de cette malédiction. Les animaux, la mer, les oiseaux, même le sol ont tous été affectés. La création n'était plus parfaite. Selon les Écritures:

...la création tout entière soupire et souffre les douleurs de l'enfantement... Romains 8.22b

Désormais, l'homme viendrait au monde dans les douleurs de l'enfantement et le quitterait dans l'agonie de la mort. La vie sur la terre serait remplie d'injustice, de sueur et de misère. Dieu dit à Adam:

C'est à la sueur de ton visage que tu mangeras du pain, jusqu'à ce que tu retournes dans la terre, d'où tu as été pris; car tu es poussière, et tu retourneras dans la poussière. Genèse 3.19

Les épines et les ronces de la vie, figurées ou réelles, rendraient l'existence de l'homme difficile et pénible.

L'homme avait déclenché toute une série de malheurs. Mais le plus pénible d'entre eux était celui dont Dieu les avait avertis: la mort.

4 La mort

L'Éternel Dieu donna cet ordre à l'homme: Tu pourras manger de tous les arbres du jardin; mais tu ne mangeras pas de l'arbre de la connaissance du bien et du mal, car le jour où tu en mangeras, tu mourras certainement. Genèse 2.16,17

Quand Adam et Ève ont choisi de ne pas tenir compte de l'avertissement que Dieu leur avait donné, dans un sens, ils mettaient Dieu à l'épreuve pour savoir s'il tiendrait parole. *Est-ce que Dieu était vraiment sérieux dans ce qu'il a dit? Est-ce que l'homme mourrait réellement? Ou est-ce que Dieu ne faisait que proférer des menaces en l'air?* La réponse des Écritures à ce sujet est catégorique:

Il est plus facile que le ciel et la terre passent, qu'il ne l'est qu'un seul trait de lettre de la loi [la parole de Dieu] vienne à tomber. Luc 16.17

Personne n'aime parler de la mort. C'est un sujet tabou. Dans tous mes voyages à travers le monde, même dans les tribus les plus isolées, je n'ai jamais rencontré de peuple pour qui la mort était un plaisir. J'ai assisté à de nombreux enterrements, quelques-uns dans des cimetières et d'autres dans la jungle, mais ils avaient tous un facteur en commun: un profond chagrin. L'expérience de la vie a gravé dans notre esprit la réalité que la mort signifie une chose – la séparation. Un être cher nous a quitté pour ne jamais revenir. La douleur que nous pouvons ressentir au moment de cette séparation, ainsi que le sentiment d'avoir perdu quelque chose de très précieux, nous aident à comprendre ce qu'est la signification biblique du mot « mort ». Dans la Parole de Dieu, la mort est associée à une *séparation.* Elle ne signifie pas « anéantissement » ou la « non-existence ».

On ne peut non plus dissocier la mort de son origine, c'est-à-dire du péché. La Parole de Dieu parle de la mort comme étant le salaire du péché. Dans les Écritures, on lit que tout comme l'ouvrier reçoit une rémunération pour son travail:

…le salaire du péché, c'est la mort… Romains 6.23a

La Bible parle de plusieurs aspects de la mort. En voici trois:

1. La mort du corps (la séparation entre l'esprit de l'homme et son corps)

La mort physique ne nous est pas inconnue. Cependant, il y a un aspect de cette mort que nous devons mieux comprendre par rapport à Adam et Ève. Lorsqu'on coupe une branche d'arbre, les feuilles ne meurent pas instantanément. De la même façon, quand Dieu a dit à Adam: « Car le jour où tu en mangeras, tu mourras certainement », il ne voulait pas dire qu'Adam serait frappé de mort au moment même où il mangerait le fruit. Il voulait plutôt dire qu'Adam serait coupé de sa source de vie; en conséquence de quoi, tout comme une branche qui a été séparée de l'arbre finit par mourir, le corps d'Adam commencerait à se détériorer peu à peu jusqu'à cesser complètement de fonctionner. L'homme expirerait et son corps retournerait dans la poussière:

Ils expirent, et retournent dans leur poussière. Psaume 104.29b

Mais malgré le fait que le corps meurt, l'esprit continue à vivre. Selon les Écritures, l'esprit est immortel.

2. La mort d'une relation (la séparation entre l'esprit de l'homme et Dieu)

Nous avons déjà vu qu'Adam et Ève jouissaient d'une relation intime avec Dieu. Leur désobéissance a mis fin à cette amitié. Mais ce n'est pas tout. Les enfants et les petits-enfants d'Adam et Ève, en fait toute l'humanité jusqu'à ce jour, sont venus au monde séparés de Dieu. La dissolution de la relation entre Dieu et l'homme fut si complète que malgré le fait que nous soyons encore en vie physiquement, Dieu nous considère comme étant:

...morts par [nos] offenses et par [nos] péchés. Éphésiens 2.1

Il y a une vérité ici qu'il nous faut saisir. Permettez-moi de vous raconter une expérience vécue. J'ai passé une bonne partie de ma vie à voyager ou à résider dans des pays tropicaux. Pendant un certain temps, ma femme et moi avons habité une maison qui reposait sur de courts pilotis. Un jour, un gros rat s'est faufilé dans l'espace étroit en dessous de la maison et y est mort. Malheureusement, il est mort directement sous notre chambre à coucher. Nous avons tout d'abord décidé de laisser la carcasse là où elle était et de simplement attendre qu'elle se décompose. Mais l'horrible odeur qui s'en dégageait était insupportable. Je ne suis pas facilement dégoûté, mais cette puanteur me donnait littéralement des nausées.

L'odeur qui se dégageait du rat était tellement intolérable que ma femme et moi avons dû dormir dans une autre partie de la maison. Ce n'était ni normal ni naturel pour nous de dormir près de ce rat pourri. Nous nous sommes donc éloignés de là.

Le lendemain, mon fils s'est porté volontaire pour remédier à la situation. À l'aide d'un long bâton, il a réussi à tirer la carcasse du rat près de l'ouverture sous la maison. Aussitôt qu'Andrew a vu le rat, il a reculé avec répugnance. Il avait des nausées. « Papa, dit-il, le rat est plein de vers! » Andrew, couché sur le ventre, le bras recouvert d'un sac en plastique, a saisi par la queue le corps décomposé du rat. Tenant le cadavre infecte le plus loin possible de son corps, il a couru vers la jungle située près de la maison et a lancé le rat aussi loin qu'il le pouvait.

Si ce rat avait été vivant et capable de ressentir les émotions d'Andrew, il aurait su qu'Andrew était extrêmement mécontent – en colère contre lui. Et si le rat avait pu lire les pensées d'Andrew lorsqu'il l'a lancé au fond de la jungle, il l'aurait entendu dire: « Va-t'en d'ici, toi! » Et si le rat avait pu parler, il aurait peut-être demandé: « Pour combien de temps? ». Andrew aurait répondu: « Pour toujours! »

L'illustration du rat mort nous aide à comprendre trois réactions de Dieu face au péché. Premièrement, il est irrité. Ceci n'est pas une colère malsaine ou méchante. Dieu n'est pas un être impétueux, incapable de se contrôler. L'indignation qu'il ressent est due à son caractère pur et saint. Tout comme nous étions mécontents de la présence du rat en état de décomposition, Dieu est en colère contre le péché. Il est attristé. Dieu a créé la Terre pour être un endroit où il fait bon vivre, mais le péché a rendu pénibles plusieurs aspects de la vie. Chaque fois que nous accomplissons une tâche déplaisante, cela nous rappelle que le péché a gâché la création parfaite de Dieu. La douleur, la souffrance, la tristesse, la peine, la saleté, les odeurs fétides, les tyrans, l'ivrognerie, les tremblements de terre et les guerres ne faisaient pas partie de la création originale de Dieu. Le péché est comme une goutte de cyanure sur un repas copieux et succulent. Il n'a fallu qu'un seul péché pour tout gâcher.

Tout comme une piqûre d'abeille au visage peut affecter tout le corps, ainsi le péché a affecté l'être entier. *Lorsqu'on pèche, en plus de transgresser la loi, on porte atteinte au caractère de Dieu.* Voilà pourquoi l'Écriture dit :

> *... la colère de Dieu vient sur les fils de la rébellion.* Éphésiens 5.6b

Adam et Ève ont désobéi à Dieu en décidant de ne pas tenir compte de ses directives. La désobéissance à Dieu est ce qui caractérise le péché.

> *La colère de Dieu se révèle du ciel contre toute impiété et toute injustice des hommes...* Romains 1.18a

L'homme étiquette le péché comme étant plaisant ou méchant, inoffensif ou sadique, petit ou grand. Les Écritures aussi reconnaissent qu'il y a des distinctions en ce qui concerne les conséquences du péché, mais, pour Dieu, même le péché le plus minime a une odeur répugnante. C'est du cyanure sur son festin.

Deuxièmement, tout comme l'odeur du rat nous a forcés, ma femme et moi, à dormir dans une autre pièce, et tout comme Andrew a lancé le rat hors de sa présence, Dieu s'est retiré de la vue de l'homme pécheur. Les Écritures disent :

> *Mais ce sont vos crimes qui mettent une séparation entre vous et votre Dieu; ce sont vos péchés qui vous cachent sa face...* Ésaïe 59.2

J'ai déjà entendu des gens dire que Dieu leur semblait être lointain. Ils confirment ce que les Écritures disent : nous sommes des *étrangers* pour notre Créateur.

> *... vous étiez... étrangers et ennemis...* Colossiens 1.21a

La sainteté exige l'absence du péché. Si Dieu permettait à l'homme pécheur de venir dans la pureté glorieuse de Sa présence, ce serait comme laisser une multitude de rats pourris, ressuscités, entrer dans le salon de ma belle-mère. Son beau tapis de couleur ivoire, fraîchement nettoyé, ne serait plus jamais considéré comme un endroit pur. Toute la pièce serait contaminée. De la même façon, un Dieu parfait ne peut pas permettre au péché de venir dans Sa présence, car l'Écriture dit :

> *[Dieu] tes yeux sont trop purs pour voir le mal; et tu ne peux pas regarder l'iniquité.* Habakuk 1.13a

Cela nous amène à un troisième point qui est illustré dans l'histoire du rat mort. Selon Dieu, jusqu'à quand devrions-nous rester hors de sa présence? La réponse est assez claire: *pour toujours!* Le péché a des conséquences infinies et éternelles. Comme nous ne voudrions pas vivre avec un rat pourri ni la semaine prochaine ni l'année prochaine, Dieu non plus ne voudra jamais vivre en présence du péché.

Voilà de très mauvaises nouvelles! Mais continuez à lire – de bonnes nouvelles vous attendent. Pour l'instant, il est important de comprendre que lorsque les Saintes Écritures disent que la relation entre Dieu et l'homme est morte, elles sont catégoriques. La relation est finie – elle est morte.

3. La mort d'une félicité future – la seconde mort

(la séparation éternelle entre l'esprit de l'homme et Dieu)

Quand deux personnes sont fiancées, elles anticipent toutes les joies du mariage à venir. Elles discutent de l'endroit où elles veulent habiter et de toutes les choses qu'elles feront ensemble. Mais si elles en viennent à rompre leurs fiançailles, la relation se termine et tous leurs projets d'avenir meurent pour ainsi dire.

Selon les Écritures, Dieu prépare une belle demeure pour l'homme après sa mort. On l'appelle communément le ciel. C'est un endroit incroyable, conçu par Dieu pour l'agrément futur de l'homme. La vie éternelle fait partie de ce plan. Le simple fait d'être délivré du péché, des souffrances et de la *mort* sera merveilleux.

Tout comme la vie éternelle existe, la **mort éternelle** existe aussi. Quand la Bible emploie le mot *mort*, elle se réfère parfois à *la mort du plan initial de Dieu* à l'égard de l'humanité. La mort éternelle est aussi appelée la *seconde mort,* sans doute parce qu'elle arrive après la mort physique. Elle est réservée à ceux qui ne seront pas au ciel. D'après les Écritures, ces gens iront plutôt dans *l'étang de feu,* un endroit terrible que Dieu a préparé spécifiquement pour Satan et ses démons.

> *Puis je vis un grand trône blanc, et celui qui était assis dessus… Et je vis les morts, les grands et les petits, qui se tenaient devant le trône. Des livres furent ouverts. Et un autre livre fut ouvert, celui qui est le livre de vie.*

> *Et les morts furent jugés…*
>
> *C'est la seconde mort, l'étang de feu. Quiconque ne fut pas trouvé écrit dans le livre de vie fut jeté dans l'étang de feu.*
>
> Apocalypse 20.11a,12,14b,15

La Bible parle de ceux qui *seront jetés vivants dans l'étang de feu et de soufre*[a]… et seront *tourmentés jour et nuit, aux siècles des siècles*[b]. Ce sera un endroit d'angoisses, de détresse et de douleur[c]. Les Écritures parlent de vers[d] (littéralement des asticots), de ténèbres profondes, de pleurs et de grincements de dents[e], de gens qui sont terriblement assoiffés[f] et qui, en se rappelant leur vie terrestre, souhaitent de tout cœur que leurs intimes ne viennent pas les rejoindre. C'est un lieu de souffrance solitaire, non pas une fête de débauche avec des amis.

[a] Apocalypse 19.20 Même si le corps physique meurt, l'esprit continue à vivre.
[b] Apocalypse 20.10
[c] Psaume 116.3
[d] Marc 9.48
[e] Matthieu 8.12; 22.13; 25.30
[f] Luc 16.24

> *Mais pour les lâches, les incrédules, les abominables, les meurtriers, les débauchés, les magiciens, les idolâtres, et tous les menteurs, leur part sera dans l'étang ardent de feu et de soufre, ce qui est la seconde mort.*
>
> Apocalypse 21.8

La destinée de l'homme sera étudiée plus profondément dans un prochain chapitre.

Nature pécheresse

Le péché et la mort règnent désormais dans la lignée d'Adam, transmis, semble-t-il, par le père. Comme le pommier produit des pommiers et le chat produit des chats, l'homme pécheur produit des hommes pécheurs.

> *C'est pourquoi, comme par un seul homme le péché est entré dans le monde, et par le péché la mort, et qu'ainsi la mort s'est étendue sur tous les hommes, parce que tous ont péché…*
>
> Romains 5.12

À cause du péché d'Adam, toute sa progéniture a une nature pécheresse. Et parce qu'Adam est mort, tous ses descendants mourront aussi[3].

On associe souvent une liste de crimes au mot *péché,* mais les Écritures disent que sa signification est beaucoup plus profonde. L'homme a une *nature pécheresse.* On l'appelle souvent la *nature d'Adam.* Cette nature est une *condition* ou un *état d'être.* Par exemple, le médecin a dit à l'un de mes amis qu'il avait une *maladie de cœur.* Cette *condition* se manifeste par des *symptômes.* Quand mon ami emprunte un escalier, il est essoufflé et son visage devient rouge. À l'occasion, il doit glisser sous la langue un comprimé de nitroglycérine. De même, on peut dire que chaque être humain a une condition qu'on appelle la nature pécheresse. Nos actes mauvais sont les *symptômes* de notre *condition* pécheresse.

Un Dieu franc

Nous trouvons le sujet de la mort un peu morbide, mais il faut comprendre que Dieu n'essaie pas d'embellir les sujets déplaisants. Il ne mâche pas ses mots. Le péché et la mort sont deux choses que tous les hommes ont en commun et nous avons besoin de savoir ce que les Écritures en disent. On s'attend à ce qu'un Dieu parfait dise la vérité.

Possédons-nous une nature pure à la naissance?

De nos jours, il est devenu populaire de croire que les enfants viennent au monde parfaits, sans péché. Mais qu'est-ce que les Écritures enseignent? Avons-nous réellement une nature pure à la naissance?

Selon le prophète David qui a écrit plusieurs portions des Écritures, la réponse à cette question est *non*:

> *Voici je suis né dans l'iniquité, et ma mère m'a conçu dans le péché.* Psaume 51.7

Selon le prophète Job, dont le livre se trouve dans la Parole de Dieu, la réponse est également *non*:

> *Comment d'un être souillé sortira-t-il un homme pur?* Job 14.4

Même notre propre expérience de la vie nous démontre qu'il n'en est pas ainsi:

> *D'où viennent les luttes, et d'où viennent les querelles parmi vous? N'est-ce pas de vos passions qui combattent dans vos membres?* Jacques 4.1

Nos parents ont-ils dû nous apprendre à mentir et à désobéir, à être égoïste et querelleur? Nullement! Nous n'avons pas eu besoin d'apprendre à faire ces choses, car nous les faisons naturellement.

Le péché est comme une maladie contagieuse. Selon les Écritures, la nature pécheresse d'Adam (y compris ses symptômes et ses conséquences) s'est étendue à tous les hommes.

Chez le peuple Wolof du Sénégal, en Afrique de l'Ouest, on trouve plusieurs proverbes qui expriment cette vérité:

- Une épidémie ne se limite pas à celui qui en est à l'origine.
- La gazelle bondissante ne produira pas une progéniture qui rampe.
- Un rat n'engendre pas ce qui ne sait pas creuser.
- Même si un morceau de bois trempe longtemps dans l'eau, il ne deviendra jamais un crocodile.

Parce qu'Adam a péché, tous ses enfants ont hérité de sa nature pécheresse.

Qu'ont découvert les généticiens?

Dans un numéro de NEWSWEEK (1988), Stephen Jay Gould, paléontologue à Harvard, a écrit un article intitulé « The Search for Adam and Eve[4]» (À la recherche d'Adam et Ève). Il écrit: « Cela nous fait prendre conscience du fait que tous les êtres humains, malgré les différentes apparences extérieures, sont membres d'une seule entité; celle-ci a des origines très récentes dans un endroit particulier. Il existe une sorte de fraternité biologique beaucoup plus profonde que nous ne l'avions imaginé. »

Selon cet article, des scientifiques « ... ayant une formation en biologie moléculaire [...] ont examiné un assortiment international de gènes et ont découvert une piste d'A.D.N. les conduisant à une seule femme de qui toute la race humaine serait descendue. » « Il n'y avait aucune distinction entre les races. »

L'Écriture dit:

> *Adam donna à sa femme le nom d'Ève: car elle a été la mère de tous les vivants.* Genèse 3.20

Plus tard, en 1995, on lisait dans un bref article paru dans le magazine TIME[5] « il y a un "Adam" ancestral dont le matériel génétique du chromosome est commun à tous les hommes présentement sur la terre. »

L'Écriture dit:

> *Il a fait que tous les hommes, sortis d'un seul sang, habitent sur toute la surface de la terre...* Actes 17.26a

Ces études sur l'A.D.N. humain concluent que nous descendons tous d'un même homme et d'une même femme. Certains scientifiques sont d'accord avec ces conclusions, d'autres ne le sont pas. Ceux qui les acceptent admettent volontiers que les deux personnes en question ne sont pas nécessairement Adam et Ève. Elles n'ont peut-être même pas vécu ensemble. Par contre, il est intéressant de noter que le résultat de ces études s'agence bien avec la Parole de Dieu. Ces découvertes et d'autres du même genre, relevant du domaine de la biologie moléculaire moderne, confirment ce que les Écritures suggèrent depuis des millénaires: que les êtres humains ont des liens de parenté très étroits.

Chapitre cinq

1 Paradoxe

2 Expiation

3 Le prophète Hénoc

4 Le prophète Noé

5 Babel

1 Paradoxe

Dans les premiers chapitres, nous avons appris certaines choses au sujet de la nature de Dieu. Au fur et à mesure que nous progresserons, nous en découvrirons d'autres. Il nous faut d'abord considérer quelques-unes des caractéristiques de Dieu et voir comment elles se rapportent à la nouvelle situation de l'homme.

Il est utile de comprendre que, tout comme Dieu a établi des lois physiques pour gouverner l'univers, il a aussi établi des lois spirituelles pour gouverner notre relation avec lui. La connaissance des lois de chimie et de physique nous permet de comprendre le monde dans lequel nous vivons. De la même façon, la connaissance des lois spirituelles nous aide à mieux comprendre le sens de la vie et de la mort. Ces lois sont faciles à comprendre. Tout d'abord, considérons l'état de l'homme.

Le problème de l'homme

Anciennement, au Moyen-Orient, lorsqu'une personne contractait une dette, on écrivait un certificat de débit qui servait à rappeler aux deux parties le montant à rembourser. Si le débiteur était incapable d'acquitter sa dette, il était considéré être un criminel passible de la sentence qu'exigeait la loi. De la même façon, les Écritures

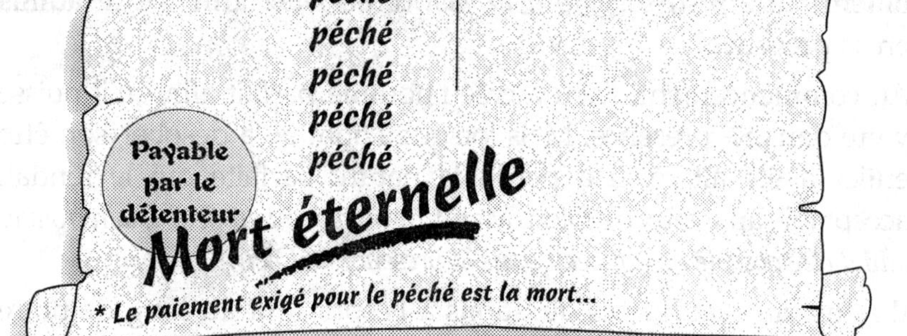

*Romains 6.23a - paraphrase

enseignent que dans le grand-livre moral, le pécheur a contracté une dette. Il a un prix à payer. L'homme fait face maintenant à une loi appelée :

... la loi du péché et de la mort. Romains 8.2b

Cette loi dit :

L'âme qui pèche, c'est celle qui mourra. Ézéchiel 18.20a

Une question se pose : sommes-nous en mesure de payer cette dette? Oui, nous pouvons la payer, mais puisqu'il s'agit d'une mort éternelle, il sera difficile de considérer cette dette comme ayant été définitivement acquittée, car la transaction ne sera jamais vraiment complétée. Pour régler notre dette, il faut assumer toutes les conséquences de la mort sous ses trois aspects. Il faut dire que la majorité des gens sont réticents à payer. Le problème est que nous devons la payer; c'est notre dette. L'humanité se trouve dans une fâcheuse situation.

Deux facettes

Le problème de l'homme comporte deux facettes, tout comme une pièce de monnaie a deux faces :

- ❖ **Nous possédons quelque chose que nous ne voulons pas,** c'est-à-dire une nature pécheresse. Le péché a pour conséquences la culpabilité, la honte, la douleur, la séparation d'avec Dieu et, enfin, la seconde mort.
- ❖ **Nous avons besoin de quelque chose que nous ne possédons pas,** c'est-à-dire la perfection. Nous avons besoin d'un niveau de justice qui nous permettra de vivre dans la présence de Dieu.

Comment peut-on se débarrasser du péché? Et comment peut-on obtenir une *justice égale à la justice de Dieu* afin d'être admis en sa présence?

Au commencement, Dieu a créé l'homme parfait afin qu'il puisse vivre dans Sa présence. Mais lorsque l'homme a désobéi, son être entier a été altéré. Il a perdu la nature parfaite qui le rendait acceptable aux yeux de Dieu. Maintenant, *comment peut-il la retrouver afin d'être accepté de nouveau dans la présence de Dieu?*

Il nous faut garder ces questions à l'esprit tout au long de notre étude des Écritures.

La situation de Dieu

Pour comprendre la situation de Dieu, il faut considérer deux attributs faisant partie de sa nature:

1. Une justice parfaite

On a déjà vu que Dieu est parfait, sans péché. Cela signifie qu'il est aussi honnête et équitable (juste).

> *Il est le rocher; ses œuvres sont parfaites, car toutes ses voies sont justes; c'est un Dieu fidèle et sans iniquité, il est juste et droit.* Deutéronome 32.4

On qualifierait Dieu de bon juge, car il traite tout le monde de manière équitable. Il impose sa loi de façon juste. Sur terre, il nous est possible de dissimuler un crime, de mentir pour le cacher, d'offrir un pot-de-vin au juge ou de tout simplement éviter de se faire prendre. Mais aucun transgresseur ne pourra échapper à la justice de Dieu.

> *Car Dieu amènera toute œuvre en jugement, au sujet de tout ce qui est caché, soit bien, soit mal.* Ecclésiaste 12.16

L'honnêteté et l'équité sont des caractéristiques fondamentales de la nature parfaite de Dieu.

> *La justice et l'équité sont la base de ton trône.* Psaume 89.15a

Parce que Dieu est parfait, on peut être assuré qu'il sera équitable dans ses jugements. Cela fait notre affaire. Mais la mauvaise nouvelle c'est que la justice parfaite de Dieu veut que la sévérité de la punition corresponde à la gravité de l'offense. Il est donc possible de comprendre la gravité d'une offense aux yeux de Dieu par le genre de punition qu'il exige. On a déjà vu que, selon les Écritures, la dette liée au péché ne peut être acquittée que par la mort, sous ses trois aspects.

Voilà ce qui est pour nous une très mauvaise nouvelle. Heureusement, il y a un autre attribut de Dieu qui entre en ligne de compte.

2. Un amour parfait

Oui, Dieu est parfaitement juste, mais il est aussi amour. C'est dans sa nature d'aimer.

❖ Dieu a révélé une sorte d'amour lorsqu'il a créé le monde avec soin et souci.

❖ Ensuite, il a manifesté un amour plus profond – un amour non mérité. Les mots *grâce, miséricorde, bonté* et *compassion* sont souvent employés en parlant de ce type d'amour. En tant que pécheurs, nous ne méritons pas la bonté de Dieu. Mais il nous aime malgré notre péché. Dieu étant parfait, il peut mieux que personne démontrer de la *grâce* et de la *miséricorde.*

Paradoxe

Nous voilà donc devant un paradoxe : pour être entièrement *juste,* Dieu doit nous imposer le coût du péché; nous devons mourir; mais parce que Dieu est aussi *amour,* il n'a aucun désir de nous détruire. Ces deux qualités ont une importance égale. La *justice* de Dieu n'est pas plus grande que son *amour.* Donc, comment Dieu peut-il préserver sa *justice* tout en demeurant un Dieu *d'amour?*

Premièrement, Dieu juge tout péché, que ce soit sur terre ou après notre mort physique. Il n'y a aucun doute là-dessus. Nous devons tous mourir un jour.

> *Il nous faut certainement mourir, et nous serons comme des eaux répandues à terre et qui ne se rassemblent plus;…*
>
> 2 Samuel 14.14a

Mais c'est alors que l'autre caractéristique de Dieu entre en ligne de compte. Parce que Dieu est amour :

> *…il désire que le fugitif ne reste pas banni de sa présence.*
>
> 2 Samuel 14.14b

Il est vrai que Dieu permet à notre corps physique de mourir. Cependant dans son amour, il nous donne un moyen par lequel nous pouvons échapper à l'aspect éternel de la peine de mort. En même temps, il nous rend acceptables à ses yeux afin de nous permettre de vivre à nouveau dans sa présence. Comment Dieu peut-il juger le péché et nous donner en même temps un moyen d'échapper à la mort éternelle? Comment peut-il juger le péché sans être obligé de *nous* juger? Nous examinerons cette question dans les prochains chapitres.

L'orgueil

Une dernière chose avant de poursuivre : la Parole de Dieu dit que l'orgueil était à la racine de la rébellion de Satan. De nos jours, l'homme considère la fierté comme étant quelque chose de bien;

mais la Bible dit que c'est l'orgueil qui empêche l'homme d'aller à Dieu pour obtenir de l'aide. Souvent, on est trop orgueilleux pour s'humilier et admettre qu'on a besoin du Seigneur.

> *Dieu résiste aux orgueilleux, mais il fait grâce aux humbles.*
>
> *1 Pierre 5.5b*

2 Expiation

Immédiatement après avoir mangé du fruit, Adam et Ève se sont revêtus de feuilles de figuier. Même avec ces vêtements, Adam a dit à Dieu qu'il se sentait nu, découvert. Il y a une raison pour cela. L'Écriture dit:

> *L'Éternel ne considère pas ce que l'homme considère; l'homme regarde à ce qui frappe les yeux, mais l'Éternel regarde au cœur.*
>
> *1 Samuel 16.7b*

En regardant Adam et Ève, Dieu voyait plus loin que leurs faibles efforts pour se vêtir; il voyait leur cœur. Les Écritures disent que Dieu a rejeté la démarche d'Adam et Ève pour améliorer eux-mêmes leur situation. Les feuilles couvraient la nudité d'Adam et d'Ève, mais leur cœur était rempli de péché. Dieu voulait leur faire comprendre que l'homme ne peut rien faire pour régler le problème du péché, que ce soit intérieurement ou extérieurement. Il a donc refusé d'accepter leurs vêtements faits de *feuilles de figuier.*

Couverts

Seul Dieu pouvait fournir un habillement satisfaisant. Il a pris des animaux, les a tués et:

> *L'Éternel Dieu fit à Adam et à sa femme des habits de peau, et il les en revêtit.* Genèse 3.21

Ceci était une illustration frappante de la *conséquence du péché* – la *mort.* Adam et Ève n'avaient jamais vu la mort auparavant. Cela fut sans doute une expérience traumatisante pour eux de voir le sang couler à terre, la respiration haletante des animaux, les yeux vitreux – et enfin, de comprendre l'irrévocabilité de la mort. Dieu leur a fait voir immédiatement l'horrible réalité de la mort. Les animaux sont morts afin qu'Adam et Ève puissent être vêtus.

Bannis

Même si l'homme avait péché, il était toujours dans le jardin et avait accès à l'arbre de vie. S'il mangeait le fruit de cet arbre, l'homme pouvait vivre éternellement. Dieu a donc chassé Adam et Ève du jardin.

> *L'Éternel Dieu dit: Voici, l'homme est devenu comme l'un de nous*, pour la connaissance du bien et du mal. Empêchons-le maintenant d'avancer sa main, de prendre de l'arbre de vie, d'en manger, et de vivre éternellement.*
>
> *Et l'Éternel Dieu le chassa du jardin d'Éden, pour qu'il cultive la terre, d'où il avait été pris. C'est ainsi qu'il chassa Adam; et il mit à l'orient du jardin d'Éden les chérubins qui agitent une épée flamboyante, pour garder le chemin de l'arbre de vie.* Genèse 3.22-24

*Remarquez l'emploi du mot *nous*. Puisque la Bible affirme qu'il n'y a qu'un seul Dieu, il est tout à fait logique de se demander à qui Dieu s'adressait lorsqu'il a dit: « …l'homme est devenu comme l'un de ***nous.*** » Nous aborderons cette question plus loin dans notre étude.

En empêchant Adam et Ève de manger du fruit de l'arbre de vie, Dieu faisait preuve de miséricorde. Il ne voulait pas que l'homme vive éternellement en état de péché. Pouvez-vous vous imaginer quel serait l'état du monde actuel si tous les méchants de tous les siècles étaient encore en vie? En expulsant l'homme du jardin, Dieu faisait en sorte que les conséquences du péché parviennent à leur fin ultime, c'est-à-dire à la mort physique. Mais Dieu voyait au-delà de la tombe. Il pensait au moyen de délivrer l'homme de la seconde mort, l'étang de feu.

Caïn et Abel (consultez le tableau chronologique, p. 182,183)

> *Adam connut Ève, sa femme; elle conçut, et enfanta Caïn et elle dit: J'ai acquis un homme de par l'Éternel. Elle enfanta encore son frère Abel.* Genèse 4.1,2a

Caïn et Abel sont tous les deux nés à l'extérieur du jardin. Puisqu'ils ont été conçus à la suite de l'union d'Adam et Ève, ils ont hérité de leur père une nature pécheresse. Ils étaient séparés de Dieu. Parce que Dieu est *juste*, il se devait de faire respecter sa propre loi: Caïn et Abel devaient mourir eux aussi à cause de leur péché.

Cependant, Dieu les aimait. Dans sa miséricorde, il leur a donné un moyen par lequel ils pourraient échapper au jugement. Ce moyen comprenait deux aspects:

Aspect intérieur – la foi en Dieu

Caïn et Abel devaient tout simplement faire confiance à Dieu, croyant que ce qu'il disait était vrai. Par exemple, Dieu avait promis à Adam et Ève que le LIBÉRATEUR écraserait la tête de Satan et qu'il les sauverait des conséquences du péché. *Était-ce possible? Était-ce vrai? Est-ce que Dieu était sérieux?* Caïn et Abel devaient décider chacun individuellement s'ils croiraient ou non ce que Dieu disait.

Aspect extérieur – une aide visuelle

Dieu voulait aussi montrer à Caïn et Abel ce qui serait nécessaire pour ôter le péché du monde. Il s'est servi d'une aide visuelle assez frappante. Une étude[1] approfondie des Écritures nous amène à comprendre ceci: Dieu semble avoir donné des instructions spécifiques à Caïn et Abel sur la façon d'agir. Ils devaient prendre un animal, l'égorger et laisser couler le sang sur un autel*. Pourquoi Dieu aurait-il donné des directives si explicites? Les Écritures disent:

*Un autel était une plate-forme de terre ou de pierre en usage lors des sacrifices.

> *...sans effusion de sang il n'y a pas de pardon.* Hébreux 9.22b

Dieu démontrait ainsi que la dette liée au péché ne pouvait être payée, ou pardonnée, que par la mort. Mais pourquoi était-il nécessaire de verser du sang?

> *Car la vie de la chair est dans le sang. Je vous l'ai donné sur l'autel, afin qu'il serve d'expiation pour vos âmes, car c'est par la vie que le sang fait l'expiation.* Lévitique 17.11

Le concept du sacrifice sanglant comporte deux aspects:

❖ **La substitution:** Normalement, l'homme aurait dû mourir pour son propre péché; cependant Dieu l'avise maintenant que, compte tenu de certains événements à venir, il accepterait la mort d'un animal comme substitut de l'homme. Il s'agissait d'une vie pour une vie. L'innocent mourrait à la place du coupable. Ce sacrifice illustrait *l'accomplissement de la loi du péché et de la mort* afin de satisfaire la justice de Dieu. Mais ne pouvait-on pas tuer l'animal sans répandre le sang–par exemple en l'étouffant?

- **L'expiation:** Dieu a dit que le sang répandu ferait *l'expiation* pour le péché. Le mot *expiation* signifie « couverture ». Le sang répandu *couvrirait* le péché, de sorte que Dieu, en regardant l'homme, ne verrait plus le péché. L'homme serait considéré comme étant *juste* et par conséquent, Dieu pourrait l'accepter. Leur relation serait ainsi rétablie. L'homme subirait la mort physique, mais les conséquences éternelles – la séparation d'avec Dieu pour l'éternité et le châtiment dans l'étang de feu – ne s'appliqueraient plus.

Par sa foi en Dieu, exprimée par *la mort et le sang expiatoire de l'animal substitut,* l'homme obtiendrait le pardon de ses péchés et une nouvelle relation avec Dieu.

Avec les directives de Dieu encore fraîches à l'esprit, retournons à l'histoire de Caïn et Abel.

Expiation – le péché soustrait à la vue de Dieu

Le mot *expiation* renferme l'idée que la nature *juste, honnête, droite* et *sainte* de Dieu a été satisfaite. Sa loi exigeait la mort comme paiement pour le péché. Par la mort de l'animal innocent, Dieu était satisfait que les exigences de la loi aient été respectées.

Le sacrifice de l'animal sur l'autel n'ôtait pas le péché. L'homme était toujours pécheur. Le sang de l'animal immolé ne faisait que *couvrir* le péché, illustrant ainsi ce qui était nécessaire pour obtenir le pardon, c'est-à-dire la mort et le sang répandu d'une victime innocente.

De la même façon que Dieu avait couvert la nudité d'Adam et Ève avec des vêtements agréés par lui, les péchés de l'homme étaient couverts par le sang d'un animal mort et l'homme devenait acceptable aux yeux de Dieu. On peut dire que, pour un temps, Dieu avait choisi de ne pas tenir compte du péché; qu'il le considérait comme ayant été effacé.

Deux sacrifices

> *Abel fut berger, et Caïn fut laboureur. Au bout de quelque temps, Caïn fit à l'Éternel une offrande des fruits de la terre; et Abel, de son côté, en fit une des premiers-nés de son troupeau et de leur graisse.* Genèse 4.2b-4a

Caïn et Abel ont tous les deux apporté un sacrifice à l'Éternel. C'est ce que Dieu leur avait demandé. Dieu voulait que Caïn et Abel démontrent, par leur geste, qu'ils mettaient leur confiance en sa parole comme étant véridique. Mais, il y avait un problème. Malgré le fait que tous les deux aient apporté un sacrifice, il y avait une disparité.

Abel a offert un animal qui pouvait être égorgé et dont le sang pouvait être répandu. C'était bien. C'est ce que Dieu avait demandé. Mais Caïn a apporté des produits de son jardin. Des légumes ne peuvent pas répandre de sang. Caïn avait offert un sacrifice, mais ce n'était pas le bon[1]. Il avait inventé sa propre version des *feuilles de figuier.*

Rejet

> *L'Éternel porta un regard favorable sur Abel et sur son offrande; mais il ne porta pas un regard favorable sur Caïn et sur son offrande.* Genèse 4.4b,5a

Dieu a rejeté l'offrande de Caïn parce qu'il avait dévié de ses directives à deux égards:

Premièrement, ses actions démontraient qu'il n'avait pas vraiment confiance en Dieu. Deuxièmement, il a voulu faire les choses à sa manière, s'appuyant sur son propre raisonnement, pour restaurer sa relation avec Dieu. Mais c'est Dieu qui détermine comment se mettre en règle avec Lui; il n'accepte pas les idées personnelles de l'homme à cet égard. On peut avoir les meilleures intentions au monde, mais la sincérité ne suffit pas – elle ne peut franchir le gouffre qui existe entre Dieu et l'homme.

Avoir un esprit indépendant est souvent vu comme étant une qualité. Et jusqu'à un certain point, c'est le cas. Mais il faut faire attention. Une personne indépendante peut aussi être très égoïste. Les situations peuvent devenir particulièrement déplaisantes quand le désir de vouloir *agir à sa guise* affecte les relations – en déterminant qui a raison ou qui a tort, qui reçoit ou qui ne reçoit pas – et même la manière dont un pays est gouverné.

Caïn n'en faisait qu'à sa tête. Suivant l'exemple d'Adam et Ève, il n'a pas voulu tenir compte des directives de Dieu. Caïn croyait savoir *mieux que Dieu* ce qui était bien.

Approbation

Par contre, Abel a offert le sacrifice que Dieu avait exigé, c'est-à-dire un animal dont le sang a été répandu. Abel méritait la mort à cause de son péché, mais Dieu, dans sa miséricorde, a accepté que l'animal meure à sa place comme substitut. En présentant son sacrifice à l'Éternel, Abel a démontré qu'il avait confiance en Dieu, qu'il croyait que Dieu accomplirait sa promesse d'envoyer un LIBÉRATEUR qui le sauverait des horribles conséquences du péché. Abel ne savait probablement pas comment le LIBÉRATEUR s'y prendrait pour le sauver, mais il est clair qu'il comptait sur Dieu pour solutionner le problème de son péché.

> *C'est par la foi qu'Abel offrit à Dieu un sacrifice plus excellent que celui de Caïn; c'est par elle qu'il fut déclaré juste, Dieu approuvant ses offrandes…* Hébreux 11.4a

S'approchant de Dieu par la foi, Abel a offert un sacrifice expiatoire pour couvrir ses péchés. Lorsque Dieu regardait Abel, il ne voyait plus son péché. On peut dire qu'il n'en tenait pas compte. Aux yeux de Dieu, Abel était un homme juste (parfait) et pouvait maintenant être accepté dans Sa présence.

La douceur de Dieu

Caïn, de son côté, n'était pas de bonne humeur:

> *...Caïn fut très irrité, et son visage fut abattu. Et l'Éternel dit à Caïn: Pourquoi es-tu irrité, et pourquoi ton visage est-il abattu? Certainement, si tu agis bien, tu relèveras ton visage, et si tu agis mal, le péché se couche à la porte, et ses désirs se portent vers toi: mais toi, domine sur lui.* Genèse 4.5b-7

Dieu a essayé gentiment de montrer à Caïn qu'il se dirigeait vers le malheur – que sa nature pécheresse le mènerait à la destruction. Il a signalé à Caïn qu'il serait, lui aussi, accepté par Dieu s'il venait à lui de la même façon qu'Abel. On ne voit pas de réponse de la part de Caïn. Il boudait.

Encore des questions

> *Cependant, Caïn adressa la parole à son frère Abel; mais, comme ils étaient dans les champs, Caïn se jeta sur son frère Abel, et le tua.*
>
> *L'Éternel dit à Caïn: Où est ton frère Abel?* Genèse 4.8,9a

De la même manière que Dieu avait interrogé Adam et Ève à la suite de leur désobéissance, il interroge maintenant Caïn. Dieu n'avait pas besoin de demander à Caïn ce qui était arrivé, car il sait toutes choses. Il savait exactement ce qui s'était passé entre Caïn et Abel. Dieu voulait simplement donner à Caïn l'occasion de confesser son péché; mais tout comme Adam et Ève, les paroles de Caïn ont révélé l'état de son cœur:

> **Caïn:** *Je ne sais pas; suis-je le gardien de mon frère?*
>
> **Dieu:** *Qu'as-tu fait? La voix du sang de ton frère crie de la terre jusqu'à moi.* Genèse 4.9b,10

Il est impossible de cacher le péché. Caïn avait tué son frère et maintenant il essayait de le nier. Dieu a dit à Caïn: « C'est toi, le coupable! » Rien dans le texte ne nous indique que Caïn a eu des remords pour ses actions. Dieu aurait pu l'anéantir sur place; mais dans sa miséricorde, il a simplement banni Caïn de la région. C'est ainsi que la race humaine a eu un début scandaleux.

Seth (consultez le tableau chronologique, p. 182,183)

Adam connut encore sa femme; elle enfanta un fils, et l'appela du nom de Seth, car, dit-elle, Dieu m'a donné un autre fils à la place d'Abel, que Caïn a tué.

> *Seth eut aussi un fils, et il l'appela du nom d'Enosch. C'est alors que l'on commença à invoquer le nom de l'Éternel.* Genèse 4.26

Malgré le fait que Seth soit né avec une nature pécheresse, il a mis sa confiance en Dieu tout comme l'avait fait Abel. C'est de la lignée de Seth et de ses descendants que Dieu ferait sortir le SAUVEUR. Dieu confirmait sa promesse.

La mort

Eh bien! Il est temps de laisser Adam de côté. Les Écritures disent qu'il a eu une grande famille et qu'il est décédé à un âge avancé. Quelques savants ont suggéré que c'est l'effet de serre qui existait au début de la création qui aurait protégé l'être humain des rayons cosmiques, lui permettant de jouir de l'incroyable longévité dont font mention les récits historiques. D'autres scientifiques ont suggéré que les mutations dégénératives n'en étaient qu'à leurs débuts, ce qui aurait permis aux hommes de vivre plus longtemps. Même si ces théories peuvent être valables, un nombre croissant de scientifiques croient que la durée de la vie est prédéterminée par une limite génétique personnelle. Il se peut que cette limite ait été beaucoup plus élevée au début de la création. Nous verrons plus loin ce qui aurait pu la changer. Quelle qu'en soit la raison, la Bible dit que les paroles prononcées par Dieu à l'égard d'Adam se sont finalement accomplies:

> *Les jours d'Adam, après la naissance de Seth, furent de huit cents ans; et il engendra des fils et des filles. Tous les jours qu'Adam vécut furent de neuf cent trente ans; puis il mourut.*
> Genèse 5.4,5

Qu'est-il arrivé à Abel après la mort?

Même si l'Écriture ne dit pas explicitement où est allé l'esprit d'Abel après qu'il ait été tué, nous savons, grâce à d'autres portions des Écritures, qu'après la mort, les croyants allaient au paradis, un lieu préparé par Dieu pour tous ceux qui croient en lui. Certains érudits des Écritures font une distinction entre le paradis et le ciel; mais tous sont d'accord pour dire que ces deux lieux n'en forment plus qu'un.

Les Écritures ne fournissent pas beaucoup de détails au sujet du ciel, peut-être parce que l'intelligence humaine est limitée et dans l'incapacité de comprendre. Dieu a permis à un de ses prophètes d'avoir un aperçu de ce qu'est le ciel. Ne trouvant pas de mots concrets pour décrire ce qu'il a vu, cet homme a dû recourir à un langage imagé. En considérant le monde que Dieu a pu créer en seulement six jours, imaginez alors tout ce qu'il a pu faire au cours d'une période de temps infinie! Les Écritures affirment que le ciel est un véritable lieu avec de vrais habitants. Le ciel sera semblable au jardin d'Éden, mais incomparablement meilleur.

L'homme ne possédera plus sa nature pécheresse:

> *Il n'entrera chez elle rien de souillé, ni personne qui se livre à l'abomination et au mensonge; il n'entrera que ceux qui sont écrits dans le livre de vie…* Apocalypse 21.27

L'homme possédera une justice entièrement acceptable aux yeux de Dieu. Anticipant le moment où il verrait le Seigneur, le prophète David a écrit:

> *…dans la justice, je verrai ta face… je me rassasierai de ton image.* Psaume 17.15

La relation entre Dieu et l'homme sera rétablie.

> *Voici le tabernacle de Dieu avec les hommes! Il habitera avec eux, et ils seront son peuple, et Dieu lui-même sera avec eux.* Apocalypse 21.3b

La vie sera parfaite. L'Écriture dit que Dieu:

> *…essuiera toute larme de leurs yeux, et la mort ne sera plus; il n'y aura plus ni deuil, ni cri, ni douleur, car les premières choses*

ont disparu. Et celui qui était assis sur le trône dit: Voici, je fais toutes choses nouvelles. Apocalypse 21.4,5a

Il n'y aura ni funérailles, ni relations rompues, ni cimetières, ni adieux déchirants, ni hôpitaux, ni sans-abri, ni infirmes, ni santé qui se détériore, ni béquilles, ni cannes.

Le ciel sera un lieu de joie et de délices infinies:

Il y a d'abondantes joies devant ta face, des délices éternelles à ta droite. Psaume 16.11b

Nos corps ne seront plus limités par le temps et l'espace. Au contraire, il semble que l'on pourra se déplacer instantanément. Aussi, pourra-t-on reconnaître les gens qu'on a connus ici-bas et d'autres encore dont on a entendu parler.

Le ciel sera, du moins en partie, composé d'une grande ville. Des calculs indiquent que même si la ville était habitée à seulement 25 % de sa capacité, elle pourrait facilement abriter 20 milliards de personnes. Cette cité est appelée la nouvelle Jérusalem:

Et il me montra la ville sainte, Jérusalem… ayant la gloire de Dieu. Son éclat était semblable à celui d'une pierre très précieuse, d'une pierre de jaspe transparente comme du cristal. Elle avait une grande et haute muraille. Elle avait douze portes, et aux portes douze anges… Apocalypse 21.10a-12a

Ses portes ne se fermeront point le jour, car là il n'y aura point de nuit. Apocalypse 21.25

La place de la ville était d'or pur, comme du verre transparent. Apocalypse 21.21b

Et il me montra un fleuve d'eau de la vie, limpide comme du cristal, qui sortait du trône de Dieu et de l'Agneau. Apocalypse 22.1

Ce sera une cité comme on n'en a jamais connu. Il n'y aura ni pollution, ni rouille, ni dépérissement, ni voleur, ni crime. Elle sera parfaite dans les moindres détails. Tous les résidents du ciel y passeront l'éternité.

Il n'y aura plus de nuit; et ils n'auront besoin ni de lampe ni de lumière, parce que le Seigneur Dieu les éclairera. Et ils régneront aux siècles des siècles. Apocalypse 22.5

Concluons cette section par un verset qui ne se rapporte pas uniquement au ciel, mais qui nous donne une bonne idée des choses que Dieu nous réserve :

> *…ce sont des choses que l'œil n'a point vues, que l'oreille n'a point entendues, et qui ne sont point montées au cœur de l'homme, des choses que Dieu a préparées pour ceux qui l'aiment.* 1 Corinthiens 2.9

Qui Seth et Caïn ont-ils épousé?

La Bible affirme qu'Adam et Ève ont engendré d'autres garçons et filles. Il est donc sous-entendu qu'à cette époque de l'histoire, frères et sœurs se mariaient entre eux. Ces unions n'auraient entraîné aucune conséquence néfaste sur la race humaine, car à cette époque il n'y avait pas encore de nombreux gènes mutants au sein du réservoir génétique partagé par les enfants. On lit que plus tard Dieu a cependant défendu ce genre de mariage.

3 Le prophète Hénoc

Dans les Écritures, il y a très peu d'information au sujet des générations qui ont suivi immédiatement la naissance de Seth. Toutefois, une personne y est mentionnée brièvement. Il s'agit d'Hénoc. Homme pieux, Hénoc croyait que seul Dieu pouvait le sauver des conséquences du péché. La Parole de Dieu dit :

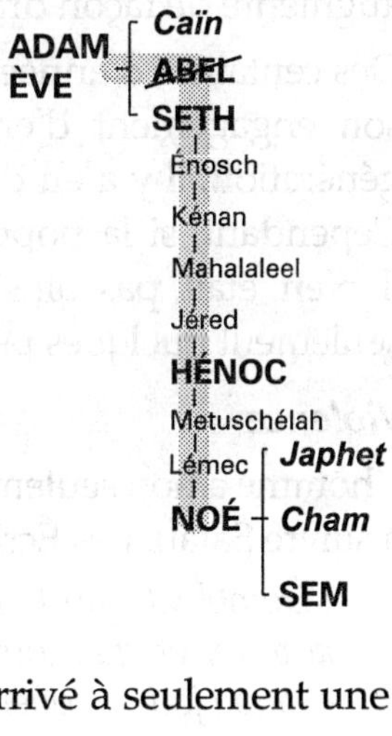

> *Hénoc marcha avec Dieu; puis il ne fut plus, parce que Dieu le prit.* Genèse 5.24

La Bible dit qu'Hénoc était un homme de foi tel que Dieu l'a amené au ciel sans qu'il ait à passer par la mort physique. Cela est arrivé à seulement une autre personne dans les Écritures.

Plus loin, nous nous pencherons sur l'aspect de la foi et ce pourquoi elle est un élément clé pour être accepté par Dieu.

> *C'est par la foi qu'Hénoc fut enlevé pour qu'il ne voie point la mort, et il ne parut plus parce que Dieu l'avait enlevé; car, avant son enlèvement, il avait reçu le témoignage qu'il était agréable à Dieu. Or sans la foi, il est impossible de lui être agréable; car il faut que celui qui s'approche de Dieu croie que Dieu existe, et qu'il est le rémunérateur de ceux qui le cherchent.* Hébreux 11.5,6

La dernière phrase résume bien ce verset: pour s'approcher de Dieu, il faut croire qu'il existe et qu'il veut nous révéler la façon de rétablir notre relation avec lui.

4 Le prophète Noé

Beaucoup de gens croient que la Parole de Dieu n'est qu'une suite de miracles époustouflants. En réalité, les miracles étaient plutôt des exceptions que la règle. Des siècles entiers s'écoulaient sans qu'il arrive quoi que ce soit d'exceptionnel. À ce point-ci de notre histoire, les Écritures disent que pas moins de dix générations sont passées avant que ne se produise le prochain événement remarquable. Toutes ces générations représentent une longue période de temps au cours de laquelle la population mondiale a augmenté de façon dramatique.

Des centaines d'années se sont écoulées, mais Dieu n'a pas oublié son engagement d'envoyer le LIBÉRATEUR PROMIS. Dans chaque génération, il y a eu des gens qui croyaient ce que Dieu avait dit. Cependant, si la population du globe se multipliait rapidement, il n'en était pas ainsi du nombre de croyants. Selon la Bible, seulement quelques personnes n'ont pas rejeté Dieu.

Violence

L'homme a non seulement mis Dieu de côté, mais il était déterminé à suivre Satan. Les Écritures disent:

> *L'Éternel vit que la méchanceté des hommes était grande sur la terre, et que toutes les pensées de leur cœur se portaient chaque jour uniquement vers le mal.*
>
> *La terre était corrompue devant Dieu, la terre était pleine de violence. Dieu regarda la terre, et voici, elle était corrompue; car toute chair avait corrompu sa voie sur la terre.* Genèse 6.5,11,12

Considérez les nations du monde qui font quotidiennement la une de nos bulletins de nouvelles avec leurs récits d'anarchie, de guerre, de violence et de viol, et vous aurez une petite idée de l'état du monde à cette époque. Les Écritures disent que l'homme était obsédé par le mal.

La perversion et le désordre régnaient. Le monde était devenu extrêmement dangereux.

De plus, la Bible dit que les gens étaient égocentriques[2]. La parole de Dieu n'avait plus d'importance pour eux. Dédaignant le plan de Dieu, ils ont créé leur propre philosophie de vie qui excluait tout désir de s'approcher du Seigneur. L'homme n'essayait même plus de rétablir sa relation avec Dieu. Il pensait uniquement à faire le mal.

> *...car ayant connu Dieu, ils ne l'ont point glorifié comme Dieu, et ne lui ont point rendu grâces; mais ils se sont égarés dans leurs pensées, et leur cœur sans intelligence a été plongé dans les ténèbres. Se vantant d'être sages, ils sont devenus fous; et ils ont changé la gloire du Dieu incorruptible en images représentant l'homme corruptible, des oiseaux, des quadrupèdes, et des reptiles.*
>
> *C'est pourquoi Dieu les a livrés à l'impureté, selon les convoitises de leurs cœurs; ainsi ils déshonorent eux-mêmes leur propre corps; eux qui ont changé la vérité de Dieu en mensonge, et qui ont adoré et servi la créature au lieu du Créateur, qui est béni éternellement. Amen!*
>
> *C'est pourquoi Dieu les a livrés à des passions infâmes : car leurs femmes ont changé l'usage naturel en celui qui est contre nature; et de même les hommes, abandonnant l'usage naturel de la femme, se sont enflammés dans leurs désirs les uns pour les autres, commettant homme avec homme des choses infâmes, et recevant en eux-mêmes le salaire que méritait leur égarement.*
>
> *Comme ils ne se sont pas souciés de connaître Dieu, Dieu les a livrés à leur sens réprouvé, pour commettre des choses indignes, étant remplis de toute espèce d'injustice, de méchanceté, de cupidité, de malice; pleins d'envie, de meurtre, de querelle, de ruse, de malignité; rapporteurs, médisants, impies, arrogants, hautains, fanfarons, ingénieux au mal, rebelles à leurs parents,*

dépourvus d'intelligence, de loyauté, d'affection naturelle, de miséricorde. Et, bien qu'ils connaissent le jugement de Dieu, déclarant dignes de mort ceux qui commettent de telles choses, non seulement ils les font, mais encore ils approuvent ceux qui les font[3]. Romains 1.21-32

Les Écritures disent qu'à cette époque, l'homme a totalement rejeté Dieu et s'est adonné au péché.

Cependant, comme on l'a déjà vu, le péché entraîne toujours des conséquences. Tout comme défier la loi de la gravité occasionne des os cassés, ne pas tenir compte de la parole de Dieu a aussi des répercussions. Dieu ne pouvait pas fermer les yeux sur le péché de l'homme. La Bible dit que Dieu était affligé de voir la prolifération du péché dans le monde.

Et l'Éternel dit: J'exterminerai de la face de la terre l'homme que j'ai créé… Genèse 6.7a

Même si la philosophie de l'homme excluait Dieu, l'homme devait tout de même lui rendre compte de sa mauvaise conduite.

Noé (consultez le tableau chronologique, p. 182,183)

Cependant, un certain homme et sa famille étaient différents des autres. On lit dans les Écritures que:

…Noé trouva grâce aux yeux de l'Éternel… Noé était un homme juste et intègre dans son temps; Noé marchait avec Dieu. Noé engendra trois fils: Sem, Cham et Japhet. Genèse 6.8-10

Même si Noé était un homme intègre, la Parole de Dieu dit clairement qu'il était pécheur. Selon la *loi du péché et de la mort,* il devait mourir à cause de son péché. Cependant, la Bible indique que Noé s'approchait de Dieu en répandant le sang d'un animal. Il démontrait ainsi qu'il reconnaissait qu'une victime innocente devait subir la peine de mort à sa place. Noé croyait que Dieu le sauverait, d'une manière ou d'une autre, des conséquences du péché. Les Écritures disent qu'en raison de sa confiance en Dieu, Noé était considéré juste aux yeux du Seigneur. Il était en règle avec Dieu, comme on peut le lire dans ces mots: *…il marcha avec Dieu.*

Alors Dieu dit à Noé: La fin de toute chair est arrêtée devant moi; car ils ont rempli la terre de violence; voici, je vais les détruire avec la terre.

Fais-toi une arche de bois de gopher; tu disposeras cette arche en cellules, et tu l'enduiras de poix en dedans et en dehors.

Genèse 6.13,14

Moyen de délivrance

Dieu ordonna à Noé de construire une arche – un bateau. Il ne s'agissait pas d'une simple chaloupe, mais plutôt d'un grand navire semblable à ceux qui de nos jours naviguent sur les océans. L'arche aurait plusieurs ponts, son propre système de ventilation et aussi une porte – une seule porte. L'arche serait faite en bois et ensuite couverte de poix (matière résineuse); c'était autrefois la manière courante de rendre imperméable un navire[4].

L'arche était le plus grand navire qui ait jamais été contruit. Ce n'est qu'en 1844 qu'on a construit un navire, le *Great Britain*, ayant environ la même taille et les mêmes proportions que l'arche. Ces dimensions sont encore reconnues comme étant idéales pour la stabilité d'un bateau de cette grandeur. L'arche ne fut pas construite pour battre des records de vitesse, mais plutôt pour préserver la vie. Dieu a dit à Noé :

Et moi, je vais faire venir le déluge d'eaux sur la terre, pour détruire toute chair ayant souffle de vie sous le ciel; tout ce qui est sur la terre périra.

Mais j'établis mon alliance avec toi; tu entreras dans l'arche, toi et tes fils, ta femme et les femmes de tes fils avec toi.*

* Alliance : un accord, un engagement ou un contrat

De tout ce qui vit, de toute chair, tu feras entrer dans l'arche deux de chaque espèce, pour les conserver en vie avec toi : il y aura un mâle et une femelle.

Des oiseaux selon leur espèce, du bétail selon son espèce, et de tous les reptiles de la terre selon leur espèce, deux de chaque espèce viendront vers toi, pour que tu leur conserves la vie. Et toi, prends de tous les aliments que l'on mange, et fais-en une provision auprès de toi, afin qu'ils te servent de nourriture ainsi qu'à eux.

C'est ce que fit Noé: il exécuta tout ce que Dieu lui avait ordonné.

Genèse 6.17-22

Obéissance

Parce que Noé croyait Dieu, il lui obéit. Cependant, ce ne fut pas facile pour Noé de suivre les directives de Dieu. Il n'avait jamais construit de bateau auparavant; certainement pas un de cette grandeur. Et comment expliquer le concept d'un déluge mondial à ses voisins?

Dieu a dit que le déluge surviendrait 120 ans plus tard[5]. Durant ce temps, Noé s'est chargé de diriger les travaux de construction de l'arche; et en même temps, il avertissait tous ceux qui voulaient l'écouter[6] qu'un jugement allait venir.

La Parole de Dieu dit qu'avant le déluge, les gens vivaient des centaines d'années. Plusieurs thèses ont été élaborées pour tenter d'expliquer ce phénomène, mais la Bible n'en donne aucune explication. Elle l'affirme tout simplement. Si on prend en considération la longue espérance de vie, 120 ans était un laps de temps assez raisonnable pour la construction de l'arche. Nous verrons qu'après le déluge, l'espérance de vie fut abrégée à un point tel qu'un homme de 90 ans était considéré comme étant âgé.

Plusieurs excellents livres ont été écrits au sujet du déluge et de l'impact qu'il a eu sur le climat et sur la topographie de la planète. Ces livres présentent des théories qui sont le fruit d'une réflexion logique fondée sur le récit biblique ainsi que sur des observations scientifiques. Vu que de telles références existent déjà, je n'ai pas tenté de les reproduire ici. Cependant, dans les quelques pages qui suivent, je mentionnerai quelques-unes de ces théories, en espérant qu'elles soient utiles à la compréhension du sujet sans pour autant l'embrouiller.

> *L'Éternel dit à Noé: Entre dans l'arche, toi et toute ta maison; car je t'ai vu juste devant moi parmi cette génération.* Genèse 7.1

> *Noé exécuta tout ce que l'Éternel lui avait ordonné.* Genèse 7.5

> *Ce même jour entrèrent dans l'arche Noé, Sem, Cham et Japhet, fils de Noé, la femme de Noé et les trois femmes de ses fils avec eux : eux, et tous les animaux selon leur espèce, tout le bétail selon son espèce, tous les reptiles qui rampent sur la terre selon leur espèce, tous les oiseaux selon leur espèce, tous les petits oiseaux, tout ce qui a des ailes. Ils entrèrent dans l'arche auprès de Noé, deux à deux, de toute chair ayant souffle de vie.*

Il en entra, mâle et femelle, de toute chair, comme Dieu l'avait ordonné à Noé. Puis l'Éternel ferma la porte sur lui. Genèse 7.13-16

Une porte

Il a fallu sept jours pour charger l'arche. À part quelques exceptions, Noé a fait monter dans l'arche seulement une paire de chaque espèce. Même en tenant compte des espèces disparues, le bateau avait suffisamment d'espace pour abriter tous les animaux, en utilisant seulement 60 % de la capacité du bateau[7]. Le reste de l'espace contenait sans doute des provisions. En prenant des animaux jeunes plutôt qu'adultes, Noé aurait probablement économisé beaucoup d'espace. De plus, il est possible que quelques animaux aient hiberné, ce qui aurait diminué leurs besoins en nourriture. Quoi qu'il en soit, Dieu était parfaitement en mesure de prendre soin de cette ménagerie.

Une fois le chargement du bateau complété, Dieu a fermé la porte. Lorsque le jugement est arrivé et que les eaux ont commencé à monter, personne n'aurait pu persuader Noé de rouvrir la porte. Lui et sa famille ne craignaient pas non plus que la porte cède sous la pression des eaux. Ils étaient parfaitement en sécurité, car Dieu avait fermé la porte, la seule et unique porte qui menait à la sécurité. Dieu a enfermé à l'intérieur ceux qui croyaient et a relégué à l'extérieur les rebelles.

Dieu est miséricordieux : Il avait accordé aux hommes 120 ans pour se détourner de leur mauvaise conduite et pour bénéficier de sa grâce. Maintenant, leur temps de sursis était écoulé. Le jugement était arrivé comme Dieu l'avait dit. Il arrive que l'homme fasse des menaces sans les mettre à exécution, mais Dieu tient toujours parole.

L'an six cent de la vie de Noé, le second mois, le dix-septième jour du mois, en ce jour-là toutes les sources du grand abîme jaillirent, et les écluses des cieux s'ouvrirent. La pluie tomba sur la terre quarante jours et quarante nuits. Genèse 7.11,12

Les sources et les écluses des cieux

Dans les bandes dessinées, on voit, dans une petite embarcation, un vieil homme entouré d'animaux, trempé jusqu'aux os sous une bourrasque de pluie. Cette représentation du récit de Noé est erronée. Rester dehors dans une pareille tempête aurait été suicidaire.

Premièrement, le sol s'est fendu laissant échapper une quantité énorme d'eau souterraine. L'Écriture dit que *les sources du grand abîme ont jailli.* Certaines personnes suggèrent que sous l'effet d'une pression extrême, l'eau fut propulsée vers le haut. Cette eau, ainsi que celle qui était dans l'atmosphère, est descendue au moment où *les écluses des cieux s'ouvrirent.* Une telle rupture dans la croûte terrestre aurait certainement été accompagnée de beaucoup d'activité volcanique. Il est possible que la dérive continentale se soit produite à ce moment-là. À l'aide d'ordinateurs très puissants, un des plus importants chercheurs dans le domaine de la tectonique des plaques a élaboré un modèle en trois dimensions. Ce dernier démontrait que le processus de la dérive continentale pouvait se produire sur une période de quelques mois seulement[8]. Au moment où les fissures ont fait des ruptures

dans la croûte terrestre, d'immenses morceaux de la surface ont été propulsés vers le centre de la Terre, alors que le bassin océanique et la masse continentale étaient recyclés.

Le mot hébreu qui est employé pour décrire ce qui est arrivé signifie « un déluge catastrophique ». Dans les Écritures, ce mot n'est utilisé qu'en rapport avec ce déluge. Aucune autre inondation ne l'a jamais égalé. Même si la science peut expliquer beaucoup de choses qui se sont produites au moment du cataclysme, il faut se rappeler qu'un Dieu tout-puissant était parfaitement capable de créer les circonstances entourant le déluge et les résultats catastrophiques qui l'ont accompagné.

La pluie est tombée pendant 40 jours, mais selon le texte, il semble que l'eau des *fontaines* souterraines ait continué à jaillir pendant 150 jours.

> *Le déluge fut quarante jours sur la terre. Les eaux crûrent et soulevèrent l'arche, et elle s'éleva au-dessus de la terre. Les eaux grossirent et s'accrurent beaucoup sur la terre, et l'arche flotta sur la surface des eaux. Les eaux grossirent de plus en plus, et toutes les hautes montagnes qui sont sous le ciel entier furent couvertes.* Genèse 7.17-19
>
> *Tout ce qui avait respiration, souffle de vie dans ses narines, et qui était sur la terre sèche, mourut. Tous les êtres qui étaient sur la face de la terre furent exterminés, depuis l'homme jusqu'au bétail, aux reptiles et aux oiseaux du ciel : ils furent exterminés de la terre. Il ne resta que Noé, et ce qui était avec lui dans l'arche.* Genèse 7.22,23
>
> *Dieu se souvint de Noé, de tous les animaux et de tout le bétail qui étaient avec lui dans l'arche; et Dieu fit passer un vent sur la terre, et les eaux s'apaisèrent.*
>
> *Les sources de l'abîme et les écluses des cieux furent fermées, et la pluie ne tomba plus du ciel. Les eaux se retirèrent de dessus la terre…* Genèse 8.1-3a

Certains croient qu'avant le déluge, les montagnes étaient moins hautes qu'elles ne le sont aujourd'hui. Si l'on pouvait aplatir la surface de la terre actuelle, l'eau couvrirait le sol sur une profondeur de trois kilomètres. On lit dans la Parole de Dieu qu'après le déluge, les montagnes actuelles *se sont élevées* et les vallées *se sont abaissées* formant sans doute les bassins océaniques.

Les eaux s'arrêtaient sur les montagnes; elles ont fui devant ta menace… Des montagnes se sont élevées, des vallées se sont abaissées, au lieu que tu leur avais fixé. Tu as posé une limite que les eaux ne doivent point franchir, afin qu'elles ne reviennent plus couvrir la terre. Psaume 104.6b-9

Une toute autre planète

Noé et sa famille demeurèrent 371 jours dans le bateau avant que Dieu n'ouvre la porte pour les laisser sortir. Longtemps avant ce jour, l'arche s'était arrêtée dans une région montagneuse, et les

Que dire des dinosaures, des fossiles, du charbon et du pétrole?

Le mot dinosaure ne se trouve pas dans la Bible. Ce mot fut inventé en 1841 par un anatomiste anglais. Cependant, les livres les plus anciens de la Bible font référence à des animaux qui n'existent plus de nos jours. Deux des plus grands animaux mentionnés correspondent de très près au registre fossile[9].

En se basant sur ce que dit la Bible, on peut supposer que les dinosaures ont été créés et ont coexisté avec l'homme dès la création. Les dinosaures semblent avoir été des reptiles; la plupart des reptiles continuant de croître jusqu'à ce qu'ils meurent. Si, comme les hommes de l'époque*, les reptiles jouissaient d'une longue espérance de vie, cela expliquerait la grandeur impressionnante de certains d'entre eux.

*Plusieurs personnes ont vécu plus de neuf cents ans.

La Bible indique qu'une paire de chaque espèce d'animal terrestre était entrée dans l'arche. Il serait logique que seulement de jeunes animaux aient été embarqués non seulement pour conserver l'espace dans l'arche, mais aussi pour favoriser la période de reproduction après le déluge. Puisque la grandeur moyenne d'un dinosaure est comparable à celle d'un petit poney, et qu'à la naissance même les plus grands dinosaures n'étaient pas plus grands qu'un ballon de football, les calculs démontrent qu'il y aurait eu assez d'espace dans l'arche pour les héberger.

eaux s'étaient retirées de dessus la terre. Dans l'intervalle (entre le retrait des eaux et la sortie de l'arche) non seulement la terre avait séché, mais elle produisait de nouveau. Cependant, c'était une toute autre planète, celle que l'on connaît aujourd'hui.

> *Alors Dieu parla à Noé, en disant: Sors de l'arche, toi et ta femme, tes fils et les femmes de tes fils avec toi. Fais sortir avec toi tous les animaux de toute chair qui sont avec toi, tant les oiseaux que le bétail et tous les reptiles qui rampent sur la terre: qu'ils se répandent sur la terre, qu'ils soient féconds et multiplient sur la terre.*

On ne peut que spéculer sur ce qui a pu causer leur disparition. Dans les dernières décennies, on a vu la disparition de beaucoup d'espèces de créatures et, même dans des cas récents, il est difficile d'en discerner la cause avec certitude. Il est encore plus difficile de le faire lorsqu'on doit retourner plusieurs milliers d'années en arrière. Puisque le climat aurait changé radicalement à la suite du déluge, certaines personnes croient qu'il aurait été difficile pour de tels animaux de survivre.

Les conditions créées par le déluge fournissent des réponses à de nombreuses questions au sujet du monde naturel. Entre autres, l'énorme quantité de sédiments créés par le déluge, le poids de l'eau et l'érosion considérable expliqueraient les dépôts de charbon, de pétrole et de fossiles que l'on trouve aujourd'hui. Il y a beaucoup de preuves que plusieurs fossiles ont été ensevelis très rapidement et de façon catastrophique, souvent dans de grands *cimetières* de fossiles. Par exemple, le simple fait qu'il existe des poissons fossiles bien préservés, démontre qu'ils ont été enterrés rapidement; l'enveloppe sédimentaire s'étant durcie si vite que les charognards, les bactéries et la décomposition n'ont pas eu le temps de détruire les traits du spécimen.

Beaucoup de livres donnant matière à réflexion ont été écrits au sujet de la création et du déluge. On y présente des explications sensées pour beaucoup de phénomènes qu'on voit dans le monde. Si vous êtes assailli par des doutes, consultez l'appendice pour une liste de références présentant une analyse de ces sujets.

Et Noé sortit, avec ses fils, sa femme, et les femmes de ses fils.

Noé bâtit un autel à l'Éternel; il prit de toutes les bêtes pures et de tous les oiseaux purs, et il offrit des holocaustes sur l'autel. L'Éternel sentit une odeur agréable… Genèse 8.15-18, 20,21a

Promesse

La première chose que Noé a faite en sortant de l'arche fut de construire un autel et d'y offrir à Dieu un animal innocent en sacrifice sanglant. Le sacrifice n'a pas effacé le péché de Noé, mais il illustrait ce qui est nécessaire pour payer la pénalité associée au péché, c'est-à-dire le sang répandu et la mort. Ce geste a démontré que Noé avait confiance en Dieu. Il croyait que le Seigneur tiendrait sa promesse de le sauver, lui et sa famille, des conséquences du péché. Le sacrifice de Noé plut à Dieu.

Dieu bénit Noé et ses fils, et leur dit: Soyez féconds, multipliez, et remplissez la terre. Genèse 9.1

Voici, j'établis mon alliance avec vous et avec votre postérité après vous…aucune chair ne sera plus exterminée par les eaux du déluge, et il n'y aura plus de déluge pour détruire la terre.

Et Dieu dit: C'est ici le signe de l'alliance que j'établis entre moi et vous… j'ai placé mon arc dans la nue, et il servira de signe d'alliance entre moi et la terre. Genèse 9.9,11-13

Dieu a promis de ne plus jamais détruire la terre par un déluge. Chaque fois que la pluie tomberait, un arc-en-ciel apparaîtrait pour rappeler cette promesse. Depuis cette époque très lointaine, Dieu n'a jamais manqué à sa parole.

Les fils de Noé, qui sortirent de l'arche, étaient Sem, Cham et Japhet. Cham fut le père de Canaan. Ce sont là les trois fils de Noé, et c'est leur postérité qui peupla toute la terre. Genèse 9.18,19

Ce fut un nouveau départ pour l'homme.

Tous les jours de Noé furent de neuf cent cinquante ans; puis il mourut. Genèse 9.29

5 Babel

Le dixième chapitre de la Genèse est souvent appelé la « Table des nations ». On y trouve les origines des principaux groupes ethniques du monde en commençant par les trois fils de Noé. Le chapitre se termine avec le verset suivant :

> *Telles sont les familles des fils de Noé, selon leurs générations, selon leurs nations. Et c'est d'eux que sont sorties les nations qui se sont répandues sur la terre après le déluge.* Genèse 10.32

Une fois de plus, plusieurs siècles se sont écoulés et la population mondiale s'est accrue. L'histoire se déroule maintenant à l'endroit surnommé par les historiens « le berceau de la civilisation » : la Mésopotamie ancienne, la région de l'Iraq actuel.

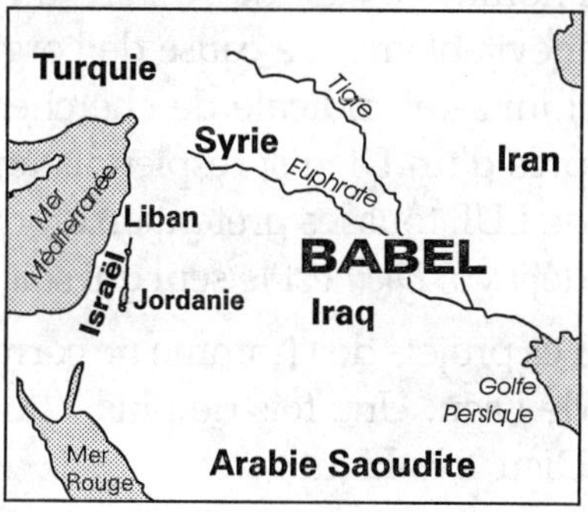

> *Toute la terre avait une seule langue et les mêmes mots.*
>
> *Comme ils étaient partis de l'orient, ils trouvèrent une plaine au pays de Schinear, et ils y habitèrent.*
>
> *Ils se dirent l'un à l'autre : Allons! faisons des briques, et cuisons-les au feu. Et la brique leur servit de pierre, et le bitume leur servit de ciment. Ils dirent encore : Allons! bâtissons-nous une ville et une tour dont le sommet touche au ciel, et faisons-nous un nom, afin que nous ne soyons pas dispersés sur la face de toute la terre.* Genèse 11.1-4

Plan d'action des hommes

Après le déluge, Dieu avait dit à l'homme :

> *Soyez féconds, multipliez, et remplissez la terre.* Genèse 9.1b

Mais l'homme voulait non seulement modifier les plans de Dieu, il voulait aussi établir ses propres plans.

En premier lieu : l'homme croyait plutôt que tout le monde devrait habiter au même endroit et construire une grande ville. Cela allait directement à l'encontre des directives de Dieu. Une fois de plus, l'homme croyait savoir *mieux que Dieu* ce qui était juste.

Comme vous pouvez le constater, l'homme a de la difficulté à obéir. Est-ce que vous vous êtes déjà demandé pourquoi il n'est pas nécessaire d'enseigner à un enfant à désobéir à ses parents? C'est une chose naturelle chez l'homme que de défier l'autorité. Il n'aime pas recevoir des ordres, mais préfère plutôt agir comme il lui plaît. Les habitants de Babel ne faisaient pas exception.

Ensuite: en plus de fonder une ville, l'homme voulait aussi y construire une tour en son propre honneur. Le peuple disait:

> *...faisons-nous un nom...* Genèse 11.4

On peut facilement imaginer les chuchotements malveillants de Satan qui lui aussi avait eu cette ambition.

Il est évident que Dieu n'était pas de la partie. Chaque fois que l'homme essaie de se faire un *nom* ou de devenir *quelqu'un,* c'est inévitablement à cause de l'orgueil. Il est obligé d'exclure Dieu, car il lui serait ridicule de chercher à s'exalter lui-même tout en étant près d'un Dieu si resplendissant, si majestueux, si puissant. À côté de LUI, tous les prétentieux font piètre figure. Comme nous l'avons déjà vu, *Dieu* est le seul qui soit digne d'être exalté.

Les projets de l'homme ne correspondaient donc pas aux directives de Dieu. Une fois de plus, l'homme agissait indépendamment du Dieu Très-Haut.

Le récit de Babel est le premier modèle dans la Bible d'une religion organisée. Les Écritures prennent souvent Babel (ou Babylone) en exemple quand elles parlent des efforts religieux de l'homme. Les habitants de Babel, en essayant de construire une tour qui monterait jusqu'au ciel, tentaient d'atteindre Dieu de leur propre façon. On peut les imaginer, travaillant durement sous les chauds rayons du soleil, cherchant de la boue, faisant cuire des briques et les cimentant avec du bitume. Quels efforts épouvantables, et tout cela pour atteindre le ciel! Mais ils n'ont pas réussi. Il n'y a qu'une manière d'atteindre Dieu – la sienne.

Voici une bonne définition du mot religion: **les efforts de l'homme pour atteindre Dieu.** L'homme est très religieux de nature. Il est constamment à la recherche de nouvelles méthodes pour trouver Dieu. C'est une recherche inutile. Nous verrons que selon les Écritures, l'homme est PERDU et il ne peut pas retrouver le chemin du retour vers Dieu par ses propres moyens. Il ne peut se débarrasser de son péché ni acquérir lui-même une justice adéquate pour être accepté dans la présence de Dieu.

Contrairement à ce que la religion enseigne, la Parole de Dieu affirme que le seul vrai chemin vers Dieu a été donné par le Seigneur lui-même quand, dans sa grâce, il s'est penché vers l'homme pour lui offrir un moyen d'échapper au salaire du péché. C'est Dieu qui nous apporte le secours. Il est le Sauveur. Les Écritures disent clairement que c'est le Seigneur qui:

> *... désire que le fugitif ne reste pas banni de sa présence.*
> *2 Samuel 14.14b*

Les habitants de Babel n'ont pas tenu compte de ce fait. Bien sûr, leurs efforts pour bâtir une ville et construire une tour ne sont pas passés inaperçus. Dieu savait exactement ce qui se passait.

> *L'Éternel descendit[10] pour voir la ville et la tour que bâtissaient les fils des hommes. Et l'Éternel dit: Voici, ils forment un seul peuple et ont tous une même langue, et c'est là ce qu'ils ont entrepris; maintenant rien ne les empêcherait de faire tout ce qu'ils auraient projeté.* *Genèse 11.5,6*

Dieu savait déjà ce que l'histoire confirme: lorsque les hommes ont une langue commune, les progrès technologiques se font beaucoup plus rapidement. Plus l'homme avance, plus il se sent à l'aise et moins il ressent le besoin de Dieu. Bien que Dieu ait donné à l'homme une volonté propre, il n'a pas voulu que l'homme vive indépendamment de lui.

Dispersés

Dieu s'est alors confronté à la rébellion de l'homme. Il a dit:

> *Allons! descendons, et là confondons* leur langage, afin qu'ils n'entendent plus la langue les uns des autres. Et l'Éternel les dispersa loin de là sur la face de toute la terre; et ils cessèrent de bâtir la ville.* *Genèse 11.7,8*

* Remarquez l'accord du verbe à la première personne du pluriel. La Bible affirme qu'il n'y a qu'un seul Dieu, alors à qui Dieu s'adressait-il? Nous aborderons cette question plus loin dans notre étude.

On n'a jamais réussi à justifier le bien-fondé d'une prétendue immigration des indigènes de l'Amérique du Nord et du Sud en provenance du détroit de Béring. Bien qu'on ait pu trouver quelques rapprochements au niveau du langage, la linguistique ne réussit pas à prouver cette théorie. Rien n'explique pourquoi il existe de petits groupes de gens isolés linguistiquement, habitant des régions aussi éloignées que le nord du Groenland et le fond de la jungle amazonienne. L'Écriture dit que c'est Dieu qui les a dispersés – et il semble que c'est exactement ce qui est arrivé. Sans doute les a-t-il aussi équipés pour vivre dans leur nouvel environnement.

De toute manière – que ce soit littéralement ou par le biais du détroit de Béring – lorsque Dieu a dispersé les hommes, il leur a donné de nouveaux langages. Et quels langages! Tous ceux qui ont déjà entrepris la tâche redoutable d'apprendre une nouvelle langue savent qu'on ne crée pas une langue sur un simple coup de tête. Certaines des langues que Dieu a créées sont tellement complexes

Quelle est l'origine des races[11]?

Dans un sens, il n'existe qu'une seule race – la race humaine. Les Écritures distinguent les gens selon leur nationalité ou leur tribu et non pas selon la couleur de leur peau ni selon leur apparence physique. Des différences physiques existent pourtant. Comment cela se fait-il?

Pour simplifier, limitons-nous à la couleur de la peau. La même explication est toutefois valable pour ce qui est de la forme des yeux ou du nez, de la texture des cheveux, de la stature, etc.

On a tendance à penser qu'il y a plusieurs teintes de peau, alors que toutes les teintes proviennent d'une même source: la mélanine. La personne dont le corps produit peu de mélanine a la peau pâle; celle qui en produit beaucoup a la peau foncée. Il y a d'autres facteurs mineurs qui affectent la couleur de la peau, mais ils ne se rapportent pas à une race en particulier et l'explication suivante est également vraie pour chacun de ces facteurs.

On sait depuis bien longtemps que lorsqu'une personne blanche se marie avec une personne noire, la couleur de la peau qui en résulte chez les enfants est le brun. Si deux descendants de cette union se marient, leurs enfants peuvent être noirs, blancs ou de toute autre nuance intermédiaire. Pourquoi? Parce que

que des linguistes compétents consacrent de nombreuses années à les apprendre, et malgré cela, ils n'y arrivent pas complètement.

La ville que les habitants de Babel construisaient n'a pas disparu. On lui a donné un nom qui signifie « confusion ».

> *C'est pourquoi on l'appela du nom de Babel, car c'est là que l'Éternel confondit le langage de toute la terre, et c'est de là que l'Éternel les dispersa sur la face de toute la terre.* Genèse 11.9

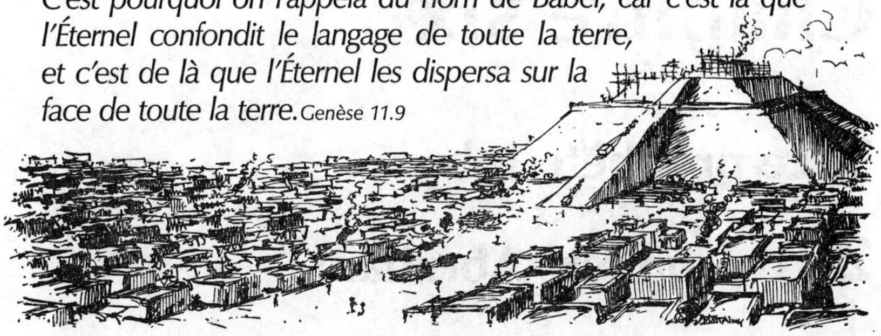

chacun des deux parents possède tous les gènes nécessaires pour produire toutes les nuances.

Maintenant, si les enfants avec la peau tout à fait noire, nés de l'union précédente, se marient avec d'autres noirs et s'ils s'installent dans une région éloignée où il serait impossible pour leur postérité de se marier avec des gens d'une autre couleur, leurs descendants seraient perpétuellement noirs. Ils ne posséderaient plus les gènes qui produisent la peau blanche. Il en serait de même pour les personnes blanches, dans des circonstances identiques. Elles n'auraient plus les gènes qui produisent la peau noire. Une telle diversification de la couleur peut se produire en quelques générations si aucun autre gène n'est ajouté. Bien que l'explication ci-dessus soit grandement simplifiée, il est clair que le problème des races est beaucoup moins important qu'il n'y paraît de prime abord.

La Parole de Dieu dit que toutes les nations de la terre sont issues de Noé, de ses trois fils et de leurs femmes, qui ont dû avoir la peau brune, car ils devaient posséder tous les gènes nécessaires pour produire éventuellement des descendants à peau blanche et à peau noire.

Chapitre six

1 Le prophète Job

2 Le prophète Abraham

3 La foi authentique

4 Agar et Ismaël

5 Ismaël et Isaac

6 Celui qui pourvoit

1 Le prophète Job

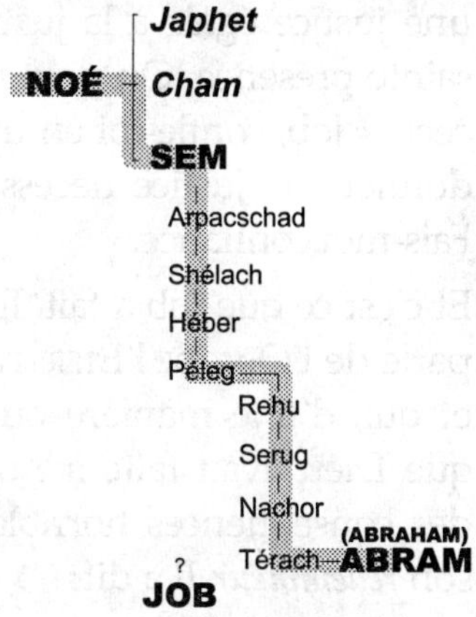

Après la confusion des langues à Babel, ce n'est que plusieurs générations plus tard que l'Écriture mentionne la prochaine intervention de Dieu dans l'histoire de l'humanité. Durant toutes ces années, Dieu n'a pas oublié sa promesse d'envoyer un LIBÉRATEUR. Même si la majorité des gens ne pensait guère à Dieu, il y avait toujours quelques personnes dans chaque génération qui croyaient à ses promesses. Le prophète Job était de celles-là.

Job savait que son état de pécheur lui causait un problème. Lors d'une conversation avec Dieu, il lui a dit:

> *J'aurais beau me laver en usant du savon, me nettoyer les mains avec de la potasse, tu me replongerais aussitôt dans la boue, au point de faire horreur à mes propres habits.* Job 9.30,31 (Français courant)

Job savait que même s'il se lavait, il ne serait pas pur aux yeux de Dieu, lui qui est saint et sans péché. En se lavant, Job devenait propre à l'extérieur, mais à l'intérieur il demeurait un pécheur méritant la punition de Dieu. Il craignait ce jugement et souhaitait que quelqu'un – un médiateur – puisse se placer entre lui et Dieu, posant une main sur Job et l'autre sur Dieu, afin de plaider en sa faveur pour obtenir miséricorde.

> *Au moins, s'il y avait un arbitre entre nous, qui poserait la main sur chacun de nous deux! Il laisserait alors le bâton [de jugement] qui me frappe.* Job 9.33,34a (Français courant)

Même si Job sacrifiait régulièrement des animaux en substitution pour la peine de mort qui pesait sur lui, il semblait comprendre que ces sacrifices ne pouvaient pas effacer sa dette. Cela n'était qu'un remède temporaire pour couvrir le péché. C'est sans doute à cause de cette compréhension et parce que Job était dans l'admiration devant la grandeur et la sainteté absolue de Dieu, qu'il a posé une question très importante:

Comment l'homme serait-il juste devant Dieu? Job 9.2b

Job se demandait comment se débarrasser du péché et acquérir une justice égale à la justice de Dieu afin d'être accepté dans sa sainte présence. On peut résumer la réponse du Seigneur comme ceci : « Job, confie-toi en moi et je m'occuperai de ton péché. Je te donnerai la justice nécessaire pour venir en ma sainte présence. Fais-moi confiance. »

Et c'est ce que Job a fait. Il a mis sa confiance en Dieu. Plus loin, il parle de l'OINT DE L'ÉTERNEL, le LIBÉRATEUR, qui viendrait sur la Terre et qui, d'une manière ou d'une autre, accomplirait la promesse que Dieu avait faite à Adam et Ève: celle de sauver l'humanité des conséquences horribles du péché. Job a appelé le LIBÉRATEUR son *rédempteur.* Il a dit:

Mais je sais que mon rédempteur est vivant, et qu'il se lèvera le dernier sur la terre. Quand ma peau sera détruite, il se lèvera; après que ma peau aura été détruite, moi-même je contemplerai Dieu. Je le verrai, et il me sera favorable; mes yeux le verront, et non ceux d'un autre; mon âme languit d'attente au-dedans de moi. Job 19.25-27

Job savait qu'après la mort, il verrait le Seigneur. Il anticipait ce moment avec joie parce qu'il avait confiance en Dieu et parce qu'il était en règle avec lui. Plus loin, nous apprendrons pourquoi Job a appelé le LIBÉRATEUR PROMIS son *rédempteur.*

2 Le prophète Abraham

Abram et Saraï croyaient eux aussi aux promesses de Dieu.

Saraï était stérile: elle n'avait point d'enfants. Genèse 11.30

Abram est né dans le pays qu'on nomme aujourd'hui l'Irak. Ur, sa ville natale, était située un peu au sud de Babel. Cependant, afin d'obéir aux directives de Dieu, Abram avait quitté Ur pour s'installer à Charan. C'est alors que Dieu lui parla de nouveau.

L'Éternel dit à Abram: Va-t'en de ton pays… dans le pays que je te montrerai.

Abram partit, comme l'Éternel le lui avait dit, et Lot partit avec lui. Abram était âgé de soixante-quinze ans[1]*, lorsqu'il sortit de Charan.* Genèse 12.1,4

Ce n'était pas un petit voyage qu'Abram entreprenait. Il ne pouvait pas consulter un atlas ou faire à l'avance une recherche sur Internet au sujet de sa destination. Il ne pouvait pas non plus aller voir une agence de voyage. Il ne savait même pas où il allait. Dieu ne le lui avait pas dit. Pendant le voyage, il allait devoir placer sa confiance en Dieu pour le guider un jour à la fois. Sa destination inconnue était Canaan, la région actuelle de la Palestine.

…et ils arrivèrent au pays de Canaan… Et Abram bâtit là un autel à l'Éternel, qui lui était apparu. Genèse 12.5b,7b

Parce qu'Abram croyait que Dieu était son Sauveur et qu'il le libérerait des conséquences du péché, il a offert un sacrifice sanglant comme expiation pour couvrir son péché. Même si ce sacrifice n'était qu'une image de ce qui était nécessaire pour effacer le péché, ce geste de la part d'Abram démontrait qu'il reconnaissait avoir besoin d'un substitut qui subirait la peine de mort à sa place. Abram faisait confiance à Dieu, tout comme Abel, Noé et les autres justes qui l'avaient précédé.

Quatre promesses

Dieu a aussi donné à Abram quatre promesses précises:

1. *Je ferai de toi une grande nation…*[2]
2. *Je rendrai ton nom grand…*[3]
3. *Je bénirai ceux qui te béniront, et je maudirai ceux qui te maudiront…*[4]
4. *…et toutes les familles de la terre seront bénies en toi.* Genèse 12.2,3

Quand Dieu **bénit,** il accorde la faveur et le bien-être.

Quand Dieu **maudit**, il occasionne le malheur.

La première promesse de Dieu fut une bonne nouvelle pour Abram. Pour devenir une grande nation, il faudrait qu'il ait des enfants. Jusqu'alors, il n'en avait pas, et Saraï avait passé l'âge d'en avoir. Il se demandait bien comment cela se ferait. Cependant, puisque Dieu l'avait promis, Abram croyait que cela devait se réaliser.

La dernière promesse reposait sur la première et faisait directement référence au LIBÉRATEUR. Dieu disait à Abram qu'un de ses descendants serait l'OINT DE l'ÉTERNEL par lequel toutes les nations seraient bénies. L'Écriture dit qu'Abram croyait Dieu et qu'il se réjouissait à la pensée de voir le jour de l'arrivée du LIBÉRATEUR[5].

Après ces événements, la parole de l'Éternel fut adressée à Abram dans une vision, et il dit: Abram, ne crains point; je suis ton bouclier, et ta récompense sera très grande.

Abram répondit: Seigneur Éternel, que me donneras-tu? Je m'en vais sans enfants… Et après l'avoir conduit dehors, il dit: Regarde vers le ciel, et compte les étoiles, si tu peux les compter. Et il lui dit: Telle sera ta postérité. Abram eut confiance en l'Éternel, qui le lui imputa à justice. Genèse 15.1,2a,5,6

La dernière phrase de ce verset a une grande signification. Regardons de plus près le sens des trois mots suivants: *justice, imputer,* et *confiance (foi).*

Justice

On a déjà vu que la justice se rapporte à la perfection de Dieu; il est sans faute, saint, pur, non souillé, sans tache et sans péché.

Imputer

Le mot *imputer* comprend l'idée de régler une dette en versant un paiement. Il signifie « porter une somme au crédit d'un compte ». Aujourd'hui, on emploierait le mot *créditer.* Nous aimons tous voir des montants crédités à notre compte en banque, car cela démontre que nous avons reçu une somme d'argent. Mais qu'est-ce que l'Écriture veut dire quand elle affirme que: « Abram eut confiance en l'Éternel qui le lui imputa à justice. »?

Vous rappelez-vous le certificat de débit que tous les êtres humains possèdent à cause du péché? Eh bien! Abram aussi avait une dette à payer. Mais, parce qu'il croyait aux promesses de Dieu, la justice a été créditée à son compte.

C'est comme si Dieu disait: « Abram, parce que tu mets ta confiance en moi, je vais faire un versement à l'avance sur ton compte. Je vais placer *ma* perfection dans ton compte. Tu dois comprendre que l'ampleur de *ma* justice dépasse de loin celle de ton péché. Tu peux considérer ta dette lié au péché comme étant payée. En plus de régler cette dette, *ma* justice te donne aussi la perfection qu'il te faut pour pouvoir vivre avec moi au ciel. »

L'Écriture dit qu'Abram avait tellement confiance en Dieu qu'il :

> *...attendait la cité qui a de solides fondements, celle dont Dieu est l'architecte et le constructeur.* Hébreux 11.10

Même si Abram devait mourir physiquement, il ne subirait pas l'horrible châtiment associé à la seconde mort. Il savait qu'il vivrait au ciel avec Dieu pendant l'éternité.

Au chapitre cinq, on s'est posé la question suivante : « Comment peut-on *se débarrasser du péché et obtenir une justice égale à la justice de Dieu* afin de pouvoir être accepté en sa présence? » Pour Abram, la réponse était simple : confie-toi en l'Éternel, crois à ses promesses et il pourvoira.

3 La foi authentique

Il faut comprendre certaines choses au sujet du mot *foi* tel qu'il est utilisé dans la Parole de Dieu, car on peut facilement se méprendre sur son sens.

❖ Les concepts suivants sont employés de façon interchangeable: croire, avoir la foi, et avoir confiance.

Abram **a cru** à l'Éternel.	Il **croyait** ce que Dieu avait dit.
Abram **a mis sa foi** en l'Éternel.	Il **avait foi** en Sa Parole.
Abram **a mis sa confiance** en l'Éternel.	Sa **confiance** était en Dieu seul.

❖ La véritable foi est basée sur des faits, non sur des sentiments. Lorsqu'on s'assied sur une chaise, on a la foi qu'elle ne se brisera pas. On ne s'assied pas simplement parce qu'on a des sentiments profonds pour une chaise. On en constate plutôt la solidité et c'est sur la base de ce fait qu'on choisit de s'y asseoir. La foi d'Abram *reposait sur un fait* – la promesse de Dieu. Ce n'était qu'une simple question de mathématiques:

Dieu a dit: « Tu auras un fils. »
\+ **Dieu le Créateur est tout-puissant et ne ment pas.**
\= **Abram aura un fils.**

❖ Ce n'est pas la *quantité* de foi qui importe[6], mais la *personne* en qui l'on place cette foi. La foi d'Abram était parfois vacillante, mais sa confiance était fermement placée en Dieu.

❖ La véritable *foi* biblique n'est pas qu'un simple acquiescement mental aux faits. Si c'était le cas, ce ne serait pas une foi authentique.

Voici une illustration de ce qu'est la foi:

Deux amis se trouvent dans un parc d'attractions. En regardant les montagnes russes, l'un demande à l'autre: « Crois-tu que les voitures resteront sur les rails? » L'autre répond: « Bien sûr! Je le crois. »

« Alors, allons-y, montons! » dit le premier. Si l'autre ami commence à chercher des excuses et hésite à y monter, alors sa confiance est à mettre en doute. Il croit intellectuellement à la sécurité du manège et il l'affirme avec sa bouche, mais il a des doutes dans son cœur.

Il est légitime de douter de la sécurité des montagnes russes, et nous pouvons avoir d'autres raisons valables pour renoncer à y monter; mais le fait est que nos croyances, ou notre foi, motivent nos actions!

La foi d'Abram allait plus loin que l'assentiment. En pratique, elle avait des répercussions dans tous les domaines de sa vie. Parce qu'il croyait, Abram avait quitté sa ville natale par obéissance à l'ordre de Dieu de partir pour un pays étranger. Parce qu'il croyait, Abram offrait des sacrifices sur l'autel, ayant confiance que Dieu le sauverait des conséquences du péché.

En même temps, il faut comprendre qu'Abram n'obéissait pas dans le but de prouver à Dieu et aux autres que sa foi était authentique. Parce qu'il avait foi en Dieu, il était tout à fait naturel pour Abram de désirer faire la volonté de Dieu. Voilà pourquoi, lorsqu'on lit qu'*Abram eut confiance en l'Éternel, qui le lui imputa à justice,* il faut prendre en considération toute la portée de cette déclaration.

Plus loin, nous regarderons en profondeur l'importance de la foi pour régler la dette liée au péché. Pour le moment, il suffit de savoir que Dieu honore ceux qui placent leur confiance en lui.

4 Agar et Ismaël

Après plusieurs années, Abram et Saraï n'avaient toujours pas d'enfants. Alors, ils ont décidé de prendre les choses en main. Selon les coutumes du temps, Saraï, étant stérile, offrit sa servante, Agar, à son mari. Elle lui enfanta un fils du nom d'Ismaël. Abram avait alors un vrai descendant par qui la promesse de Dieu pouvait s'accomplir. Il n'y avait qu'un seul problème. Ils avaient fait les choses à leur manière et non pas selon la volonté de Dieu.

> *Lorsque Abram fut âgé de quatre-vingt-dix-neuf ans, l'Éternel apparut à Abram, et lui dit: Je suis le Dieu Tout-Puissant. Marche devant ma face, et sois intègre. On ne t'appellera plus Abram; mais ton nom sera Abraham, car je te rends père d'une multitude de nations.* Genèses 17.1,5

Abram, connu dès lors sous le nom d'Abraham, n'avait aucun problème avec ce que Dieu venait de dire. Après tout, il avait un descendant à présent. Agar lui avait donné un fils – Ismaël!

Dieu dit à Abraham : Tu ne donneras plus à Saraï, ta femme, le nom de Saraï; mais son nom sera Sara. Je la bénirai, et je te donnerai d'elle un fils; je la bénirai, et elle deviendra des nations; des rois de peuples sortiront d'elle. Genèse 17.15,16

Cette dernière nouvelle était moins bonne. Pourquoi Dieu faisait-il mention de Sara? Est-ce qu'il n'était pas au courant pour Agar? Abraham avait un fils – Ismaël! Est-ce que Dieu ne pouvait pas envoyer le LIBÉRATEUR PROMIS par la descendance d'Ismaël? Pourquoi est-ce que Dieu devait se servir de Sara pour accomplir sa promesse? Elle était si vieille! C'était impossible!

Abraham tomba sur sa face; il rit, et dit en son cœur : Naîtrait-il un fils à un homme de cent ans? Et Sara, âgée de quatre-vingt-dix ans, enfanterait-elle?

Et Abraham dit à Dieu : Oh! qu'Ismaël vive devant ta face! Genèse 17.17,18

Abraham suggérait à Dieu d'accomplir sa promesse par l'entremise d'Ismaël.

Dieu dit : Certainement Sara, ta femme, t'enfantera un fils; et tu l'appelleras du nom d'Isaac. J'établirai mon alliance avec lui comme une alliance perpétuelle pour sa postérité après lui. À l'égard d'Ismaël, je t'ai exaucé… et je ferai de lui une grande nation. J'établirai mon alliance avec Isaac, que Sara t'enfantera à cette époque-ci de l'année prochaine. Genèse 17.19-21

Eh bien! Dieu ne prendrait pas en considération ce qui allait à l'encontre de son plan. Sara aurait un enfant d'ici un an, et Dieu ajouta que l'enfant s'appellerait Isaac. Dieu n'a pas pour autant oublié Ismaël. Nous parlerons davantage de lui plus loin dans ce chapitre.

Trois visiteurs

Abraham et Sara ont donc attendu. Entre-temps, Dieu est revenu vers eux, cette fois sous la forme d'un homme. Il était accompagné de deux anges aussi sous forme humaine.

L'Éternel : *« Où est Sara, ta femme? »*

Abraham : *« Elle est là, dans la tente. »*

L'Éternel : *« Je reviendrai vers toi à cette même époque; et voici, Sara, ta femme, aura un fils. »*

Sara écoutait à l'entrée de la tente, qui était derrière lui. Abraham et Sara étaient vieux, avancés en âge : et Sara ne pouvait plus espérer avoir des enfants. Elle rit en elle-même, en disant : Maintenant que je suis vieille, aurais-je encore des désirs? Mon seigneur aussi est vieux.

L'Éternel (à Abraham) : *« Pourquoi donc Sara a-t-elle ri, en disant : Est-ce que vraiment j'aurais un enfant, moi qui suis vieille? ... y a-t-il rien qui soit étonnant de la part de l'Éternel? Au temps fixé je reviendrai vers toi, à cette même époque; et Sara aura un fils. »*

Sara : *... mentit, en disant : « Je n'ai pas ri. » Car elle eut peur.*

L'Éternel : *« Au contraire, tu as ri. »* Genèse *18.9-15*

Sara a dû être étonnée de constater qu'un Dieu omniscient pouvait lire dans ses pensées. Elle a cherché à nier le fait qu'elle avait ri, mais sans succès. Dieu lui a répondu : « Au contraire, tu as ri. » Dieu oblige les gens à assumer la responsabilité de leurs actes.

Abraham et Sara croyaient que Dieu tiendrait sa promesse, mais comme nous pouvons le constater, leur foi était vacillante. Parfois ils étaient assaillis par le doute, mais ce qui est merveilleux de la part de Dieu c'est qu'il honore la foi aussi petite soit-elle – même si elle n'est pas plus grande qu'un grain de sénevé[6]. Les grains de sénevé sont très petits. Ce n'est pas la quantité de foi qui importe, mais la personne en qui on place cette foi. Abraham et Sara plaçaient leur confiance en Dieu.

5 Ismaël et Isaac

L'Éternel se souvint de ce qu'il avait dit à Sara, et l'Éternel accomplit pour Sara ce qu'il avait promis. Sara devint enceinte, et elle enfanta un fils à Abraham dans sa vieillesse, au temps fixé dont Dieu lui avait parlé. Abraham donna le nom d'Isaac au fils qui lui était né, que Sara lui avait enfanté. Genèse *21.1-3*

Dieu a accompli la promesse qu'il avait faite à Abraham et à Sara, malgré leur âge avancé. Il tient toujours parole et prend plaisir à accomplir l'impossible. Abraham avait maintenant deux fils – Isaac par Sara et Ismaël par Agar. Cet homme, déjà vieux, engendra d'autres enfants, mais les deux fils mentionnés ici sont ceux sur qui l'on possède le plus de renseignements.

Quand Ismaël avait environ seize ans, et Isaac deux ans, un incident est arrivé qui allait altérer la vie d'Ismaël et changer le cours de l'histoire.

> *Sara vit rire le fils qu'Agar, l'Égyptienne, avait enfanté à Abraham.*
>
> Genèse *21.9*

Ismaël s'était moqué d'Isaac. Il ne comprenait ni n'estimait le plan de Dieu de faire d'Isaac le père d'une grande nation. Par cette nation, Dieu donnerait au monde les prophètes, les Écritures, et finalement le LIBÉRATEUR lui-même. Pour ce qui est de Sara, elle n'était pas contente qu'Ismaël se soit moqué de son fils.

> *...et elle [Sara] dit à Abraham : Chasse cette servante et son fils, car le fils de cette servante n'héritera pas avec mon fils, avec Isaac.*
>
> *Cette parole déplut fort aux yeux d'Abraham, à cause de son fils.*
>
> Genèse *21.10,11*

Même si Dieu avait choisi d'envoyer le LIBÉRATEUR PROMIS par la descendance d'Isaac, Ismaël était toujours le fils d'Abraham. C'est évident qu'Abraham aimait son fils. Il était tiraillé entre la jalousie protectrice de sa femme et ses propres sentiments d'affection pour son fils, Ismaël.

> *Mais Dieu dit à Abraham : Que cela ne déplaise pas à tes yeux, à cause de l'enfant et de ta servante. Accorde à Sara tout ce qu'elle te demandera; car c'est d'Isaac que sortira une postérité qui te sera propre. Je ferai aussi une nation du fils de ta servante; car il est ta postérité.* Genèse *21.12,13*

Dans un sens, Dieu disait à Abraham d'accorder la liberté à Agar.

> *Abraham se leva de bon matin; il prit du pain et une outre d'eau, qu'il donna à Agar et plaça sur son épaule; il lui remit aussi l'enfant, et la renvoya. Elle s'en alla, et s'égara dans le désert de Beer-Schéba.*
>
> *Quand l'eau de l'outre fut épuisée, elle laissa l'enfant sous un des arbrisseaux, et alla s'asseoir vis-à-vis, à une portée d'arc; car elle disait : Que je ne voie pas mourir mon enfant! Elle s'assit donc vis-à-vis de lui, éleva la voix et pleura.* Genèse *21.14-16*

On peut imaginer le désespoir d'Agar. Elle faisait de son mieux pour prendre soin de son fils, sans aide et sans foyer. Dans son chagrin, elle avait oublié que Dieu s'intéressait à elle et à Ismaël.

Dieu entendit la voix de l'enfant; et l'ange de Dieu appela du ciel Agar, et lui dit: Qu'as-tu, Agar? Ne crains point, car Dieu a entendu la voix de l'enfant dans le lieu où il est. Lève-toi, prends l'enfant, saisis-le de ta main; car je ferai de lui une grande nation. Et Dieu lui ouvrit les yeux, et elle vit un puits d'eau; elle alla remplir d'eau l'outre, et donna à boire à l'enfant.

Dieu fut avec l'enfant, qui grandit, habita dans le désert, et devint tireur d'arc. Genèse 21.17-20

L'Écriture dit que Dieu fut avec l'enfant pendant qu'il grandissait. Même si Dieu avait choisi d'envoyer le LIBÉRATEUR par la descendance d'Isaac, il désirait quand même bénir Ismaël. Le Seigneur veut être le Dieu de toutes les nations. Chaque être humain a accès auprès de Dieu en autant qu'il s'approche de lui de la façon spécifiée par Dieu.

Comme il l'avait promis, Dieu a fait d'Ismaël une grande nation, car l'origine de plusieurs nations arabes remonte à cet homme.

Il habita dans le désert de Paran, et sa mère lui prit une femme du pays d'Égypte. Genèse 21.21

6 Celui qui pourvoit

À cette étape-ci, les Écritures rapportent un événement dans la vie d'Abraham qui allait rester pour toujours gravé dans son esprit.

Après ces choses, Dieu mit Abraham à l'épreuve, et lui dit: Abraham!

Et il répondit: Me voici!

Dieu dit: Prends ton fils, ton unique, celui que tu aimes, Isaac; va-t'en au pays de Morija, et là offre-le en holocauste sur l'une des montagnes que je te dirai.

Abraham se leva de bon matin, sella son âne, et prit avec lui deux serviteurs et son fils Isaac. Il fendit du bois pour l'holocauste, et partit pour aller au lieu que Dieu lui avait dit. Le troisième jour, Abraham, levant les yeux, vit le lieu de loin.

Et Abraham dit à ses serviteurs: Restez ici avec l'âne; moi et le jeune homme, nous irons jusque-là pour adorer, et nous reviendrons auprès de vous.

Abraham prit le bois pour l'holocauste, le chargea sur son fils Isaac, et porta dans sa main le feu et le couteau. Et il marchèrent tous deux ensemble. Alors Isaac, parlant à Abraham, son père, dit : Mon père!

Et il répondit : Me voici, mon fils!

Isaac reprit : Voici le feu et le bois; mais où est l'agneau pour l'holocauste?

Abraham répondit : Mon fils, Dieu se pourvoira lui-même de l'agneau pour l'holocauste. Et ils marchèrent tous deux ensemble.

Lorsqu'ils furent arrivés au lieu que Dieu lui avait dit, Abraham y éleva un autel, et rangea le bois. Il lia son fils Isaac, et le mit sur l'autel, par-dessus le bois.

Puis Abraham étendit la main, et prit le couteau, pour égorger son fils.

Alors l'ange de l'Éternel l'appela des cieux, et dit : Abraham! Abraham!

Et il répondit : Me voici!

L'ange dit : N'avance pas ta main sur l'enfant, et ne lui fais rien; car je sais maintenant que tu crains Dieu, et que tu ne m'as pas refusé ton fils, ton unique.

Abraham leva les yeux, et vit derrière lui un bélier retenu dans un buisson par les cornes; et Abraham alla prendre le bélier, et l'offrit en holocauste à la place de son fils. Abraham donna à ce lieu le nom de Yahvé-Jiré. C'est pourquoi l'on dit aujourd'hui : À la montagne de l'Éternel il sera pourvu.

L'ange de l'Éternel appela une seconde fois Abraham des cieux, et dit : Je le jure par moi-même, parole de l'Éternel! parce que tu as fais cela, et que tu n'as pas refusé ton fils, ton unique, je te bénirai et je multiplierai ta postérité, comme les étoiles du ciel et comme le sable qui est sur le bord de la mer; et ta postérité possédera la porte de ses ennemis. Toutes les nations de la terre seront bénies en ta postérité, parce que tu as obéi à ma voix. Genèse 22.1-18

Ce récit a un sens profond. Au premier abord, il semble que Dieu approuve le sacrifice des enfants! Mais,… regardons les choses de plus près.

Ton fils unique

La situation est simple. Le Seigneur demande à Abraham de prendre son fils et de l'offrir en sacrifice sur un autel, de le mettre à mort. Ce n'est pas une demande banale. Quand la Parole de Dieu parle de ce fils comme étant le fils unique d'Abraham, elle ne veut pas dire qu'Abraham n'avait pas d'autres enfants. Le Seigneur parlait plutôt du seul fils d'Abraham duquel naîtrait l'OINT DE L'ÉTERNEL. Abraham avait attendu la naissance de cet enfant pendant de longues années; de plus, Isaac était le fils de la promesse, celui qui serait le père d'une multitude de descendants et de qui descendrait le LIBÉRTATEUR PROMIS. Dieu avait été très clair sur ce point et il était évident qu'un fils mort ne pouvait pas avoir de descendants.

Cette requête de la part de Dieu a dû bouleverser Abraham. Sans doute avait-il déjà été témoin de sacrifices humains pratiqués par les autres nations pour apaiser leurs dieux. Mais ce commandement venant de Dieu contredisait tout ce qu'Abraham savait au sujet du Créateur. Dans son amour, Dieu avait promis qu'Isaac serait le père de nombreux enfants. Il était humainement impossible de concilier la promesse de Dieu faite antérieurement avec le commandement présent. Comment Dieu pouvait-il être si inconséquent? Et pourtant, Abraham avait déjà appris que le Seigneur était entièrement digne de confiance; il a donc obéi. Il a appelé son fils, a sellé son âne et, prenant avec lui tout le nécessaire pour faire un sacrifice, Abraham est parti faire ce que Dieu lui avait ordonné. Quel chagrin il a dû éprouver! Cette sorte d'obéissance était un grand pas pour Abraham, mais ce pas démontrait sa foi absolue en la bonté de Dieu.

On n'a pas besoin de deviner quelles étaient les pensées d'Abraham face à cette situation. Les Écritures disent qu'il s'est accroché à la promesse du Seigneur, confiant que même s'il sacrifiait Isaac, Dieu le ramènerait à la vie.

> *C'est par la foi qu'Abraham offrit Isaac, lorsqu'il fut mis à l'épreuve… Il pensait que Dieu est puissant, même pour ressusciter les morts…* *Hébreux 11.17a,19a*

L'Écriture dit que Dieu éprouvait la foi d'Abraham, et nous en comprendrons la raison dans les pages qui suivent. Cette ultime épreuve d'offrir son propre fils en sacrifice a révélé à Abraham, ainsi qu'à nous, que sa confiance en Dieu était authentique.

Abraham et son fils, accompagnés de deux serviteurs, sont partis en direction du pays de Morija. Arrivés près de leur destination, Abraham et son fils ont poursuivi seuls leur chemin. Abraham portait le couteau et le feu – son fils portait le bois. Chemin faisant, le garçon a posé une question à son père. Sans doute avait-il déjà été témoin de plusieurs sacrifices et ce n'était pas difficile pour lui de constater qu'il leur manquait une chose essentielle – le sacrifice lui-même. Où était l'agneau?

> *Voici le feu et le bois; mais où est l'agneau pour l'holocauste?*
> Genèse 22.7b

On ne peut s'empêcher de se demander si Isaac aussi pensait aux nombreux sacrifices humains offerts par les nations environnantes. Lui aussi devait se confier entièrement en l'Éternel! Quand son père a répondu que Dieu lui-même pourvoirait au sacrifice, Isaac a poursuivi son chemin sans hésitation. Le verset dit qu'ils marchèrent tous deux ensemble.

Dieu leur a désigné l'endroit exact sur une des montagnes de Morija où ils devaient ériger l'autel. Des années plus tard, le temple juif et le Dôme du Rocher seraient construits sur le mont Morija.

Lié

> *Lorsqu'ils furent arrivés au lieu que Dieu lui avait dit, Abraham y éleva un autel, et rangea le bois. Il lia son fils Isaac, et le mit sur l'autel, par-dessus le bois.* Genèse 22.9

Le fils d'Abraham n'était pas un petit enfant. Le mot hébreu traduit par « garçon » désignait de jeunes mâles allant jusqu'à l'âge du service militaire. Son fils était certainement assez grand pour se défendre, et même si Abraham était déjà vieux, il n'y a aucun indice dans la Parole de Dieu signalant qu'il y aurait eu une lutte entre les deux. Il est évident que le fils s'est soumis volontairement à son père qu'il considérait comme un homme obéissant à la parole de Dieu.

Une fois lié sur l'autel, le fils d'Abraham était sans défense. Selon l'ordre de Dieu, Abraham devait le mettre à mort. Son fils ne pouvait rien faire pour se libérer. La Parole de Dieu dit qu'Abraham étendit la main et prit le couteau. On peut l'imaginer, la main tremblante, le menton pendant, le cœur brisé. C'était son fils! L'intensité du moment a dû être insupportable! Lentement il lève le bras – la lame du couteau scintille au soleil. Délibérément, Abraham se résout à passer à l'acte et puis… Dieu intervient. L'ange de l'Éternel appelle Abraham du ciel et dit:

> *N'avance pas ta main sur l'enfant, et ne lui fais rien; car je sais maintenant que tu crains Dieu, et que tu ne m'as pas refusé ton fils, ton unique.* Genèse 22.12

Sans aucun doute, les larmes ont dû couler à flots. On peut s'imaginer le père et le fils soulagés, pleurant à chaudes larmes. Dieu est intervenu. Le décret de mort n'existait plus – du moins, pas pour le fils d'Abraham. Mais il y a quand même eu une mort.

Substitut

Les Écritures disent que Dieu a fourni un animal :

> *Abraham leva les yeux, et vit derrière lui un bélier retenu dans un buisson par les cornes;…* Genèse 22.13a

Pris de cette façon, l'agneau ne pouvait pas se blesser en essayant de se libérer.

> *Abraham alla prendre le bélier, et l'offrit en holocauste à la place de son fils.* Genèse 22.13b

Il y a eu une mort, mais c'était celle du bélier plutôt que celle du fils d'Abraham. Le fils a été délivré parce que le bélier est mort à sa place. Dieu avait fourni un substitut. Cet événement a tellement marqué Abraham qu'il a donné à cette montagne un nom qui lui rappellerait la nature de Dieu :

> *Abraham donna à ce lieu le nom de Yahvé-Jiré. C'est pourquoi l'on dit aujourd'hui : À la montagne de l'Éternel il sera pourvu.* Genèse 22.14

Abraham a découvert que Dieu est véritablement un…

> *… Sauveur au temps de la détresse.* Jérémie 14.8a

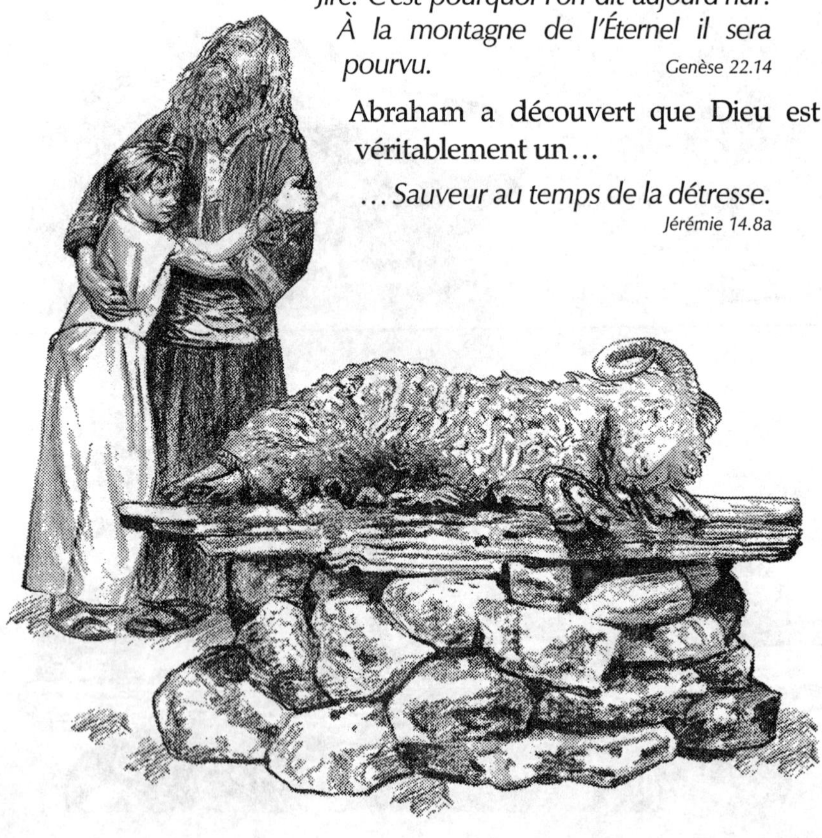

Avez-vous remarqué qu'Abraham a nommé la montagne : « il **sera** pourvu », littéralement « l'Éternel **pourvoira** » ? Dieu venait tout juste de pourvoir au besoin d'Abraham. Pourquoi donc n'a-t-il pas nommé la montagne : « l'Éternel **a pourvu** » ? On verra la réponse à cette question dans un prochain chapitre.

Une leçon pour tous

Le récit se termine avec Dieu qui réaffirme sa promesse à Abraham. Sa descendance serait nombreuse – toute la nation d'Israël. Par cette promesse, on comprend que l'OINT DE L'ÉTERNEL serait un des descendants d'Abraham et d'Isaac. Il est écrit qu'IL serait une source de bénédiction pour tous.

> *Je le jure par moi-même, parole de l'Éternel! parce que tu as fais cela, et que tu n'as pas refusé ton fils, ton unique… Toutes les nations de la terre seront bénies en ta postérité, parce que tu as obéi à ma voix.* Genèse 22.16,18

Ce que Dieu a demandé à Abraham – offrir son fils en sacrifice – était une requête *unique en son genre dans toute l'histoire de l'humanité.* Dieu désirait communiquer à Abraham, ainsi qu'à nous, certaines vérités concernant le jugement, la foi et la délivrance par le moyen d'un substitut.

Tout comme le fils d'Abraham devait être mis à mort selon l'ordre de Dieu, nous sommes, nous aussi, condamnés à mourir[7]. Le fils d'Abraham ne pouvait pas se sauver lui-même. Abraham a mis sa foi en Dieu croyant que le Seigneur, dans son amour, agirait pour résoudre le problème. Il ne s'est pas trompé. Dieu lui a donné un moyen de délivrance, par le sacrifice d'un substitut. Il s'agissait d'une vie pour une vie; une victime innocente est morte à la place du coupable.

De même qu'Abel avait offert un animal qui est mort à sa place, de même le bélier est mort à la place du fils d'Abraham. Et de même que Dieu avait approuvé le sacrifice d'Abel, ainsi il a approuvé le sacrifice du bélier qu'il avait fourni à la place du fils d'Abraham. C'était l'idée de Dieu. C'était l'homme qui s'approchait de Dieu de la manière déterminée par celui-ci – en faisant confiance à la véracité de sa parole.

Chapitre sept

1 **Israël et Juda**

2 **Le prophète Moïse**

3 **Pharaon et la Pâque**

1 Israël et Juda

Abraham expira et mourut, après une heureuse vieillesse, âgé et rassasié de jours, et il fut recueilli auprès de son peuple. Isaac et Ismaël, ses fils, l'enterrèrent dans la caverne de Macpéla… Là furent enterrés Abraham et Sara, sa femme. Genèse 25.8-10

Qu'arriverait-il maintenant qu'Abraham était décédé? Tout comme Dieu l'avait promis, les descendants d'Ismaël sont devenus une famille de grandes nations. Dieu a aussi renouvelé sa promesse à Isaac en lui disant qu'il deviendrait le père de la nation de laquelle descendrait le LIBÉRATEUR. Ismaël et Isaac sont tous les deux morts à un âge avancé.

Jacob

Isaac a eu deux fils: Ésaü et Jacob. Ésaü, tout comme Caïn, menait sa vie selon ses propres idées, faisant les choses à sa manière. D'autre part, Jacob mettait sa foi en Dieu et, pour cette raison, Dieu le considérait juste. Jacob s'approchait souvent de Dieu en versant le sang d'un animal sur un autel comme sacrifice expiatoire pour couvrir ses péchés.

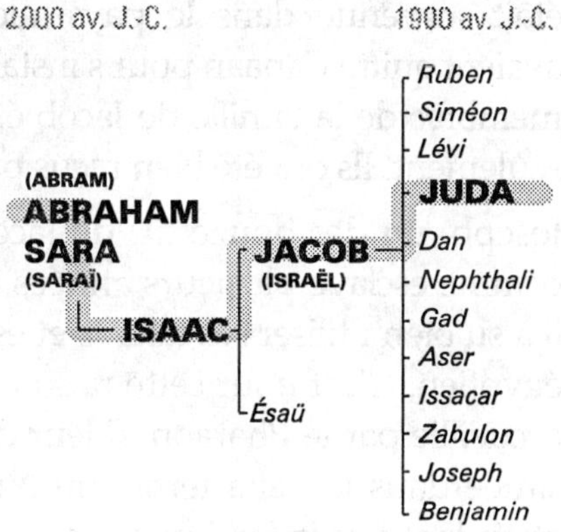

Jacob… bâtit là un autel… car c'est là que Dieu s'était révélé à lui… Genèse 35.6,7

Jacob croyait aussi au principe exprimé dans la Parole de Dieu, à savoir que:

…sans effusion de sang il n'y a pas de pardon. Hébreux 9.22b

Car la vie de la chair est dans le sang. Je vous l'ai donné sur l'autel, afin qu'il serve d'expiation pour vos âmes, car c'est par la vie que le sang fait l'expiation. Lévitique 17.11

Malgré le fait que Jacob n'a pas toujours fait ce qui était bien, sa confiance reposait solidement sur Dieu. Plus tard, son nom a été changé en celui d'Israël.

Dieu a aussi renouvelé sa promesse à Jacob, celle qu'il avait faite à Abraham et à Isaac. L'Éternel dit à Jacob:

> *Je suis l'Éternel, le Dieu d'Abraham, ton père, et le Dieu d'Isaac… toutes les familles de la terre seront bénies en toi et en ta postérité.* Genèse 28.13a,14b

Une fois de plus, Dieu affirmait qu'un des descendants de Jacob serait une bénédiction pour toutes les nations de la terre. Il faisait directement référence au LIBÉRATEUR PROMIS.

Jacob (ou Israël) eut douze fils de qui sont issues douze tribus[1]. Avant de mourir, Jacob avait béni son fils, *Juda,* et lui avait prédit que de sa tribu viendrait le LIBÉRATEUR PROMIS.

Abraham, Isaac et Jacob ont mené une vie de semi-nomades dans le pays de Canaan. Vers la fin de la vie de Jacob, une famine était survenue dans le pays; alors lui, ses fils et leurs familles avaient quitté Canaan pour s'installer en Égypte. À cette époque, les membres de la famille de Jacob étaient au nombre de soixante-dix seulement. Ils ont été bien reçus par les Égyptiens.

Joseph, un des douze fils de Jacob, avait été emmené en Égypte comme esclave plusieurs années auparavant. Avec l'aide de Dieu, il a su bien utiliser ses talents et est devenu lieutenant du Pharaon égyptien. C'est pour cette raison que sa famille fut favorablement accueillie par le Pharaon. Il leur donna une région appelée Gosen située dans le delta fertile du Nil. Les Israélites s'y établirent en attendant que la famine passe.

Trois cent cinquante ans plus tard, ils y étaient toujours, mais maintenant, on en dénombrait deux millions et demi. Les descendants d'Abraham, d'Isaac et de Jacob étaient effectivement devenus une grande nation. Par contre, ils n'habitaient pas le bon pays. Dieu leur avait promis le pays de Canaan et non pas celui de Gosen en Égypte. Dieu n'avait pas pour autant oublié sa promesse. Longtemps avant le départ de Jacob pour l'Égypte, Dieu lui avait dit:

> *Voici, je suis avec toi, je te garderai partout où tu iras, et je te ramènerai dans ce pays; car je ne t'abandonnerai point, que je n'aie exécuté ce que je te dis.* Genèse 28.15

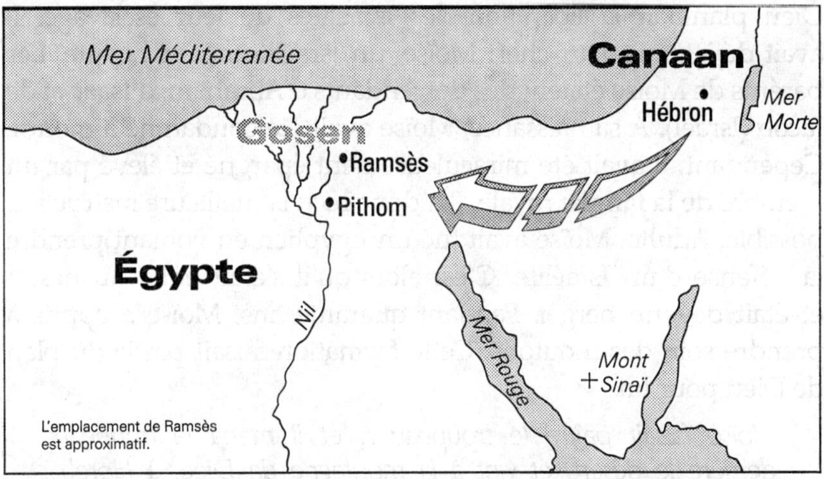

2 Le prophète Moïse

Au nombre de deux millions et demi, les Israélites constituaient une sérieuse menace pour les Égyptiens. Le roi d'Égypte (ou Pharaon) eut une idée:

> *Voilà les enfants d'Israël qui forment un peuple plus nombreux et plus puissant que nous. Allons! Montrons-nous habiles à son égard; empêchons qu'il ne s'accroisse, et que, s'il survient une guerre, il ne se joigne à nos ennemis, pour nous combattre et sortir ensuite du pays.*
>
> *Et l'on établit sur lui des chefs de corvées, afin de l'accabler de travaux pénibles. C'est ainsi qu'il bâtit les villes de Pithom et de Ramsès, pour servir de magasins à Pharaon.*
>
> *Mais plus on l'accablait, plus il multipliait et s'accroissait; et l'on prit en aversion les enfants d'Israël. Alors les Égyptiens réduisirent les enfants d'Israël à une dure servitude. Ils leur rendirent la vie amère par de rudes travaux en argile et en briques, et par tous les ouvrages des champs…* Exode 1.9-14

Cependant, Dieu n'avait pas oublié sa promesse de faire sortir d'Égypte les descendants de Jacob. L'Écriture dit:

> *Dieu entendit leurs gémissements, et se souvint de son alliance avec Abraham, Isaac et Jacob. Dieu regarda les enfants d'Israël, et il en eut compassion.* Exode 2.24,25

Dieu planifiait la libération des Israélites de leur esclavage. Il avait déjà choisi leur chef: Moïse, un Israélite né en Égypte. Les parents de Moïse étaient des descendants d'Abraham, d'Isaac et de Jacob (Israël). À sa naissance, Moïse avait été condamné à mourir. Cependant, il avait été miraculeusement épargné et élevé par un membre de la famille royale. Il a donc reçu la meilleure instruction possible. Adulte, Moïse avait tué un Égyptien en voulant prendre la défense d'un Israélite. C'est alors qu'il s'était enfui au désert et était devenu berger. Pendant quarante ans, Moïse a appris à prendre soin des moutons. Cette formation faisait partie du plan de Dieu pour lui.

> *Moïse faisait paître le troupeau… et il mena le troupeau derrière le désert, et vint à la montagne de Dieu, à Horeb. L'ange de l'Éternel lui apparut dans une flamme de feu, au milieu d'un buisson. Moïse regarda; et voici, le buisson était tout en feu, et le buisson ne se consumait point.* Exode 3.1,2

On ne peut s'empêcher d'imaginer Moïse planté là, fixant du regard ce buisson en feu. Il devait être perplexe. Quelle sorte de bois était-ce? Il ne se consumait pas. Sa femme serait contente d'entendre parler de ce bois qui brûle sans se consumer. Quel combustible merveilleux pour son fourneau!

> *Moïse dit: Je veux me détourner pour voir quelle est cette grande vision, et pourquoi le buisson ne se consume point.*
>
> *L'Éternel vit qu'il se détournait pour voir; et Dieu l'appela du milieu du buisson, et dit: Moïse! Moïse!* Exode 3.3,4a

Un buisson qui parle! On peut s'imaginer Moïse regardant tout autour de lui, souhaitant que personne ne l'entende. Que penserait-on de lui si on le voyait en train de converser avec un buisson!

> *Et il répondit: Me voici!*
>
> *Dieu dit: N'approche pas d'ici, ôte tes souliers de tes pieds, car le lieu sur lequel tu te tiens est une terre sainte. Et il ajouta: Je suis le Dieu de ton père, le Dieu d'Abraham, le Dieu d'Isaac et le Dieu de Jacob.* Exode 3.4b-6a

Moïse a dû être saisi de frayeur. Il avait entendu des histoires au sujet de l'Éternel, le Dieu Très-Haut. Il connaissait Dieu comme étant le Créateur-propriétaire de toutes choses. C'était le Dieu saint qui s'était séparé de l'humanité à cause du péché. Moïse lui-même était pécheur – un meurtrier.

> *Moïse se cacha le visage, car il craignait de regarder Dieu.*
>
> *L'Éternel dit: J'ai vu la souffrance de mon peuple qui est en Égypte, et j'ai entendu les cris que lui font pousser ses oppresseurs, car je connais ses douleurs. Maintenant, va, je t'enverrai auprès de Pharaon, et tu feras sortir d'Égypte mon peuple, les enfants d'Israël.* Exode 3.6b,7,10

Moïse a dû pousser un grand soupir de soulagement. Dieu n'était pas venu pour le juger, mais pour lui confier une tâche. Cependant, il y avait un problème. Moïse était berger, et la mission de faire sortir d'Égypte le peuple de Dieu semblait démesurée. Qui était-il? Les gens n'auraient pas confiance en quelqu'un qui dirait avoir conversé avec un buisson.

> *Moïse dit à Dieu: J'irai donc vers les enfants d'Israël, et je leur dirai: Le Dieu de vos pères m'envoie vers vous. Mais, s'ils me demandent quel est son nom, que leur répondrai-je?*
>
> *Dieu dit à Moïse: JE SUIS CELUI QUI SUIS. Et il ajouta: C'est ainsi que tu répondras aux enfants d'Israël: Celui qui s'appelle « JE SUIS » m'a envoyé vers vous.* Exode 3.13,14

JE SUIS signifie « celui qui est autosuffisant » – le Dieu qui existe en raison de son propre pouvoir.

> *Dieu dit encore à Moïse: Tu parleras ainsi aux enfants d'Israël: L'Éternel, le Dieu de vos pères, le Dieu d'Abraham, le Dieu d'Isaac et le Dieu de Jacob, m'envoie vers vous. Voilà mon nom pour l'éternité, voilà mon nom de génération en génération.*
>
> *Va, rassemble les anciens d'Israël, et dis-leur: L'Éternel, le Dieu de vos pères, m'est apparu, le Dieu d'Abraham, d'Isaac et de Jacob. Il a dit: Je vous ai vus, et j'ai vu ce qu'on vous fait en Égypte, et j'ai dit: Je vous ferai monter de l'Égypte… dans un pays où coulent le lait et le miel.*
>
> *Ils écouteront ta voix…* Exode 3.15-18a

Malgré ses doutes, Moïse savait que lorsque Dieu fait une promesse il la tient toujours. Alors, Moïse a plié bagage pour retourner en Égypte, vers Pharaon et les esclaves israélites. Chemin faisant, il a rencontré son frère Aaron, que Dieu avait envoyé pour être son porte-parole.

> *Moïse et Aaron poursuivirent leur chemin, et ils assemblèrent tous les anciens des enfants d'Israël. Aaron rapporta toutes les paroles que l'Éternel avait dites à Moïse… Et le peuple crut. Ils apprirent que l'Éternel avait visité les enfants d'Israël, qu'il avait vu leur souffrance; et ils s'inclinèrent et se prosternèrent.* Exode 4.29,30a,31

Les choses se sont passées exactement comme Dieu l'avait dit. Le peuple a cru et il a adoré l'Éternel. Dieu tenait sa promesse.

3 Pharaon et la Pâque

C'était relativement facile pour Moïse et Aaron de convaincre les responsables israélites que Dieu leur avait parlé, mais c'était toute autre chose que d'en convaincre Pharaon.

> *Moïse et Aaron se rendirent ensuite auprès de Pharaon, et lui dirent: Ainsi parle l'Éternel, le Dieu d'Israël : Laisse aller mon peuple… Pharaon répondit: Qui est l'Éternel, pour que j'obéisse à sa voix, en laissant aller Israël? Je ne connais point l'Éternel, et je ne laisserai point aller Israël.* Exode 5.1,2

Pharaon disait vrai – il ne connaissait pas l'ÉTERNEL. Les Égyptiens adoraient une multitude de dieux : le dieu du soleil, le dieu des orages, le dieu du Nil – même Pharaon était un dieu. Chaque dieu avait son propre symbole: le vautour, la grenouille, le scorpion, etc. Les Égyptiens de cette époque adoraient la création plutôt que le Créateur. Non seulement Pharaon ne connaissait pas Dieu, mais en plus, il n'avait aucun désir de le connaître. Adorer le Créateur et se soumettre à sa volonté entraînerait une perte de pouvoir et de prestige pour Pharaon, et s'il laissait partir les Israélites, il causerait du tort à l'économie; ce serait la perte d'une main-d'œuvre gratuite. Pharaon s'opposait catégoriquement à un tel plan.

> *L'Éternel dit à Moïse: Tu verras maintenant ce que je ferai à Pharaon… je vous affranchirai des travaux dont vous chargent les Égyptiens, je vous délivrerai de leur servitude… par de grands jugements.* Exode 6.1a,6

Dieu a dit à son prophète Moïse qu'il enverrait des fléaux contre l'Égypte. Ce ne serait qu'en raison de ces plaies que Pharaon laisserait partir les Israélites. Cette nouvelle n'était pas très rassurante. Est-ce que Pharaon n'essayerait pas de se venger si Dieu frappait son pays de fléaux? Dieu a encouragé les Israélites en leur rappelant la promesse qu'il avait faite à leurs ancêtres:

> *Je vous prendrai pour mon peuple, je serai votre Dieu... Je vous ferai entrer dans le pays que j'ai juré [ou promis] de donner à Abraham, à Isaac et à Jacob; je vous le donnerai en possession, moi l'Éternel.* Exode 6.7a,8

Le peuple de Dieu

Dieu a dit que les Israélites seraient son peuple. Cela n'excluait pas les autres nations – au contraire. C'était une façon simple de leur montrer comment Dieu était et comment il agissait dans ses rapports avec les hommes. Il suffirait de regarder la nation d'Israël pour voir un exemple concret et réel de la façon dont Dieu agit dans ses rapports avec l'humanité. Nous verrons plus loin si Israël a bien joué le rôle qui lui avait été confié.

Dieu a dit qu'il affligerait de plaies l'Égypte afin de libérer Israël. Du même coup, il allait enseigner aux deux nations quelque chose à son sujet.

Leçon à l'intention des Israélites:

> ... et ***vous saurez que c'est moi, l'Éternel, votre Dieu,*** qui vous affranchis des travaux dont vous chargent les Égyptiens. Exode 6.7b

Leçon à l'intention des Égyptiens:

> ***Les Égyptiens connaîtront que je suis l'Éternel,*** *lorsque j'étendrai ma main sur l'Égypte, et que je ferai sortir du milieu d'eux les enfants d'Israël.* Exode 7.5

Dieu allait enseigner la même leçon aux deux nations: Il est le seul Dieu. Cependant, Pharaon ne voulait rien savoir de Moïse et d'Aaron. Alors, Dieu leur dit:

> *Va vers Pharaon dès le matin; il sortira pour aller près de l'eau, et tu te présenteras devant lui... et tu diras à Pharaon: L'Éternel, le Dieu des Hébreux, m'a envoyé auprès de toi, pour te dire: Laisse aller mon peuple... Et voici, jusqu'à présent tu n'as point écouté.*
>
> *Ainsi parle l'Éternel: À ceci tu connaîtras que je suis l'Éternel. Je vais frapper les eaux du fleuve... et elles seront changées en sang. Les poissons qui sont dans le fleuve périront, le fleuve se corrompra, et les Égyptiens s'efforceront en vain de boire l'eau du fleuve.* Exode 7.15a,16,17,18

C'est exactement ce que Dieu a fait. Il a touché le cœur même de la religion égyptienne en changeant les eaux d'un de leurs dieux, le Nil, en sang. Le fleuve leur était devenu répugnant. Mais :

> *Le cœur de Pharaon s'endurcit, et il n'écouta point Moïse et Aaron… et il ne prit pas même à cœur ces choses.* Exode 7.22b-23

Dieu contre les dieux

Et c'est ainsi que le cycle a commencé. Dieu avertissait Pharaon de laisser partir les Israélites; Pharaon disait NON; et Dieu envoyait un fléau. Chacun de ces fléaux portait atteinte à l'un des dieux égyptiens.

D'abord, l'eau du Nil a été changée en sang.

Ensuite, des *grenouilles* ont envahi le pays. Il y en avait dans tous les recoins, dans la nourriture, dans les lits – partout.

Troisièmement, Dieu a envoyé des *poux* agressifs.

Les poux ont cédé la place aux *mouches venimeuses,* suivies d'une épidémie qui a frappé le *bétail.* Tous les troupeaux sont morts.

Après, les gens et les animaux ont eu des *ulcères* formés par une éruption de pustules.

Ensuite, une violente tempête de *grêle* a ravagé les champs.

Ce qui a échappé à la grêle a été dévoré par des *sauterelles* qui couvraient la surface du sol.

Finalement, Dieu a frappé un des faux dieux – le soleil – avec des ténèbres si épaisses qu'on pouvait les toucher.

En tout, Dieu avait envoyé dix fléaux. Le dernier et le plus dévastateur était encore à venir. Dieu s'est adressé à Moïse et à Aaron :

> *L'Éternel dit à Moïse : Je ferai venir encore une plaie sur Pharaon et sur l'Égypte. Après cela, il vous laissera partir d'ici. Lorsqu'il vous laissera tout à fait aller, il vous chassera même d'ici.*
>
> *Ainsi parle l'Éternel : Vers le milieu de la nuit, je passerai au travers de l'Égypte; et tous les premiers-nés mourront dans le pays d'Égypte, depuis le premier-né de Pharaon assis sur son trône, jusqu'au premier-né de la servante qui est derrière la meule…*
>
> Exode 11.1,4,5

La dernière plaie était en effet la pire. Elle allait frapper les Israélites aussi bien que les Égyptiens s'ils ne suivaient pas les directives de

Dieu. Dans sa justice, Dieu allait juger le péché, mais dans sa grâce, il donnerait aussi à l'homme un moyen d'échapper au jugement. L'amour et la justice de Dieu s'appliquaient à tous les habitants d'Égypte : les Égyptiens aussi bien que les Israélites. Aux yeux de Dieu, ces deux peuples étaient égaux. Ils avaient tous les deux la possibilité d'expérimenter l'amour de Dieu, et ils allaient tous les deux subir son jugement s'ils ne l'écoutaient pas. Dieu a dit :

Prendre un agneau.

> *L'Éternel dit à Moïse et à Aaron dans le pays d'Égypte : Le dixième jour de ce mois, on prendra un agneau pour chaque famille, un agneau pour chaque maison.* Exode 12,1,3

Un mâle sans défaut. L'agneau ne devait pas avoir le moindre défaut. Dieu exigeait un agneau parfait.

> *Ce sera un agneau sans défaut, mâle, âgé d'un an; vous pourrez prendre un agneau ou un chevreau.* Exode 12.5

Tuer l'agneau au moment indiqué par Dieu.

> *Vous le garderez jusqu'au quatorzième jour de ce mois; et toute l'assemblée d'Israël l'immolera entre les deux soirs.* Exode 12.6

Mettre de son sang sur les deux poteaux et sur le linteau de la porte.

> *On prendra de son sang, et on en mettra sur les deux poteaux et sur le linteau de la porte des maisons où on le mangera.* Exode 12.7

Rester dans la maison jusqu'au matin.

> *Nul de vous ne sortira de sa maison jusqu'au matin.* Exode 12.22b

Ne briser aucun os.

> *On ne la mangera que dans la maison; vous n'emporterez point de chair hors de la maison, et vous ne briserez aucun os.* Exode 12.46

Je passerai par-dessus.

> *Cette nuit-là, je passerai dans le pays d'Égypte, et je frapperai tous les premiers-nés du pays d'Égypte, depuis les hommes jusqu'aux animaux, et j'exercerai des jugements contre tous les dieux de l'Égypte. Je suis l'Éternel.*
>
> *Le sang vous servira de signe sur les maisons où vous serez; je verrai le sang, et je passerai par-dessus vous, et il n'y aura point de plaie qui vous détruise, quand je frapperai le pays d'Égypte.* Exode 12.12,13

Quand Dieu viendrait pour juger en mettant à mort tous les premiers-nés, il *passerait par-dessus* chaque maison où le sang aura été appliqué, que ce soit la maison d'un Israélite ou d'un Égyptien. Le sang sur la porte était une preuve tangible que les résidents de cette maison croyaient ce que Dieu avait dit.

Suppositions

On peut se demander ce qui serait arrivé si quelqu'un avait dit: « C'est ridicule de tuer mon meilleur agneau. J'en ai un qui est un peu difforme, il fera l'affaire. »

Ou, si un autre avait dit à ses amis: « Hé les gars! Il fait tellement beau ce soir. Que diriez-vous de faire la fête dehors? »

Est-ce que Dieu aurait retenu son jugement et passé par-dessus dans ces cas-là? Nullement! Ces gens auraient peut-être agi avec les meilleures intentions du monde, mais ils n'auraient pas suivi à la lettre les directives de Dieu. Ils auraient fait les choses *à leur manière,* tout comme Caïn et les gens du temps de Noé. Le Seigneur leur aurait fait subir le même jugement que celui des Égyptiens, pour avoir refusé de mettre leur confiance en lui. Ils auraient reçu ce qu'ils méritaient.

D'autre part, supposons qu'un Égyptien ait entendu dire que Dieu allait envoyer un dernier jugement, et que cet Égyptien se soit mis à raisonner ainsi: «Je sais que mes dieux sont faux et que les Israélites adorent le seul vrai Dieu. Je veux qu'il soit aussi mon Dieu. À quoi le Seigneur s'attend-il de moi?» Si ce même Égyptien avait placé sa confiance en Dieu seul et avait suivi les directives pour la Pâque, est-ce que Dieu aurait passé par-dessus sa maison cette nuit-là? Est-ce que cet homme aurait échappé au jugement? Certainement, il y aurait échappé en raison de sa foi et parce qu'il se serait approché du Seigneur selon ce qu'il avait prescrit. Dieu aurait honoré la foi de cet homme et lui aurait accordé la grâce et la miséricorde.

> *Au milieu de la nuit, l'Éternel frappa tous les premiers-nés dans le pays d'Égypte, depuis le premier-né de Pharaon assis sur son trône, jusqu'au premier-né du captif dans sa prison, et jusqu'à tous les premiers-nés des animaux.*
>
> *Pharaon se leva de nuit, lui et tous ses serviteurs, et tous les Égyptiens; et il y eut de grands cris en Égypte, car il n'y avait point de maison où il n'y ait un mort.*
>
> *Dans la nuit même, Pharaon appela Moïse et Aaron, et leur dit: Levez-vous, sortez du milieu de mon peuple, vous et les enfants d'Israël. Allez, servez l'Éternel, comme vous l'avez dit. Prenez vos brebis et vos bœufs, comme vous l'avez dit; allez, et bénissez-moi.*
>
> *Les Égyptiens pressaient le peuple, et avaient hâte de le renvoyer du pays, car ils disaient: Nous périrons tous. Et ce même jour, l'Éternel fit sortir du pays d'Égypte les enfants d'Israël…* Exode 12.29-33,51

Dieu tient parole

Dieu avait été patient avec Pharaon en lui donnant un message clair par l'entremise de son prophète, Moïse. Pharaon a eu plusieurs occasions de laisser partir les Israélites, mais quand il a persisté dans son refus, Dieu a jugé les Égyptiens comme il l'avait dit. Dieu n'est pas comme nous. Souvent, nous menaçons de punir nos enfants, mais ne passons pas à l'action. Dieu, lui, tient toujours parole.

Les Israélites, par contre, ont expérimenté la bonté de Dieu parce qu'ils ont cru. Lorsque Dieu est venu juger les Égyptiens, partout où il a vu le sang appliqué à l'entrée des maisons, il est passé par-dessus. Il a épargné le premier-né de chacune de ces maisons, mais seulement parce qu'un agneau était mort à sa place. C'était conforme à ce que Dieu avait déterminé au tout début. Dieu avait accepté qu'un animal meure à la place d'Abel en paiement pour le péché. Quand Abraham avait offert son fils en sacrifice, un bélier était mort à sa place. Maintenant, lors de la Pâque, un agneau était mort à la place du premier-né. En sacrifiant un animal comme substitut, ces personnes démontraient de façon concrète qu'elles mettaient leur foi en Dieu comme leur Sauveur. Parce qu'elles ont cru ce que Dieu a dit, elles lui ont obéi.

La fête de la Pâque allait devenir une tradition pour les Israélites. Chaque année, ils devaient manger la Pâque pour se rappeler que Dieu les avait affranchis de l'esclavage.

> *Vous conserverez le souvenir de ce jour, et vous le célébrerez par une fête en l'honneur de l'Éternel; vous le célébrerez comme une loi perpétuelle pour vos descendants.* Exode 12.14

Encore de nos jours, plusieurs descendants d'Abraham et d'Ismaël appliquent le sang d'un sacrifice sur les portes ou sur les murs de leur demeure en signe de la protection de Dieu contre le malin. On ne peut pas savoir si à l'origine de cette coutume se trouve quelqu'un qui se rappelait comment il avait été protégé par Dieu en suivant ces directives; mais on sait que Dieu a puissamment démontré sa miséricorde envers tous ceux qui ont cru et qui ont offert un sacrifice sanglant.

Les Israélites ont donc été libérés et chassés du pays par leurs bourreaux d'hier. Dieu avait gardé sa parole – tout est arrivé exactement comme il l'avait dit.

Chapitre huit

1 Du pain, des cailles et de l'eau

2 Dix règles

3 Le tribunal

1 Du pain, des cailles et de l'eau

C'est une foule désordonnée qui s'est mise en marche cette nuit-là. Désirant se débarrasser des Israélites au plus vite, les Égyptiens les ont surchargés d'objets de valeur. Le peuple est donc parti en toute hâte, avec ses troupeaux, sans prendre le temps de mettre de l'ordre dans ses bagages.

Si on considère leur nombre, environ deux millions et demi, on peut s'imaginer la confusion qui régnait! Ils avaient Moïse pour les diriger, mais comment peut-on crier: « Par ici! » à une telle multitude? Même en s'étirant le cou, il aurait été impossible pour tout le monde de voir Moïse. Dieu a résolu le problème:

> *L'Éternel allait devant eux, le jour dans une colonne de nuée pour les guider dans leur chemin, et la nuit dans une colonne de feu pour les éclairer, afin qu'ils marchent jour et nuit.* Exode 13.21

Grâce à cette colonne de feu, le peuple a pu immédiatement se mettre en ordre de marche. Il s'agissait de regarder la colonne et de la suivre, faisant confiance à Dieu pour les guider. Quelle façon grandiose de contenir la foule!

Le chemin le plus court entre Israël et l'Égypte traversait un territoire habité par des tribus qui, pour la plupart, savaient très bien se défendre. En voyant une foule de deux millions et demi de personnes s'avancer vers eux, ils auraient eu raison de se préparer à une confrontation. Mais…

> *…Dieu ne le conduisit point par le chemin du pays des Philistins, quoique le plus proche, car Dieu dit: Le peuple pourrait se repentir en voyant la guerre, et retourner en Égypte. Mais Dieu fit faire au peuple un détour par le chemin du désert, vers la mer Rouge.* Exode 13.17,18

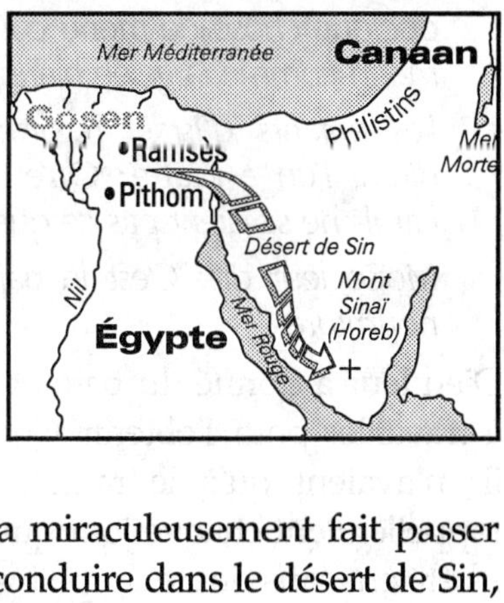

Dieu veillait sur les Israélites. Il les a miraculeusement fait passer par la mer Rouge[1] pour ensuite les conduire dans le désert de Sin, un lieu quasi inhabité. Dans un tel endroit, ils seraient à l'abri de tout ennemi. Ils auraient par contre à faire face à une pénurie de nourriture. C'est alors que les Israélites se sont mis à murmurer:

> *Et toute l'assemblée des enfants d'Israël murmura dans le désert contre Moïse et Aaron.*
>
> *Les enfants d'Israël leur dirent: Que ne sommes-nous morts par la main de l'Éternel dans le pays d'Égypte, quand nous étions assis près des pots de viande, quand nous mangions du pain à satiété? car vous nous avez menés dans ce désert pour faire mourir de faim toute cette multitude.* Exode 16.2,3

Le peuple se plaignait de son sort et voulait même retourner à l'esclavage. Leur attitude cynique en réponse à la provision de Dieu était déconcertante, car Dieu avait pris bien soin d'eux jusqu'ici et il n'avait aucunement l'intention de les abandonner. Les Israélites auraient dû se tourner vers Dieu pour lui demander de la nourriture, car Dieu voulait pourvoir à leurs besoins. Mais au lieu de faire cela, ils se sont mis à murmurer.

Du pain et des cailles

> *L'Éternel, s'adressant à Moïse, dit: J'ai entendu les murmures des enfants d'Israël. Dis-leur: Entre les deux soirs vous mangerez de la viande, et au matin vous vous rassasierez de pain; et vous saurez que je suis l'Éternel, votre Dieu.*
>
> *Le soir, il survint des cailles qui couvrirent le camp; et, au matin, il y eut une couche de rosée autour du camp.*
>
> *Quand cette rosée fut dissipée, il y avait à la surface du désert quelque chose de menu comme des grains, quelque chose de menu comme la gelée blanche sur la terre.*
>
> *Les enfants d'Israël regardèrent et ils se dirent l'un à l'autre: Qu'est-ce que cela?* car ils ne savaient pas ce que c'était.*
>
> *Moïse leur dit: C'est le pain que l'Éternel vous donne pour nourriture.* Exode 16.11-15

* «Qu'est-ce que cela?» est le sens littéral du mot *manne*.

Dieu leur a donné du pain et de la viande sans même qu'ils aient à travailler pour l'obtenir. Chaque matin, le pain était disponible; ils n'avaient qu'à le ramasser. De cette façon, les Israélites se rappelleraient chaque jour que *c'est Dieu qui pourvoit à leurs besoins.* Ils étaient sans doute un peu gênés de s'être plaints du manque de nourriture. À présent, Dieu avait une autre leçon à leur enseigner.

Une simple leçon

L'approvisionnement en pain allait servir à deux fins. Initialement, il devait satisfaire la faim des Israélites, mais Dieu avait aussi un autre but. Il a dit:

> *…afin que je le mette à l'épreuve, et que je voie s'il marchera, ou non, selon ma loi.* Exode 16.4b

Dieu a dit aux Israélites, par l'intermédiaire de Moïse, de ne ramasser que la quantité de pain nécessaire pour un jour. C'était une directive assez simple, mais:

> *Ils n'écoutèrent pas Moïse, et il y eut des gens qui en laissèrent jusqu'au matin; mais il s'y mit des vers, et cela devint infect. Moïse fut irrité contre ces gens.* Exode 16.20

C'était une simple leçon et personne n'en a souffert. Cependant le peuple a appris que lorsque Dieu dit quelque chose, il faut le prendre au sérieux, car il est digne de confiance. La désobéissance a de sévères conséquences.

Bougonner

> *Toute l'assemblée des enfants d'Israël partit du désert de Sin, selon les marches que l'Éternel leur avait ordonnées; et ils campèrent à Rephidim, où le peuple ne trouva point d'eau à boire.*
>
> *Alors le peuple chercha querelle à Moïse. Ils dirent : Donnez-nous de l'eau à boire… Pourquoi nous as-tu fait monter hors d'Égypte, pour nous faire mourir de soif, moi, mes enfants et mes troupeaux?*
>
> *Moïse cria à l'Éternel, en disant: Que ferai-je à ce peuple? Encore un peu, et ils me lapideront.* Exode 17.1,2a,3b,4

Les Israélites n'avaient pas vraiment appris leur leçon. Les voilà de nouveau en train de maugréer, mais cette fois-ci, c'est au sujet de l'eau. Le peuple de Dieu était loin de remplir leur rôle comme il se devait, en se soumettant à la volonté du Seigneur.

> *L'Éternel dit à Moïse: Passe devant le peuple, et prends avec toi des anciens d'Israël; prends aussi dans ta main ta verge… Voici, je me tiendrai devant toi sur le rocher d'Horeb; tu frapperas le rocher, et il en sortira de l'eau, et le peuple boira.*
>
> *Et Moïse fit ainsi, aux yeux des anciens d'Israël.* Exode 17.5,6

Eau

En voulant illustrer ce miracle, certains artistes représentent Moïse frappant un rocher duquel sort un petit jet d'eau. En réalité, il a dû en jaillir un torrent, car il fallait abreuver une foule immense de gens assoiffés en plus de tout leur bétail. Un simple jet d'eau n'aurait jamais suffi. La Bible dit :

> *Il ouvrit le rocher, et des eaux coulèrent; elles se répandirent comme un fleuve dans les lieux arides.* Psaume 105.41

Une fois de plus, même si le peuple ne le méritait pas, Dieu a pourvu à ses besoins. Étant leur Créateur-propriétaire, il aurait pu les reprendre sévèrement. Après tout, le péché entraîne des conséquences. Mais Dieu a été patient et doux avec eux. Il leur a démontré de la grâce – de la bonté qu'ils ne méritaient pas. L'homme pécheur ne mérite aucunement un tel amour, mais Dieu pourvoit aux besoins de l'homme en dépit de son péché.

2 Dix règles

Le Seigneur avait dit aux Israélites qu'ils devaient servir d'exemple pour le reste de l'humanité afin de montrer ce que devait être la relation entre Dieu et l'homme. Il va sans dire que les Israélites avaient beaucoup à apprendre au sujet de Dieu. Celui-ci était sur le point de leur dévoiler une autre facette importante de sa nature.

> *Le troisième mois après leur sortie du pays d'Égypte, les enfants d'Israël arrivèrent ce jour-là au désert du Sinaï. Étant partis de Rephidim, ils arrivèrent au désert du Sinaï, et ils campèrent… là, vis-à-vis de la montagne.*
>
> *Moïse monta vers Dieu : et l'Éternel l'appela du haut de la montagne, en disant : Tu parleras ainsi… aux enfants d'Israël : Vous avez vu ce que j'ai fait à l'Égypte, et comment je vous ai portés sur des ailes d'aigle et amenés vers moi. Maintenant, si vous écoutez ma voix, et si vous gardez mon alliance, vous m'appartiendrez entre tous les peuples, car toute la terre est à moi; vous serez pour moi un royaume de sacrificateurs et une nation sainte. Voilà les paroles que tu diras aux enfants d'Israël.*
>
> Exode 19.1-6

Si… alors

Dieu déclarait tout simplement: « Si vous m'obéissez, alors je vous accepterai. Vous serez ainsi un témoignage pour les autres nations et elles sauront qui je suis. » Il n'y avait qu'une condition: « *si* vous m'obéissez, *alors*… ».

Jusqu'à présent, la performance des Israélites n'avait guère été reluisante. Ils avaient ramassé plus de pain que nécessaire, en dépit de l'avertissement que Dieu leur avait donné. Ils avaient murmuré au lieu de faire confiance à Dieu. Une réponse honnête de leur part aurait été: « Seigneur, pour ce qui a trait à l'obéissance, nous sommes nuls. Toi, tu es saint, et nous, nous sommes pécheurs. Si tu t'attends à ce que nous soyons des sacrificateurs, une nation sainte, alors nous sommes voués à l'échec! »

Nous sommes capables

Cependant, lorsque Moïse a rassemblé le peuple pour lui présenter la proposition de Dieu, tous l'ont reçue avec enthousiasme.

> *Le peuple tout entier répondit:* ***Nous ferons tout ce que l'Éternel a dit.*** *Moïse rapporta les paroles du peuple à l'Éternel.* Exode 19.8

Ils ont répondu: « Bien sûr, Dieu, nous sommes prêts à faire tout ce que tu demanderas. Nous devrions être de bons sacrificateurs. Et la sainteté…, pas de problème! Nous deviendrons la meilleure nation sainte que tu aies jamais vue. Nous en sommes capables! » J'exagère certes, mais vous comprenez l'idée. En fait, les hommes étaient, à ce stade-ci, incapables de saisir le véritable sens du mot *sainteté*. Il a donc fallu que Dieu le leur explique très clairement.

Aides visuelles

La leçon débute par des aides visuelles:

> *Et l'Éternel dit à Moïse: Va vers le peuple; sanctifie-les aujourd'hui et demain, qu'ils lavent leurs vêtements. Qu'ils soient prêts pour le troisième jour; car le troisième jour l'Éternel descendra, aux yeux de tout le peuple, sur le mont Sinaï.* Exode 19.10,11

Dieu a spécifié à Moïse que les Israélites devaient laver leurs vêtements pour *se sanctifier* (se consacrer). Ce geste n'effacerait pas le péché; il allait tout simplement aider les Israélites à comprendre la nécessité de ne pas se laisser *contaminer* par le péché. Bien des siècles plus tard, le grand poète et philosophe, Jala din Al Rumi, a compris le concept que Dieu voulait communiquer au peuple. Il a écrit: « La prière qui convient est la suivante: "Seigneur, lave-moi. Ma main peut laver une partie de moi-même, mais elle ne peut pas laver mon esprit. Je peux laver cette peau, mais toi tu peux me laver." » La propreté ***extérieure*** n'équivaut pas à la propreté ***intérieure.*** Des *mains propres* ne peuvent pas produire un *cœur propre.*

Même si le fait de laver leurs vêtements représentait la propreté ou la pureté des Israélites devant le Seigneur, ce geste en lui-même n'avait qu'une valeur symbolique. Il devait simplement aider le peuple à comprendre que la pureté spirituelle était un aspect important de la justice. Mais Dieu avait encore d'autres aides visuelles à leur montrer. Il dit à Moïse:

> *Tu fixeras au peuple des limites tout autour, et tu diras: Gardez-vous de monter sur la montagne, ou d'en toucher le bord. Quiconque touchera la montagne sera puni de mort.* Exode 19.12

Les limites fixées autour de la montagne illustraient la séparation qui existe entre Dieu et l'homme à cause du péché. Moïse a averti le peuple de ne pas s'approcher de Dieu, car celui-ci est saint et l'homme pécheur ne peut subsister en sa présence. C'était pour lui rappeler que la conséquence du péché, c'est la mort.

> *Le troisième jour au matin, il y eut des coups de tonnerre, des éclairs, et une épaisse nuée sur la montagne; le son de la trompette retentit fortement; et tout le peuple qui était dans le camp fut saisi d'épouvante. Moïse fit sortir le peuple du camp, à la rencontre de Dieu; et ils se placèrent au bas de la montagne.*
>
> *Le mont Sinaï était tout en fumée, parce que l'Éternel y était descendu au milieu du feu… Moïse parlait, et Dieu lui répondait à haute voix.* Exode 19.16-19

Ces aides visuelles étaient à la fois impressionnantes et terrifiantes: du tonnerre, des éclairs, une nuée épaisse, le son d'une trompette, de la fumée et du feu. Tout le peuple a été saisi d'épouvante. En présence d'un Dieu saint, l'homme pécheur avait raison d'avoir peur. Le Seigneur faisait passer son message.

Dans les quelques minutes qui suivraient, l'homme acquerrait une meilleure compréhension des mots *saint* et *juste.* C'est comme si Dieu leur disait : « Vous avez constaté vous-mêmes comment je veille sur vous. Je ne vous l'ai jamais expliqué aussi clairement que maintenant, mais si vous obéissez aux dix règles que je vais vous donner, alors vous serez un peuple saint, un peuple unique jouissant d'une relation spéciale avec moi. Vous saurez comment vous comporter et comment vivre en harmonie. Les autres peuples et nations verront votre conduite et eux aussi m'obéiront et seront justes[2]. »

Ensuite, Dieu leur a donné les dix commandements :

Règle nº 1

Je suis l'Éternel, ton Dieu... Tu n'auras pas d'autres dieux devant ma face. *Exode 20.2a,3*

Dieu ne voulait pas que le peuple adore qui que ce soit ou quoi que ce soit d'autre que lui. En voici la raison :

> *Je suis l'Éternel, et il n'y en a point d'autre, à part moi il n'y a point de Dieu.* *Ésaïe 45.5a*

Il n'y a qu'un Dieu qui mérite d'être honoré. Le peuple ne devait pas se confier en un dieu quelconque, mais dans le seul vrai Dieu. Ceux qui désiraient être saints devaient l'adorer lui seul.

Certains pensent que ce commandement ne les touche pas directement puisqu'ils ne vénèrent pas un dieu païen. En réalité, il est sous-entendu que transgresser ce commandement signifie donner plus d'importance à la famille, aux amis, aux guides spirituels, au prestige, au travail, à l'apparence, à l'argent, aux loisirs, à la retraite – à qui que ce soit ou à quoi que ce soit d'autre – plutôt qu'à Dieu.

Règle nº 2

Tu ne te feras point d'image taillée, *ni de représentation quelconque des choses qui sont en haut dans les cieux, qui sont en bas sur la terre, et qui sont dans les eaux plus bas que la terre.* ***Tu ne te prosterneras point devant elles, et tu ne les serviras point.*** *Exode 20.4,5a*

La première règle nous dit de ne pas adorer d'autres dieux. La deuxième nous défend de rendre un culte à une image ou à une idole de quelque dieu que ce soit ; qu'il s'agisse du vrai Dieu ou d'un faux dieu. Dieu ne veut même pas que les hommes se prosternent pour adorer des images, des icônes ou des portraits qui le représentent. Puisque le Seigneur est Esprit, il est inutile pour l'homme d'en faire une image physique. Aucune représentation faite de main d'homme n'est digne d'adoration – seul le vrai Dieu en est digne.

> *Je suis l'Éternel, c'est là mon nom; et je ne donnerai pas ma gloire à un autre, ni mon honneur aux idoles.* Ésaïe 42.8

La deuxième exigence pour parvenir à la sainteté – pour être accepté par Dieu le Créateur - consiste à ne rendre aucun culte à une quelconque représentation de Dieu ou de sa création.

Règle nº 3

Tu ne prendras point le nom de l'Éternel, ton Dieu, en vain; car l'Éternel ne laissera point impuni celui qui prendra son nom en vain. Exode 20.7

L'homme doit toujours respecter Dieu. Puisqu'il est le Dieu souverain, même son nom ne doit pas être prononcé à la légère. Il est le Juge de toute la terre et mérite d'être vénéré. En tant que Roi, il est digne des plus grands honneurs. La règle nº 3 est claire : pour être saint, il faut avoir une haute estime pour le Dieu Très-Haut.

> Si vous avez utilisé le nom de Dieu comme juron, vous avez enfreint ce commandement. Si vous avez dit : « Je ferai telle et telle chose, *Dieu voulant* » sans avoir la moindre intention de garder votre parole, alors vous avez méprisé le nom de Dieu et enfreint ce commandement. Si vous avez dit : « *Par Dieu,* je n'ai pas fait telle et telle chose! » quand vous savez très bien que vous l'avez fait, alors vous avez pris le nom du Seigneur en vain.

Règle nº 4

Souviens-toi du jour du repos, pour le sanctifier. *Tu travailleras six jours, et tu feras tout ton ouvrage. Mais le septième jour est le jour du repos de l'Éternel, ton Dieu : tu ne feras aucun ouvrage…* Exode 20.8,9,10a

Dieu a dit au peuple de consacrer le septième jour, le samedi, comme jour de repos. En mettant à part cette journée spéciale, les

Israélites démontreraient au reste de l'humanité que Dieu a établi une relation particulière avec eux. Dieu dit à Moïse :

> *Parle aux enfants d'Israël, et dis-leur : Vous ne manquerez pas d'observer mes sabbats, car ce sera entre moi et vous, et parmi vos descendants, un signe auquel on connaîtra que je suis l'Éternel qui vous sanctifie.* Exode 31.13

Pour être saints, les Israélites devaient honorer le sabbat, un signe qui les distinguerait des autres nations.

Règle nº 5

Honore ton père et ta mère… Exode 20.12a

Par ce commandement, Dieu a dit aux enfants de respecter leurs parents. Un foyer normal devait être caractérisé par la paix et non l'hostilité. Les enfants devaient être respectueux et obéissants. Il est sous-entendu que les parents auraient à cœur le bien-être de leur famille. Dieu a dit à tous les enfants que pour être saints, ils devaient honorer leurs parents. Le Seigneur désire que l'ordre et le respect règnent au sein de la famille, et non pas le chaos et l'hostilité.

Rouspéter, faire la sourde oreille, contester, bouder, refuser de parler et critiquer sont autant de manières par lesquelles on démontre un manque de respect.

Règle nº 6

Tu ne tueras point. Exode 20.13

Puisque c'est Dieu qui accorde la vie, il est inacceptable que l'homme prenne la vie d'autrui. Cependant, le Seigneur n'a pas voulu que ce commandement se limite strictement au meurtre lui-même. Il visait aussi les motifs incitant à cette action. L'Écriture dit :

> *Dieu… juge les sentiments et les pensées du cœur.*
>
> *Nulle créature n'est cachée devant lui, mais tout est nu et découvert aux yeux de celui à qui nous devons rendre compte.* Hébreux 4.12b,13

Parce que Dieu regarde au cœur, il donne un sens plus large au meurtre que celui que nous pouvons lui donner. Dieu considère certains types de colère comme équivalents du meurtre :

> *Vous avez entendu qu'il a été dit aux anciens: Tu ne tueras point; celui qui tuera est passible de jugement. Mais moi, je vous dis que quiconque se met en colère contre son frère est passible de jugement… que celui qui lui dira: Insensé! mérite d'être puni par le feu de la géhenne.* Matthieu 5.21,22

Pour respecter la norme de justice établie par Dieu, on ne doit pas se mettre en colère ou se fâcher sans motif valable.

Règle nº 7

Tu ne commettras point d'adultère. Exode 20.14

Dieu a dit que les relations sexuelles devaient être réservées aux couples mariés et que les conjoints se devaient d'être fidèles l'un à l'autre. Toutefois, Dieu ne s'arrête pas là. Parce qu'il voit le cœur de l'homme, Dieu sait quand une personne a des pensées impures.

> *Vous avez appris qu'il a été dit: Tu ne commettras point d'adultère. Mais moi, je vous dis que quiconque regarde une femme pour la convoiter a déjà commis un adultère avec elle dans son cœur.* Matthieu 5.27,28

Regarder quelqu'un d'autre que son conjoint avec le désir d'avoir une relation sexuelle avec cette personne constitue une transgression de la loi. Pour être saint, il est nécessaire d'être pur en pensée aussi bien qu'en acte.

Règle nº 8

Tu ne déroberas point. Exode 20.15

Dieu ne veut pas qu'on prenne ce qui appartient à autrui. C'est lui qui donne à chacun le droit de posséder certaines choses. Celui qui commet un vol désobéit à Dieu et ne peut être considéré *juste*.

Tricher constitue un vol, que ce soit à un examen ou dans les impôts, par exemple.

Règle nº 9

Tu ne porteras point de faux témoignage contre ton prochain. Exode 20.16

L'homme doit toujours être honnête, car Dieu ne peut tolérer la tromperie. On a déjà vu que Satan est menteur, qu'il est – par sa nature même – fourbe. Mais Dieu est tout autre. La vérité vient de lui. Elle fait partie intégrante de sa nature. Dieu est :

> *… le Dieu qui ne ment point…* Tite 1.2b

Lorsque le Seigneur dit quelque chose, on peut être certain que c'est vrai, car :

> *… il est impossible que Dieu mente…* Hébreux 6.18b

Parce que Dieu est la vérité, tout mensonge lui est un affront. Satan est le père du mensonge ; quiconque ment se range du côté de Satan. Selon cette loi, les fausses accusations, la calomnie, la diffamation et la médisance sont des péchés.

Règle nº 10

> ***Tu ne convoiteras point*** *la maison de ton prochain ; tu ne convoiteras point la femme de ton prochain, ni son serviteur, ni sa servante, ni son bœuf, ni son âne, ni aucune chose qui appartienne à ton prochain.* Exode 20.17

L'homme ne doit pas convoiter ce qui appartient à autrui, qu'il s'agisse de ses possessions, de ses talents, de son apparence physique ou de n'importe quoi d'autre.

Satan avait convoité la position de Dieu quand il a dit : « Je serai comme le Très-Haut. » La convoitise, l'avarice et la jalousie sont des péchés et sont absolument inacceptables aux yeux de Dieu. C'est la voie de Satan.

Dans notre société, nous devons continuellement faire face à la convoitise et ce, de façon très subtile. Bien des gens croient qu'il faut à tout prix maintenir le même niveau de vie que celui des voisins. La publicité affirme que nous le méritons bien, ce qui ne fait que flatter notre orgueil – un autre péché.

Maintenant, je sais

Ainsi se terminent les dix commandements. Dieu les a gravés sur des tablettes de pierre, peut-être pour indiquer que sa loi est immuable. À travers les siècles, l'homme a réussi à se convaincre qu'il était acceptable de tricher, mais la loi n'a pas changé – elle condamne toujours cette pratique. Dès lors, les Israélites savaient exactement ce que Dieu considère être péché.

Dans la Parole de Dieu il est écrit :

> *Mais je n'ai connu le péché que par la loi. Car je n'aurais pas connu la convoitise, si la loi n'avait dit : Tu ne convoiteras point.*
>
> Romains 7.7b

Cependant, certaines choses devaient encore être tirées au clair. Quelles étaient les attentes de Dieu concernant l'obéissance à ces règles ? Serait-ce acceptable d'en transgresser une de temps à autre ? À quoi Dieu s'attendait-il au juste ?

3 Le tribunal

Les dix commandements pourraient sembler vagues à moins de savoir exactement *comment* et *quand* ces règles doivent être observées. Y a-t-il des exceptions? Admettons qu'une personne ait commis un adultère dans le passé, Dieu la tiendra-t-il pour toujours responsable de sa faute? Qu'exigerait un législateur parfait?

Premièrement, Dieu stipule que pour lui être acceptables, nous devons garder tous les commandements :

> *Et j'affirme encore une fois à tout homme… qu'il est* ***tenu de pratiquer la loi tout entière.*** Galates 5.3

Nous ne pouvons pas simplement choisir quatre lois auxquelles nous voulons obéir et laisser tomber les autres. Dieu est très clair là-dessus. Il faut observer tous les commandements. De plus, l'Écriture dit :

> *…quiconque observe toute la loi, mais pèche contre* ***un seul*** *commandement, devient coupable de* ***tous.*** Jacques 2.10

Si nous transgressons un seul commandement, UNE SEULE FOIS, c'est comme si nous les avions tous transgressés. Nous ne sommes plus parfaits, et le Seigneur ne peut nous accepter dans sa sainte présence.

Dieu possède une sainteté qui est absolument parfaite et il ne peut accepter que ceux qui sont également parfaits. *Si la justice de l'homme n'est pas égale à celle de Dieu,* la relation entre Dieu et l'homme ne peut être rétablie.

En plus de devoir observer toute la loi, Dieu nous tient responsables des péchés que nous ignorons avoir commis :

> *Lorsque quelqu'un péchera en faisant, sans le savoir, contre l'un des commandements de l'Éternel, des choses qui ne doivent point se faire, il se rendra coupable et sera chargé de sa faute.* Lévitique 5.17

Transgresser la loi est comme couper une corde ayant dix noeuds. Il suffit de couper un seul nœud pour briser la corde. De la même façon, il suffit d'enfreindre une seule règle pour être coupable d'avoir violé toute la norme que Dieu a établie en ce qui concerne le bien et le mal.

Un jour, alors que j'enseignais cette matière à un jeune couple, j'étais arrivé à ce point de la leçon quand l'homme donna un coup de poing sur la table en jurant. (Son amie lui fit remarquer qu'il venait tout juste d'enfreindre une des règles de Dieu en prenant son nom en vain!)

Le jeune homme déclara: « Dieu est injuste! Si la seule manière d'être accepté de Dieu est d'observer toute la loi, en tout temps, il a rendu cela impossible. Je ne suis pas capable de suivre ces règles à la lettre! » Sa frustration était très évidente.

La connaissance du péché

Dieu savait très bien que l'homme était incapable de garder parfaitement tous ces commandements. Il n'en était pas du tout surpris. L'intention de Dieu en donnant les dix commandements est claire:

> *Or, nous savons que tout ce que dit la loi, elle le dit… **afin que toute bouche soit fermée,** et que **tout le monde soit reconnu coupable** devant Dieu.* Romains 3.19

Ce verset nous enseigne deux choses:

1. Les dix commandements réduisent au silence ceux qui prétendent être assez bons pour mériter d'être acceptés par Dieu. Personne ne peut, en toute sincérité, étudier les dix commandements sans se rendre compte qu'il est pécheur.

2. Les dix commandements nous démontrent que nous avons bel et bien transgressé la loi. Au commencement, l'homme était l'ami de Dieu, *innocent* de tout mal. Mais lorsqu'Adam et Ève ont désobéi aux directives de Dieu, celui-ci a dû mettre de côté son amitié pour l'homme et revêtir la robe du magistrat. Au lieu d'être l'ami de l'homme, Dieu était maintenant son juge, appelant l'homme à se présenter en justice. Aucun avocat ne s'est levé pour prendre la défense de l'homme. Aucun n'aurait pu le faire. Même l'avocat le plus brillant n'aurait pu convaincre la cour de l'innocence du condamné. Il n'y aurait pas de jurés indécis, ni de pot-de-vin. L'irréprochable Juge s'était prononcé. Le verdict avait été rendu. L'homme était COUPABLE d'avoir violé la loi de Dieu.

> *Car personne ne sera justifié devant lui par les œuvres de la loi, puisque c'est par la loi que vient la connaissance du péché.*
>
> Romains 3.20

Ces dix règles ont été établies pour nous faire prendre conscience que nous sommes pécheurs.

Elles nous montrent la sainteté de Dieu et le péché de l'homme. Elles sont une simple échelle de mesure du bien et du mal. La Loi est semblable à un thermomètre qui nous indique que nous sommes malades, mais qui n'a aucun pouvoir de guérison.

Un miroir

Les dix commandements sont pour nous un « révélateur » tout comme un miroir le serait pour un visage sale. Si vous êtes seul, vous ne pouvez savoir si vous avez le visage sale. Quelqu'un pourrait vous montrer du doigt en disant : « Votre figure est sale » et vous pourriez le nier en disant : « Mais non, ça ne se peut pas, je ne vois rien! » Il se peut même que vous en soyez convaincu. Cependant, si on vous donnait un miroir, vous verriez bien que votre visage est en fait très sale et vous ne pourriez plus le nier. Vous seriez obligé de vous rendre à l'évidence que vous êtes bel et bien « coupable » d'avoir le visage sale.

Il en était de même pour l'homme. Il ne savait pas vraiment ce qu'était le péché avant que Dieu ne lui donne la loi. Tout comme le miroir expose la saleté du visage, les dix règles nous rendent conscients du péché. Les dix commandements n'ont pas été donnés comme une liste de règles qu'il faut garder afin d'être accepté par Dieu. Ce n'était pas le but de la loi. C'est comme si quelqu'un essayait de se nettoyer le visage en le frottant avec un miroir. Les miroirs ne sont pas faits pour nettoyer, mais pour refléter. En fait, si on se servait du miroir pour se nettoyer, on risquerait de le salir, l'empêchant ainsi de refléter une image claire. Lorsqu'on essaie d'être accepté par Dieu en suivant les dix commandements, on finit souvent par en tordre les règles. On les amoindrit ou on les modifie afin de paraître moins mauvais qu'on ne l'est.

La perspective de Dieu

Vous rappelez-vous la comparaison que nous avions faite entre le dégoût que nous avons pour un rat pourri et les sentiments de

Dieu face au péché? Essayer de plaire à Dieu en observant les dix commandements est comme mettre du parfum sur un rat mort. Cela n'améliore en rien son état. *Le rat est toujours pourri,* qu'il soit parfumé ou non. Le Seigneur nous a donné la loi afin que:

> *...par le commandement, [le péché] devienne condamnable au plus haut point.* Romains 7.13b

Dieu veut qu'on considère le péché – grand ou petit – comme, LUI, le considère, c'est-à-dire comme étant tout à fait répréhensible, destructeur, repoussant, outrageant, abominable, malsain, dégoûtant. Le Seigneur veut nous faire comprendre que sa sainteté surpasse de loin n'importe quel niveau de justice que nous pourrions atteindre. Même quand nous sommes vraiment bien à nos yeux, notre bonté n'égale aucunement la sainteté de Dieu. Nous manquons complètement la cible.

Le gouffre

Avant que Dieu ne donne la loi, il aurait été possible pour un individu se croyant meilleur que les autres de se convaincre que Dieu l'aimait davantage. Mais en donnant la loi, Dieu voulait amener tous les hommes à conclure :

> *Voici, je suis né dans l'iniquité, et ma mère m'a conçu dans le péché.* Psaume 51.7

Maintenant, l'homme était en mesure de constater non seulement son véritable état de péché, mais aussi la perfection de Dieu. La sainteté de Dieu – sa justice – était hors de portée de l'homme. Elle était absolument inaccessible. Le gouffre créé par le péché était plus grand que l'homme ne pouvait l'imaginer. Parce que l'homme était incapable d'observer toute la loi sans en déroger, il lui était impossible de s'en servir pour combler le gouffre qui le séparait de Dieu.

Deux groupes

La réaction des Israélites, à la première lecture des dix commandements, ressemble à celle de beaucoup de gens de nos jours. La Bible dit qu'ils ont tous tremblé de peur, mais la majorité d'entre eux n'étaient sans doute terrifiés que par le tonnerre et les éclairs. Ils étaient saisis d'effroi par les signes visibles, par la démonstration du pouvoir de Dieu; mais pour ce qui est des dix règles, la plupart des Israélites n'ont pas compris le cœur du message. Ils croyaient pouvoir observer les commandements sans aucune difficulté. Il en est de même pour la plupart des gens de nos jours. Ils essaient de garder les commandements, sans comprendre le but pour lequel ils nous ont été donnés.

Par contre, suite à ces événements, certains Israélites ont acquis, une compréhension plus profonde de la justice de Dieu. Ils comprenaient à présent la pensée de Dieu lorsqu'il dit que *la sainteté équivalait à être sans péché.* Eux aussi ont tremblé, mais pour une toute autre raison. Ils savaient qu'ils ne parviendraient jamais à observer ces lois à la lettre.

Quoi qu'il en soit, l'Écriture dit que les Israélites ont tremblé :

> *Ils dirent à Moïse : Parle-nous toi-même, et nous écouterons; mais que Dieu ne nous parle point, de peur que nous ne mourions.* Exode 20.19
>
> *L'Éternel dit à Moïse : Monte vers moi sur la montagne, et reste là; je te donnerai des tables de pierre, la loi et les ordonnances que j'ai écrites pour leur instruction.* Exode 24.12

Les dix commandements étaient maintenant en vigueur et les Israélites étaient responsables de les observer en tant que norme de moralité. Ceux qui étaient honnêtes avec eux-mêmes comprenaient fort bien que c'était un niveau inatteignable. S'ils voulaient être acceptables aux yeux de Dieu, il leur faudrait un autre moyen.

Les dix suggestions?

Les dix commandements sont considérés comme étant un code moral puisqu'ils traitent de la conduite morale et éthique de l'homme. Même si ce code ne peut rétablir la relation rompue entre Dieu et l'homme, il n'est pas pour autant sans valeur. Tout comme les lois physiques maintiennent l'ordre dans l'univers, les lois spirituelles maintiennent l'ordre dans la société.

Beaucoup de pays ont rejeté ce code de conduite biblique préférant vivre dans une société neutre quant à la morale. En fait, une telle société n'existe pas vraiment. Elle ne peut pas rester neutre, car le refus de prendre position est en réalité une prise de position.

Ayant rejeté les absolus bibliques, l'homme s'est endurci quant au mal. Chaque nouvelle génération devient de plus en plus à l'aise avec le péché. La Bible enseigne que ce rejet conduit au chaos.

De quel type êtes-vous?

La majorité des gens sont prêts à admettre qu'ils sont *pécheurs.* Cependant, très peu de gens veulent admettre qu'ils sont des *pécheurs incapables de se sauver eux-mêmes.* Il y a une grande différence entre ces deux types de personnes.

❖ *Les pécheurs* croient pouvoir se rendre acceptables aux yeux de Dieu. Peut-être s'imaginent-ils qu'il leur suffit d'observer les dix commandements, d'être assidus aux assemblées religieuses, de prier fidèlement, de jeûner, de faire des pèlerinages, de donner de l'argent aux pauvres ou d'être gentils avec les voisins. Ils pensent qu'en agissant ainsi, ils sont agréables à Dieu.

On ne trouve nulle part dans la Bible le concept que si une personne fait plus de *bien* que de *mal,* elle sera acceptée par Dieu. Faire le *bien* est louable, mais la Bible enseigne qu'aucun de ces efforts ne peut rétablir notre relation rompue avec Dieu. L'homme a un problème beaucoup plus profond dont il ne peut se débarrasser : sa *condition pécheresse.*

Ce concept ne se trouve pas dans la Bible.

❖ Par contre, *un pécheur qui sait qu'il ne peut se sauver lui-même* comprend qu'il est incapable de se rendre acceptable aux yeux de Dieu. Il est incapable de se débarrasser de ce *rat mort,* du péché qui contamine sa vie. La Bible est catégorique: nous sommes des *pécheurs incapables de nous sauver nous-mêmes.*

> *Nous sommes tous comme des impurs, et* ***toute notre justice est comme un vêtement souillé;*** *nous sommes tous flétris comme une feuille, et nos crimes nous emportent comme le vent.* Ésaïe 64.5

Même notre bonté ne se mesure pas à la sainteté de Dieu. Nous pourrions dire que tous nos actes de justice sont comme des rats pourris. Rappelez-vous que tout comme un rat mort est répugnant pour nous, le péché est répugnant pour un Dieu pur et saint.

Chapitre neuf

1 La tente de la rencontre

2 L'incrédulité

3 Juges, rois et prophètes

1 La tente de la rencontre

Comme on l'a vu dans le chapitre précédent, il y avait sans doute certains Israélites qui croyaient pouvoir se rendre acceptables aux yeux de Dieu en observant les dix commandements. Ces personnes avaient choisi un chemin qui les mènerait vers une sécheresse spirituelle. Par contre, d'autres Israélites étaient disposés à laisser Dieu leur montrer comment lui être agréables.

Supposons que Dieu ait écrit un plan d'étude pour enseigner à l'homme exactement ce qu'il doit faire pour être *en règle* avec lui. Quel aurait été son premier point?

Plan de leçon – Point no 1

Illustration: Un homme tente de traverser une rivière à la nage; il se fait emporter par le courant et appelle au secours en se démenant. Parmi les témoins de la scène, il n'y a qu'un seul bon nageur en mesure de venir à sa rescousse. Les autres l'incitent à sauter immédiatement à l'eau, mais il ne le fait pas. De la plage, il surveille les ébats frénétiques de la victime de plus en plus désespérée. Lorsque l'homme est à bout de forces, le sauveteur se précipite pour lui venir en aide et le ramène à la rive, sain et sauf. Alors que les gens se mettent à critiquer le héros pour avoir attendu si longtemps avant de passer à l'action, il leur répond: « Tant que l'homme se débattait, il ne m'aurait pas permis de lui venir en aide. Je ne pouvais rien faire pour lui aussi longtemps qu'il essayait de se sauver lui-même[1]. »

Conclusion: Le premier pas à faire pour s'approcher de Dieu consiste à reconnaître que nous sommes des pécheurs incapables de nous sauver nous-mêmes des conséquences éternelles du péché.

Si Dieu avait débuté sa leçon ainsi, les Israélites auraient sans doute protesté en criant: « Mais nous savons tout cela. Tu nous l'as déjà dit! »

Et Dieu aurait répondu: « Oui, je le sais, mais je veux qu'il n'y ait aucun doute dans votre esprit à ce sujet. Pour être acceptés par moi, vous devez reconnaître que vous êtes des pécheurs incapables de vous sauver vous-mêmes. Je ne peux secourir que ceux qui ont abandonné tout effort de se sauver eux-mêmes. »

La leçon ci-dessus est fictive, mais son application est réelle. C'est un enseignement qu'on retrouve partout dans les Écritures. Maintenant, considérons la deuxième étape de cette leçon :

> *L'Éternel parla à Moïse, et dit : Parle aux enfants d'Israël. Qu'ils m'apportent une offrande; vous la recevrez pour moi de tout homme qui la fera de bon cœur.*
>
> *Ils me feront un sanctuaire, et j'habiterai au milieu d'eux.*
>
> *Exode 25.1,2,8*

Aide visuelle

Les Israélites devaient construire un *sanctuaire,* un *lieu sacré* appelé la *tente de la rencontre* (le *tabernacle),* où Dieu pourrait habiter au milieu d'eux. Ce n'est *pas* parce qu'il avait besoin d'une demeure que Dieu demandait aux Israélites de construire le tabernacle. C'est plutôt parce qu'il voulait se servir de quelque chose de tangible pour instruire son peuple. La pleine signification de cette aide visuelle deviendra plus claire au fur et à mesure que nous progresserons dans notre étude. Décrire la construction du tabernacle nécessitera quelques pages, alors soyez patient et ne les sautez pas lors de votre lecture. Ces explications sont importantes pour la compréhension globale du sujet.

Dieu a d'abord invité les gens à offrir des contributions volontaires pour ce projet de construction. Il voulait que ces dons soient faits de bon cœur. Il n'y avait aucune sollicitation, aucune contrainte. Chacun était libre de décider ce qu'il offrirait. Cependant, il y a un point sur lequel Dieu était très clair :

> *Vous ferez le tabernacle et tous ses ustensiles d'après le modèle que je vais te montrer.* *Exode 25.9*

Plan du tabernacle

Le tabernacle serait démontable et mobile. La partie en forme de tente aurait des parois rigides et une toiture recouverte de tapis. Elle serait divisée en deux parties : un tiers de l'espace formerait le lieu très saint, aussi appelé le saint des saints; les deux autres tiers formeraient le lieu saint. Un lourd rideau, appelé parfois le voile, séparerait ces deux endroits :

> *…le voile vous servira de séparation entre le lieu saint et le lieu très saint.* Exode 26.33b

Le tabernacle serait doté d'une cour extérieure (le parvis) entourée d'une clôture mesurant 2 mètres de haut. Une seule entrée donnerait accès au site. Le mobilier du tabernacle comprendrait sept objets principaux qui seraient placés dans la *tente* et dans le *parvis*[2].

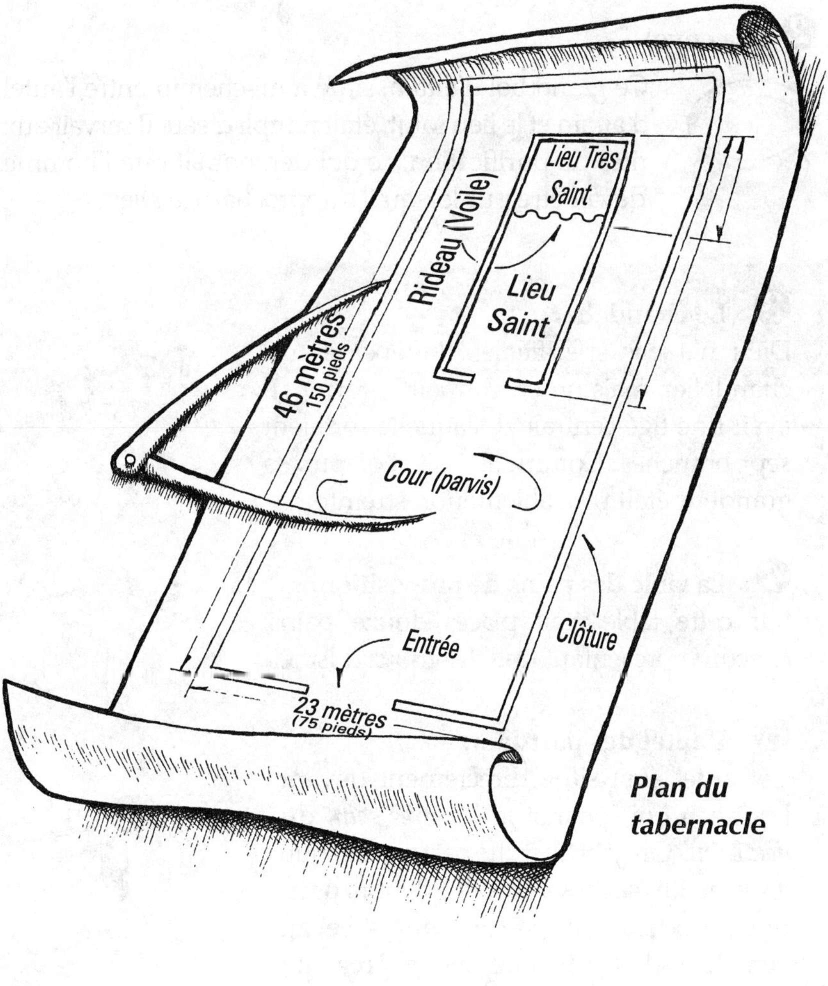

Plan du tabernacle

Le parvis

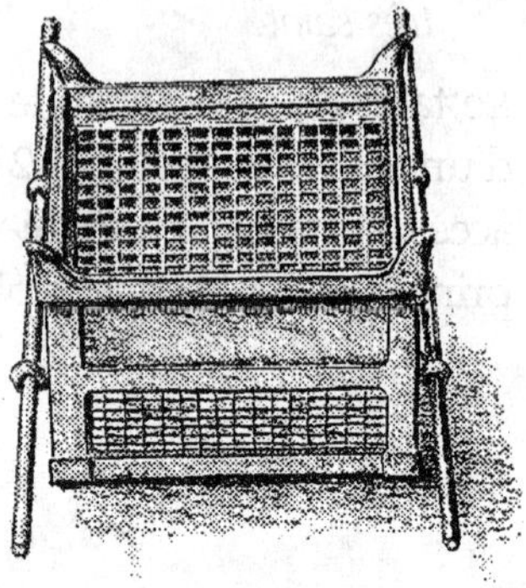

❶ **L'autel d'airain:**
À l'intérieur du parvis, directement à l'entrée, se trouvait l'autel. Il était assez grand, fait en bois recouvert d'airain. De chaque coin sortait une corne.

❷ **La cuve:**

Ce grand bol d'airain, situé à mi-chemin entre l'autel d'airain et le lieu saint, était rempli d'eau. Il servait aux rites de purification, ce qui démontrait que l'homme devait être pur lorsqu'il s'approchait de Dieu.

❸ **Le chandelier:**
Dieu n'a pas spécifié les dimensions du chandelier, mais on en connaît la forme. Il avait une tige centrale de laquelle sortaient sept branches. Comme il était d'or pur, sa grandeur était probablement restreinte.

❹ **La table des pains de proposition:**
Sur cette table était placés douze pains, chacun représentant une des tribus d'Israël.

❺ **L'autel des parfums:**
Cet autel était situé directement devant le rideau qui séparait le *lieu très saint* du *lieu saint*. On y brûlait du parfum lorsque les Israélites se rassemblaient dehors pour prier. L'odeur du parfum qui s'élevait vers le ciel symbolisait les prières qui montaient vers Dieu.

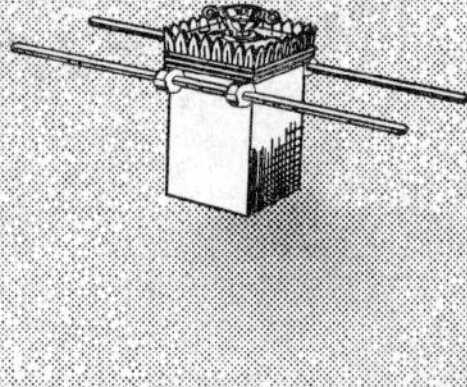

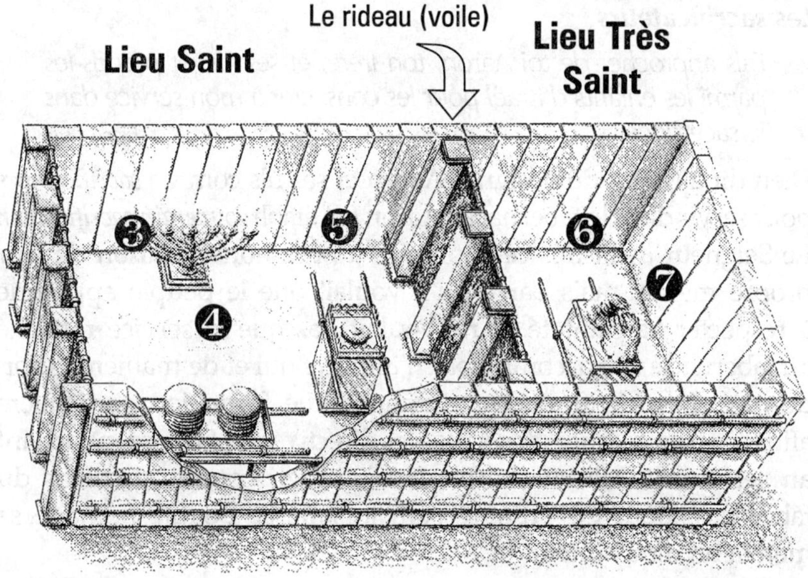

❻ L'arche de l'alliance:
De dimension réduite, cette boîte en bois recouverte d'or pur avait été conçue pour servir de coffre. Elle contenait au moins deux choses qui nous sont déjà familières: les tables de pierre sur lesquelles étaient écrits les dix commandements et un récipient contenant un échantillon du pain que Dieu donnait aux Israélites pendant leur voyage dans le désert. De chaque côté de l'arche, il y avait de longues perches permettant de la transporter.

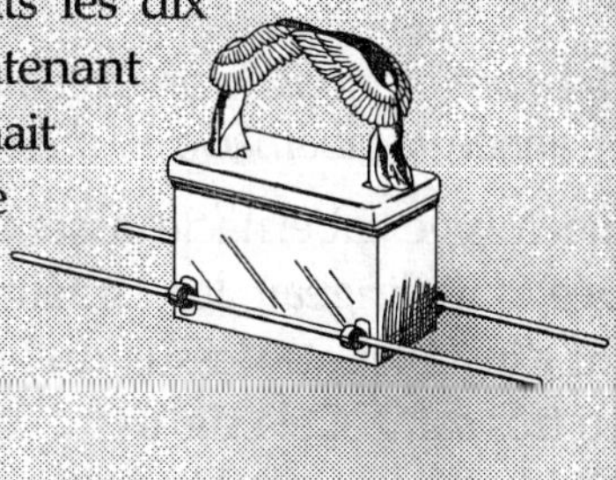

❼ Le propitiatoire:
L'arche de l'alliance avait un magnifique couvercle en or pur sur lequel deux anges déployaient leurs ailes. L'arche et son couvercle constituaient le seul mobilier du *lieu très saint.* Dieu dit:

> *C'est là que je me rencontrerai avec toi; du haut du propitiatoire, entre les deux chérubins placés sur l'arche du témoignage, je te donnerai tous mes ordres pour les enfants d'Israël.*
>
> Exode 25.22

Les sacrificateurs

> *Fais approcher de toi Aaron, ton frère, et ses fils, et prends-les parmi les enfants d'Israël pour les consacrer à mon service dans le sacerdoce…* Exode 28.1a

Dieu dit à Moïse de désigner Aaron et ses fils comme *sacrificateurs* pour servir dans le tabernacle. Aaron fut établi *souverain sacrificateur.* Le Seigneur avait mis ces hommes à part, non en raison de leur propre mérite, mais parce qu'il voulait que le peuple apprenne à respecter Sa sainteté. Il ne voulait pas que le service rattaché au tabernacle soit accompli par n'importe qui et de manière désordonnée. Les sacrificateurs recevaient une formation particulière afin d'être en mesure d'exécuter les directives de Dieu se rattachant au service du tabernacle. Ils devaient agir comme gardiens du tabernacle pour en prendre soin lorsque ce peuple nomade se mettait en mouvement.

Le tabernacle est terminé

Neuf mois après l'arrivée des Israélites au mont Sinaï, la construction du tabernacle fut achevée.

> *Moïse examina tout le travail; et voici, ils l'avaient fait comme l'Éternel l'avait ordonné, ils l'avaient fait ainsi.* Exode 39.43

> *Le premier jour du premier mois de la seconde année, le tabernacle fut dressé.* Exode 40.17

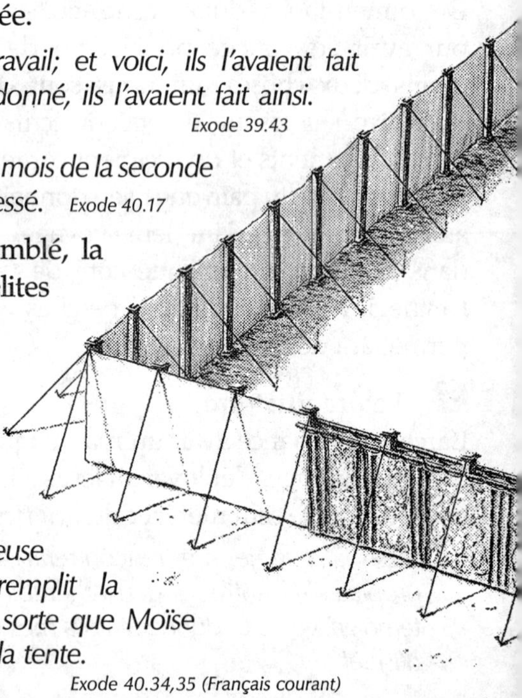

Une fois le tabernacle assemblé, la nuée qui dirigeait les Israélites vint s'installer au-dessus du lieu très saint. Cela signifiait la présence de Dieu parmi son peuple.

> *Alors la fumée vint recouvrir la tente de la rencontre et la glorieuse présence du Seigneur remplit la demeure sacrée, de telle sorte que Moïse ne put pas pénétrer dans la tente.* Exode 40.34,35 (Français courant)

La fonction de l'aide visuelle

Avec tous les éléments du tabernacle en place, Dieu pouvait maintenant se servir de cette aide visuelle à grande échelle. Il dit à Moïse :

> *Parle aux enfants d'Israël, et dis-leur : Lorsque quelqu'un d'entre vous fera une offrande à l'Éternel, il offrira du bétail, du gros ou du menu bétail...* Lévitique 1.2

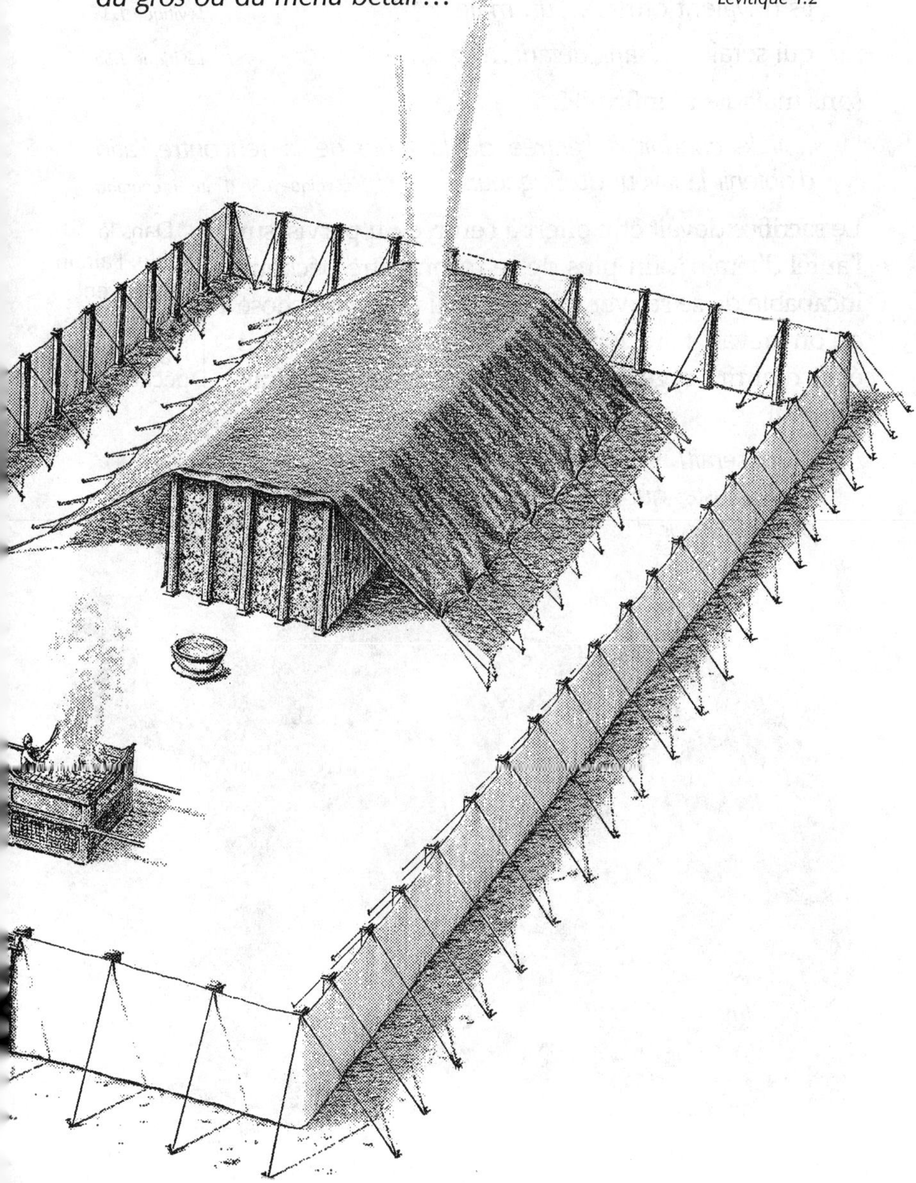

Dieu commandait aux hommes d'apporter un sacrifice au tabernacle.

> Ce sacrifice devait être pris : *...de leur bétail...* Lévitique 1.2

Ils pouvaient choisir soit un bélier, un bouc ou un bœuf. D'autres animaux, tels que le porc, le cheval et le chameau n'étaient pas acceptés.

> Ils devaient offrir : *...un mâle...* Lévitique 1.3a
>
> qui serait : *...sans défaut...* Lévitique 1.3a

sans maladie ni infirmité.

> *...il le conduit à l'entrée de la tente de la rencontre, afin d'obtenir la faveur du Seigneur.* Lévitique 1.3b (Français courant)

Le sacrifice devait être offert à l'entrée du parvis, sur l'autel d'airain*. En plus de se reconnaître pécheur, incapable de se sauver soi-même, la première chose qu'on devait faire lorsqu'on s'approchait de Dieu était d'offrir ce genre de sacrifice. Celui qui offrait l'animal :

* Dans la Bible, l'airain est souvent associé au jugement du péché.

> *...[poserait] sa main sur la tête de l'holocauste, qui [serait] agréé de l'Éternel, pour lui servir d'expiation.* Lévitique 1.4

Le geste de poser les mains sur la tête de l'animal était un signe d'identification. Il était le symbole que le péché et la culpabilité de l'individu étaient placés sur l'animal. Puisqu'il portait maintenant le péché de l'homme, l'animal devait mourir. *La mort est la punition pour le péché.* Celui qui offrait le sacrifice devait ensuite trancher la gorge de l'animal pour signifier qu'il reconnaissait que *son* péché causait la mort de cet animal. Une innocente victime devait mourir à la place du coupable, comme substitut de l'homme. La Bible dit que ce type de sacrifice était agréé de l'Éternel pour couvrir le péché de l'homme.

Ces directives ont dû sembler très familières aux Israélites. N'était-ce pas de cette façon que tous les justes depuis le temps d'Adam, d'Abel et de Noé s'étaient approchés de Dieu? En répandant le sang d'un animal comme sacrifice expiatoire sur l'autel? C'était en effet le cas.

Un Sauveur juste

Le Seigneur rappela aux Israélites que la seule manière de lui être agréable était de croire qu'Il est:

> *...le seul Dieu juste et qui sauve.* Ésaïe 45.21b

En offrant un animal en sacrifice, le peuple démontrait, de façon concrète, sa foi en Dieu; qu'il croyait ce que Dieu avait dit. Parce que la punition pour le péché est la mort, le sacrifice était une image de ce qui était nécessaire pour obtenir le pardon.

> *...sans effusion de sang il n'y a pas de pardon.* Hébreux 9.22b

> *Car la vie de la chair est dans le sang. Je vous l'ai donné sur l'autel, afin qu'il serve d'expiation pour vos âmes, car c'est par la vie que le sang fait l'expiation.* Lévitique 17.11

Lorsque Dieu voyait la mort de l'animal, il reconnaissait que les exigences *de la loi du péché et de la mort* avaient été satisfaites – un animal est *mort* à la place de l'homme. Dieu ne tiendrait pas l'homme pour responsable de son péché et ne le jugerait pas; les conséquences éternelles du péché ne s'appliqueraient plus. Le Seigneur honorerait la foi d'une telle personne et imputerait la justice à son compte, tout comme il l'avait fait pour Abraham:

> *Abraham crut à Dieu, et cela lui fut imputé à justice.* Romains 4.3

Puisque cette justice venait de Dieu, elle donnerait à l'homme la perfection nécessaire pour vivre dans Sa présence.

Cette manière de faire n'était pas nouvelle. Abel, Noé, Abraham et tous les autres hommes justes à travers les âges s'étaient approchés de Dieu de cette façon. Bien sûr, le sang (la vie) des animaux ne pouvait pas acquitter définitivement la dette de l'homme, puisque la vie d'un animal n'est pas égale à une vie humaine. Selon les Écritures, ces sacrifices n'étaient qu'une :

> *…ombre (aide visuelle)… et non l'exacte représentation des choses… car il est impossible que le sang des taureaux et des boucs ôte les péchés.* Hébreux 10.1a,4

Jour des expiations

Dans l'exercice de leur fonction, les sacrificateurs étaient libres de circuler partout dans l'enceinte du tabernacle à l'exception d'un seul endroit. Il leur était strictement défendu d'entrer dans le lieu très saint.

C'est là que Dieu habitait symboliquement avec les hommes. L'homme pécheur ne devait même pas y jeter un coup d'œil. Le lourd rideau suspendu entre les deux pièces empêchait tout regard indiscret et sauvegardait ainsi ce lieu très saint.

Même Aaron, le souverain sacrificateur, ne pouvait y accéder qu'une fois par an – le jour des expiations[3] :

> *…et dans la seconde [partie du tabernacle] le souverain sacrificateur seul entre une fois par an, non sans y porter du sang qu'il offre pour lui-même et pour les péchés du peuple.* Hébreux 9.7

Toute déviation dans l'application de ces directives entraînerait une mort certaine :

> *L'Éternel dit à Moïse : Parle à ton frère Aaron, afin qu'il n'entre pas en tout temps dans le sanctuaire, au-dedans du voile, devant le propitiatoire qui est sur l'arche, de peur qu'il ne meure; car j'apparaîtrai dans la nuée sur le propitiatoire.* Lévitique 16.2

Le jour des expiations était une cérémonie annuelle – un rappel constant que les péchés de l'homme devaient être couverts – soustraits à la vue de Dieu. Cette cérémonie devait être répétée chaque année, car même si Dieu n'exigeait pas que l'homme subisse la conséquence de son péché, le sang de l'animal ne pouvait pas *payer* la dette liée au péché, mais simplement couvrir le péché de façon temporaire.

Le tabernacle, son mobilier, les sacrificateurs, les sacrifices, le jour des expiations, tout cela faisait partie de cette *aide visuelle* extraordinaire dont Dieu se servait. Chacun de ces éléments illustrait ce que Dieu se proposait de faire pour l'humanité.

2 L'incrédulité

Les Israélites approfondissaient leur connaissance de l'Éternel. Dieu pourvoyait fidèlement à leurs besoins en nourriture et en eau. La Bible dit que Dieu faisait même en sorte que leurs souliers ne s'usent point. À présent, les Israélites possédaient un code de conduite à suivre. Même si l'observation des dix commandements ne pouvait rendre le peuple acceptable aux yeux de Dieu, ces règles servaient néanmoins de norme pour une conduite juste et unissaient la nation. Les Israélites étaient en mesure de distinguer le bien du mal. Dieu leur avait aussi manifesté son amour en leur accordant une manière de lui être agréable : au moyen de la foi, exprimée par l'offrande d'un sacrifice sanglant. On pourrait penser que les Israélites seraient extrêmement reconnaissants pour tout ce que Dieu faisait pour eux. S'ils l'étaient, leurs actions ne le démontraient pas. Une fois de plus, ils se sont mis à murmurer. De peur que nous nous pensions meilleurs que les Israélites entêtés, rappelons-nous que nous avons tous la même nature que la leur.

En fait, les Israélites étaient comme un échantillon de toute la race humaine. Leur connaissance de Dieu augmentait d'année en année, mais avec cette connaissance venait aussi une plus grande responsabilité. L'Écriture dit :

> *On demandera beaucoup à qui l'on a beaucoup donné, et on exigera davantage de celui à qui l'on a beaucoup confié.* Luc 12.48b

Collectivement, les Israélites avaient une plus grande connaissance de Dieu que toutes les autres nations.

> *Ils partirent de la montagne de Hor par le chemin de la mer Rouge, pour contourner le pays d'Édom. Le peuple*

s'impatienta en route, et parla contre Dieu et contre Moïse: Pourquoi nous avez-vous fait monter hors d'Égypte, pour que nous mourions dans le désert? car il n'y a point de pain, et il n'y a point d'eau, et notre âme est dégoûtée de cette misérable nourriture. Nombres 21.4,5

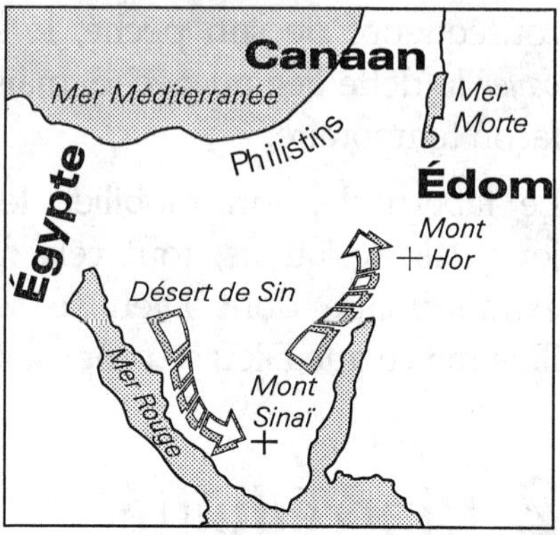

Ces accusations étaient fausses. Dieu pourvoyait quotidiennement à leurs besoins, mais au lieu de lui être reconnaissant, le peuple accusait Dieu de négligence. Ils ont méprisé la loi de Dieu, déshonoré son nom et menti.

Comme on l'a déjà vu, enfreindre une loi amène des conséquences. Tout comme défier la loi de la gravité occasionne des os cassés, violer la loi morale de Dieu a également des répercussions.

Dans le passé, Dieu avait à maintes reprises fermé les yeux* sur le péché des Israélites. Il leur avait fait grâce. Cependant, Dieu finit toujours par juger le péché. Les Israélites n'en étaient plus à leur *début* dans leur relation avec leur Créateur-propriétaire. Ils avaient beaucoup appris au sujet de Dieu. Le peuple avait pris connaissance des dix commandements et était donc tenu de les observer. Dieu ne pouvait pas simplement fermer les yeux sur le péché du peuple et dire: « Ce n'est pas grave. On va oublier tout ça. » Non, le péché n'est jamais sans conséquences.

* Dieu ferme les yeux pour un temps, mais en fin de compte, il juge tout péché (comparez Actes 17.30,31).

Alors l'Éternel envoya contre le peuple des serpents brûlants; ils mordirent le peuple, et il mourut beaucoup de gens en Israël. Nombres 21.6

Dès le commencement, Dieu avait dit que le péché mènerait à la mort – physique, relationnelle et éternelle. Cette vérité fut clairement illustrée par la mort de beaucoup d'Israélites.

Dans leur désespoir, les Israélites ont reconnu que seul Dieu pouvait les délivrer de ce châtiment. Ils étaient incapables de se sauver eux-mêmes.

Le peuple vint à Moïse, et dit: Nous avons péché, car nous avons parlé contre l'Éternel et contre toi. Prie l'Éternel, afin qu'il éloigne de nous ces serpents. Nombres 21.7

La raison d'être du jugement de Dieu est d'amener un changement d'attitude et de pensée. Dans la Bible, ce changement est exprimé par le mot *repentir.* Ce n'est qu'ici sur terre que l'on a la possibilité de se repentir afin d'être accepté par Dieu. Une fois mort, lorsque le pécheur se retrouve face au châtiment et à l'étang de feu, il est trop tard pour *changer d'idée.*

Les Israélites ont avoué leur péché. Ils se sont donc repentis et ont demandé à Dieu de les délivrer. Ils faisaient de nouveau confiance à Dieu.

Moïse pria pour le peuple.

L'Éternel dit à Moïse: Fais-toi un serpent brûlant, et place-le sur une perche; quiconque aura été mordu, et le regardera, conservera la vie.

Moïse fit un serpent d'airain, et le plaça sur une perche; et quiconque avait été mordu par un serpent, et regardait le serpent d'airain, conservait la vie. Nombres 21.7b-9

Le serpent sur la perche n'était pas un tour de passe-passe. Dieu donnait simplement aux Israélites la possibilité de manifester leur foi en ce qu'il avait dit. Lorsque quelqu'un se faisait mordre, il n'avait qu'à regarder le serpent d'airain pour être guéri. Par ce regard, l'individu exprimait sa foi en Dieu – sa conviction que le Seigneur tiendrait parole.

Supposons qu'une personne mordue n'ait pas regardé le serpent d'airain, mais qu'elle ait dit plutôt à ses voisins: « Moïse est complètement fou. S'il croit qu'une personne peut être guérie d'une morsure venimeuse en regardant ce serpent ridicule, il doit être dérangé. Personnellement, je n'y crois pas. » Une telle personne serait morte, non seulement à cause de sa morsure, mais aussi parce qu'elle n'aurait pas cru. Dieu honore la foi, mais juge l'incrédulité.

Il est important de comprendre que nous devons rendre des comptes à Dieu pour tout ce qu'il nous a révélé à son sujet.

Révision : La mort

La Bible parle de la mort sous trois aspects différents :

1. La mort du corps (la séparation entre l'esprit de l'homme et son corps)

2. La mort d'une relation (la séparation entre l'esprit de l'homme et Dieu)

3. La mort d'une félicité future (la séparation éternelle entre l'esprit de l'homme et Dieu)

… le salaire du péché, c'est la mort… *Romains 6.23*

3 Juges, rois et prophètes

Dans les quelques pages qui suivent, nous ferons un survol de plusieurs siècles de l'histoire du peuple d'Israël. Si vous n'êtes pas fervent d'histoire, soyez assuré que cet exercice se fera sans douleur. Même si vous ne comprenez pas tout, vous recueillerez quelques parcelles d'information qui vous seront utiles plus tard. Pour vous faciliter la tâche, comparez les titres de chaque section avec le contenu du tableau chronologique qui se trouve aux pages 182-183.

Quarante ans se sont écoulés depuis le jour où les Israélites sont sortis d'Égypte jusqu'à celui où ils sont arrivés au pays de Canaan. Moïse est décédé avant que le peuple n'entre dans le pays promis et il eut comme successeur un habile commandant du nom de Josué.

Une fois dans le pays, les Israélites ont mis plusieurs années à s'y installer. Le pays fut partagé entre les *tribus.* Chaque tribu représentait, de façon générale, un des douze fils de Jacob (Israël).

L'époque des juges

Pendant un certain temps, les Israélites ont mis leur confiance en Dieu, mais par la suite ils ont commencé à se détourner de la vérité et ont fini par croire aux idoles. Parce qu'ils adoraient de faux dieux, l'Éternel a dû les punir. Il a permis à d'autres nations de dominer sur eux. Israël a été obligé de servir ces nations et de leur payer un tribut. Après quelque temps, les Israélites se sont repentis et ont crié à Dieu de les délivrer de leurs oppresseurs. Dieu suscita un chef, portant le titre de *juge,* et les Israélites réussirent à expulser leurs ennemis.

Parfois, Dieu a eu recours à d'autres nations pour punir les Israélites parce qu'ils servaient de faux dieux. En d'autres occasions, Israël fut à son tour l'instrument de Dieu pour punir les autres nations idolâtres. Dieu ne fait pas de favoritisme. Il désire que toutes les nations mettent leur confiance en lui seul.

Ainsi débuta un cycle qui allait se répéter maintes et maintes fois pendant environ trois cents ans. Durant cette période de temps, il y eut quinze juges.

L'époque des rois

Israël était la plus privilégiée des nations, car elle avait pour chef et roi, Dieu lui-même. Cependant, avec le temps, les Israélites voulurent imiter les autres nations. Ils rejetèrent Dieu et réclamèrent un roi humain. Dieu acquiesça à leur demande, mais les Israélites continuèrent à s'égarer et à se confier en de faux dieux.

Israël eut plusieurs rois. De ce nombre, seulement quelques-uns ont obéi à l'Éternel et ont cru en lui; par conséquent, le cycle des années antérieures s'est perpétué. La seule différence étant qu'ils avaient maintenant un *roi* à la place d'un *juge*.

Plusieurs de ces rois furent notables, le plus connu étant sans doute David. Contrairement à beaucoup d'autres rois d'Israël, David mettait sa confiance entièrement en Dieu. Il croyait que Dieu pouvait le sauver des conséquences du péché. David appelait l'Éternel, « mon Sauveur ».

Le roi David était aussi un grand prophète que Dieu avait inspiré pour écrire une portion des Écritures. Il est reconnu pour les chants qu'il a composés, louant Dieu pour son amour et sa miséricorde. David a aussi écrit explicitement au sujet du LIBÉRATEUR PROMIS et il a reçu de Dieu la promesse que l'Oint de l'Éternel serait un de ses descendants[4]. Une des plus grandes ambitions de David a été de remplacer le tabernacle démontable par une structure semblable, mais permanente. On appellera cet édifice le *temple*. David voulait le construire à Jérusalem qui, pendant son règne, était devenue la capitale du pays. Bien que ce soit David qui ait rassemblé les matériaux de construction, c'est son fils Salomon qui a réalisé le projet.

Le roi Salomon est reconnu pour deux choses: sa grande sagesse et le temple qu'il a construit. Cette structure magnifique a été érigée dans la ville de Jérusalem, sur la montagne de Morija; probablement à l'endroit même où Abraham fut prêt à sacrifier Isaac. Après la mort de Salomon, la nation a été partagée en deux: les dix tribus du nord ont pris le nom d'*Israël,* tandis que les deux tribus du sud sont devenues la nation de *Juda.* Cette division semble avoir été le premier pas vers la rupture presque définitive de leur relation avec Dieu. La dégringolade a commencé avec les tribus du nord. Le peuple suivait machinalement les directives de l'Éternel, mais son cœur n'y était pas.

Israël n'était pas le bon témoin que Dieu aurait voulu qu'il soit aux yeux du monde.

Les prophètes

Dieu a envoyé des prophètes chez les Israélites. Ces hommes prêchaient non seulement contre les égarements moraux du peuple, mais ils les avertissaient également du jugement à venir.

Les prophètes n'y sont pas allés de main morte avec les Israélites. Ils les avertissaient que Dieu allait les juger à cause de leur égoïsme. Le peuple n'avait plus aucune pitié pour les étrangers, il maltraitait les faibles et prenait ce qui ne lui appartenait pas.

> *Ainsi parle l'Éternel : À cause de trois crimes d'Israël, même de quatre, je ne révoque pas mon arrêt, parce qu'ils ont vendu le juste pour de l'argent, et le pauvre pour une paire de souliers. Ils aspirent à voir la poussière de la terre sur la tête des misérables, et ils violent le droit des malheureux. Le fils et le père vont vers la même fille, afin de profaner mon saint nom. Ils s'étendent près de chaque autel sur des vêtements pris en gage, et ils boivent dans la maison de leurs dieux le vin de ceux qu'ils condamnent.*
>
> Amos 2.6-8

Plusieurs de ces prophètes avaient été inspirés par Dieu pour écrire certaines portions des Écritures. Ils ont aussi écrit des détails précis concernant le LIBÉRATEUR PROMIS qui devait venir.

En général, les prophètes n'ont pas été bien reçus par les Israélites ni par leurs rois. Et pour cause, puisqu'ils communiquaient un message que le peuple ne voulait pas entendre. Par exemple, le prophète Ésaïe a dit au peuple :

> *Le Seigneur dit : Quand ce peuple s'approche de moi, il m'honore de la bouche et des lèvres; mais son cœur est éloigné de moi, et la crainte qu'il a de moi n'est qu'un précepte de tradition humaine.*
>
> Ésaïe 29.13

La majorité des gens ont méprisé le message des prophètes et ont refusé de mettre leur confiance en Dieu. Ils ont persécuté les prophètes et les ont tués. Pour embrouiller davantage la situation, de faux prophètes inspirés par Satan se sont mis de la partie. Malgré le fait que Dieu ait donné aux Israélites des instructions claires pour savoir discerner la vérité de l'erreur, les faux prophètes étaient beaucoup plus populaires que les véritables prophètes, car ils disaient aux Israélites ce qu'ils voulaient entendre. Dieu a envoyé le prophète Jérémie vers les Israélites pour les avertir de prendre garde aux faux prophètes.

> *Ainsi parle l'Éternel des armées: N'écoutez pas les paroles des prophètes qui vous prophétisent! Ils vous entraînent à des choses de néant; ils disent les visions de leur cœur, et non ce qui vient de la bouche de l'Éternel. Ils disent à ceux qui me méprisent: L'Éternel a dit: Vous aurez la paix; et ils disent à tous ceux qui suivent les penchants de leur cœur: Il ne vous arrivera aucun mal… Je n'ai point envoyé ces prophètes, et ils ont couru; je ne leur ai point parlé, et ils ont prophétisé. S'ils avaient assisté à mon conseil, ils auraient dû faire entendre mes paroles à mon peuple, et les faire revenir de leur mauvaise voie, de la méchanceté de leurs actions.* Jérémie 23.16,17,21,22

Dispersion d'Israël

Le Seigneur a fini par juger les Israélites. Les dix tribus du nord ont été emmenées en captivité par les Assyriens qui ont envahi le pays en 722 av. J.-C. La Bible ne fait aucune mention d'un retour officiel de ce peuple au pays d'Israël.

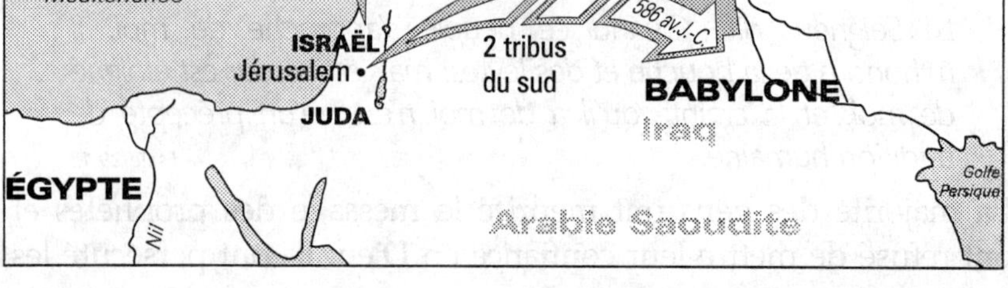

Juda emmené en captivité

Les deux tribus du sud ont continué d'exister comme pays indépendant jusqu'en l'an 586 av. J.-C. Les Babyloniens* ont alors conquis la ville de Jérusalem, démoli le temple de Salomon et emmené le peuple en captivité.

* Un peuple venant de la région où la tour de Babel fut construite.

** Mot grec qui signifie « assemblées »

C'est pendant leur exil que les Israélites ont commencé à être appelés les *Juifs* étant donné que la plupart d'entre eux étaient des descendants de la tribu de Juda. En l'absence de temple comme centre religieux, les Juifs ont établi des synagogues** comme centres communautaires où l'on enseignait et étudiait les Écritures.

L'exil dura soixante-dix ans. Cependant, en l'an 536 av. J.-C., les deux tribus du sud commencèrent petit à petit à retourner dans leur pays pour s'établir à Jérusalem et dans les environs – région qui appartenait auparavant à la tribu de Juda. Le Temple fut reconstruit, mais il n'était pas aussi grandiose que celui de Salomon. On a aussi recommencé à y offrir des sacrifices.

Les Grecs

Vers l'an 400 av. J.-C., le récit biblique fut interrompu par un silence qui allait durer approximativement quatre siècles. L'histoire du monde n'en poursuivrait pas moins son cours. Alexandre le Grand, l'extraordinaire commandant des Grecs, allait conquérir

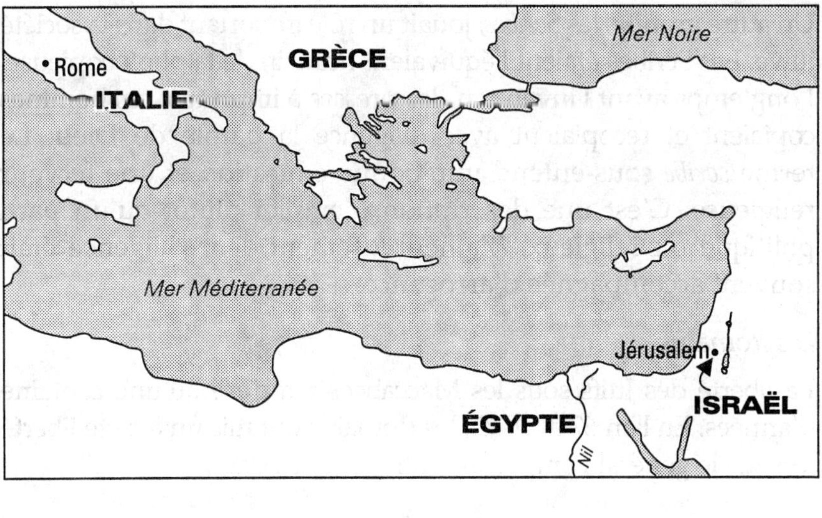

tout le Moyen-Orient, incluant le pays des Juifs. Au cours des siècles suivants, le *grec* allait devenir la langue du commerce, et la culture hellénique un symbole de prestige.

Certains Juifs, les *Sadducéens,* ont vite adopté la culture grecque tout en l'adaptant à leurs croyances religieuses. Bien que peu nombreux, les Sadducéens étaient des gens riches qui exerçaient une grande influence. Ils ont réussi à manipuler le souverain sacrificateur dont le poste était devenu une fonction qui pouvait être achetée et vendue. Malheureusement, ils niaient aussi la véracité de certaines portions des Écritures. **Les Sadducéens ont *retranché* une partie de la parole de Dieu.**

Pendant une période d'environ deux cents ans, les Juifs ont été soumis à une succession de régimes militaires grecs. En l'an 166 av. J.-C., ils se sont soulevés sous la direction de Judas Maccabée et ont joui d'une période d'autonomie.

C'est à cette époque que les *Pharisiens,* un parti de Juifs extrêmement religieux, ont pris de l'importance. Les Pharisiens résistaient à la culture grecque et tenaient fermement à la loi qu'ils avaient reçue de Moïse. Dans leur zèle, ils ont même inventé d'autres lois qui servaient de couche protectrice pour empêcher que la *vraie loi* ne soit violée. Ces règles additionnelles ont pris force de loi au même titre que la *loi de Moïse.* **Les Pharisiens ont *ajouté* à la parole de Dieu.**

Un autre groupe, les *Scribes,* jouait un rôle important dans la société juive. Les Scribes étaient l'équivalent humain de la photocopieuse. Longtemps avant l'invention des presses à imprimer, ces hommes copiaient et recopiaient avec diligence la parole de Dieu. Le terme *scribe* sous-entend une bonne éducation et une ferveur religieuse. C'est une description d'emploi plutôt qu'un parti politique ou religieux. Malheureusement, leur diligence était souvent accompagnée d'arrogance.

Les Romains

La liberté des Juifs sous les Maccabées n'a duré qu'une centaine d'années. En l'an 67 av. J.-C., les Romains ont mis fin à cette liberté lorsque le général Pompée est entré à Jérusalem.

Rome était assez accommodante face à la religion juive du moment que les Juifs payaient leurs impôts et ne fomentaient pas de rébellion. Le monde civilisé est alors entré dans une ère de paix précaire.

Puisque l'empire romain était trop grand pour être gouverné depuis Rome, on a mis en place des administrateurs locaux pour contrôler les différentes régions. En Judée, maintenant une province de Rome, un homme du nom d'Hérode fut nommé roi fantoche. Plus tard, il sera connu sous le nom *d'Hérode le Grand*. Homme incroyablement cruel, Hérode adhérait – en principe seulement – à la religion juive. Sous l'autorité de Rome, lui et ses descendants gouverneront les Juifs pendant cent ans. Le peuple juif en éprouvait du ressentiment et souhaitait la délivrance – la venue de quelqu'un qui pourrait les secourir.

Plus de deux mille ans s'étaient écoulés depuis la promesse que Dieu avait faite à Abraham, c'est-à-dire que l'un de ses descendants serait le LIBÉRATEUR PROMIS. À travers les siècles, Dieu avait toujours un peuple – parfois peu nombreux – qui croyait à sa parole et qui était en règle avec lui. Ce peuple désirait avec ferveur la venue de l'OINT DE l'ÉTERNEL. Durant les premières années de l'empire romain, ceux qui tenaient fermement aux promesses de Dieu attendaient toujours l'accomplissement de ce qu'Il avait promis. Le temps était venu, mais le peuple l'ignorait. Tout était en place. Les anges au ciel ont dû faire silence. Satan a dû frémir. Qui serait ce LIBÉRATEUR PROMIS?

Ce qu'ont dit les prophètes

Dieu savait à l'avance qu'il y aurait des hommes qui se présenteraient faussement comme étant le LIBÉRATEUR PROMIS. Pour s'assurer que le peuple pourrait distinguer le vrai LIBÉRATEUR des faux, Dieu a fait en sorte que plusieurs prophètes, à travers les siècles, mettent par écrit certains détails au sujet du Sauveur à venir. Dans la Torah, les psaumes de David et les Prophètes, il se trouve plus de trois cents prophéties précises se rapportant au LIBÉRATEUR. La possibilité que ces trois cents prophéties se réalisent dans la vie d'un seul individu est extrêmement minime. Le Dr Peter Stoner, professeur émérite de science au Collège Westmont, a calculé que même si on tenait compte de seulement 48 de ces prophéties, la possibilité qu'elles s'accomplissent dans la vie d'un seul individu était une chance sur 100 000 000 000 000 000 000 000 000 000 000 000 000 000 000 000 000 000 000 000 000 000 000 000 000 000 000 000 000 000 000 000 000 000 000 000 000 000 000 000 000 000 000 000 000 000 000 000 000 000 000. Ce chiffre est si grand, qu'il dépasse notre imagination. Le Dr Stoner ne lançait pas tout simplement un chiffre en l'air. L'Affiliation scientifique américaine a jugé que son travail était « tout à fait raisonné ».

Dans le présent livre, on ne peut considérer que quelques-unes de ces prophéties. Partout où vous verrez l'icône d'un « rouleau » dans le texte, il s'agit d'une prophétie. Dans la plupart des cas, je donnerai à la fois le nom du prophète et le nombre d'années qui se sont écoulées entre le temps où la prophétie a été donnée et son accomplissement. Dans un prochain chapitre, je citerai un passage entier des Écritures concernant le LIBÉRATEUR PROMIS. Il renferme des prophéties données par Dieu au prophète Ésaïe. En les lisant, vous serez en mesure de déterminer vous-même de qui il s'agit.

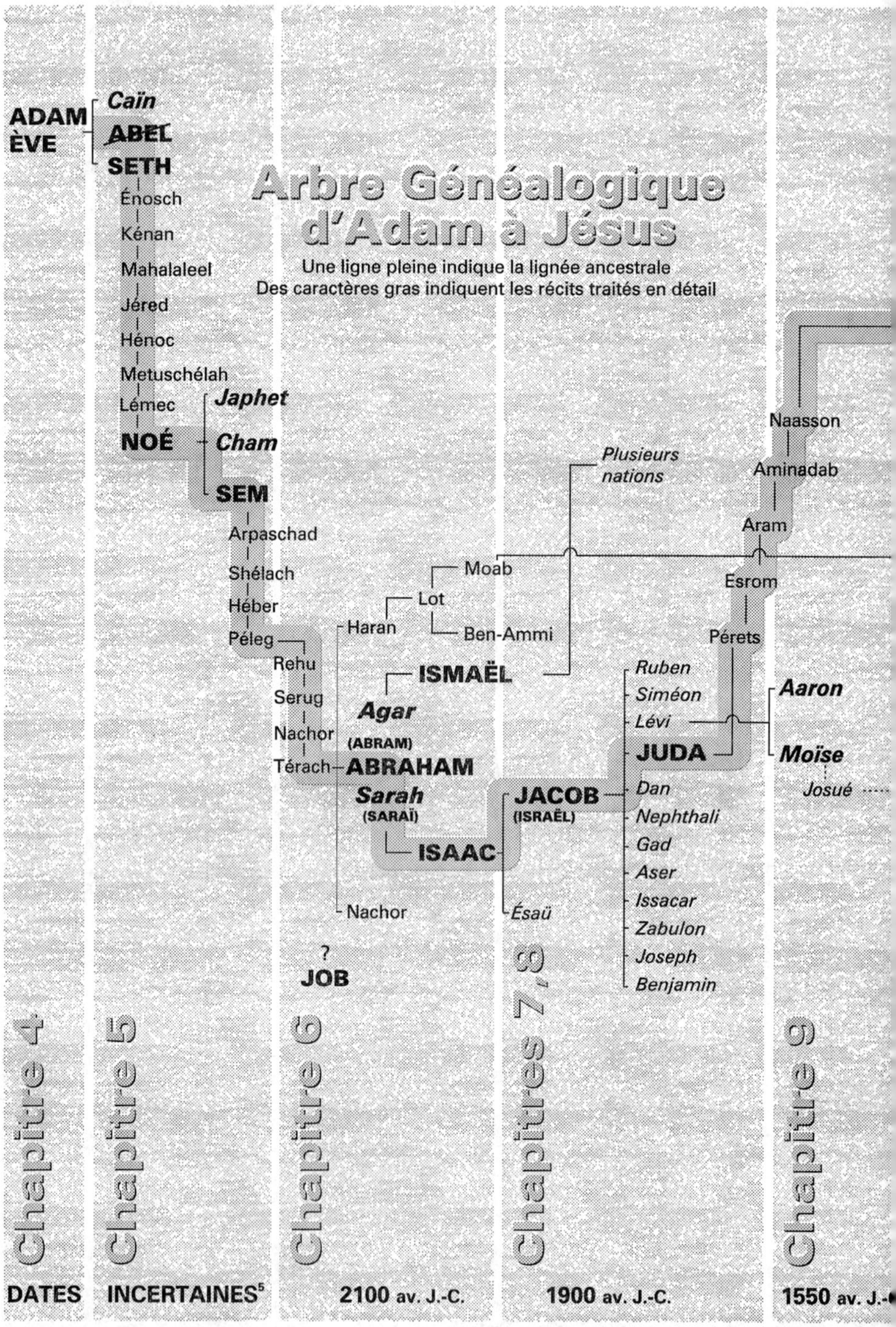
Arbre Généalogique d'Adam à Jésus
Une ligne pleine indique la lignée ancestrale
Des caractères gras indiquent les récits traités en détail
ADAM
ÈVE
Caïn
ABEL
SETH
Énosch
Kénan
Mahalaleel
Jéred
Hénoc
Metuschélah
Lémec
NOÉ
Japhet
Cham
SEM
Arpaschad
Shélach
Héber
Péleg
Rehu
Serug
Nachor
Térach
Haran
Lot
Moab
Ben-Ammi
ISMAËL
Agar
(ABRAM)
ABRAHAM
Sarah
(SARAÏ)
ISAAC
Nachor
?
JOB
Plusieurs nations
JACOB
(ISRAËL)
Ésaü
Ruben
Siméon
Lévi
JUDA
Dan
Nephthali
Gad
Aser
Issacar
Zabulon
Joseph
Benjamin
Pérets
Esrom
Aram
Aminadab
Naasson
Aaron
Moïse
Josué
Chapitre 4
Chapitre 5
Chapitre 6
Chapitres 7, 8
Chapitre 9
DATES
INCERTAINES[5]
2100 av. J.-C.
1900 av. J.-C.
1550 av. J.-C.

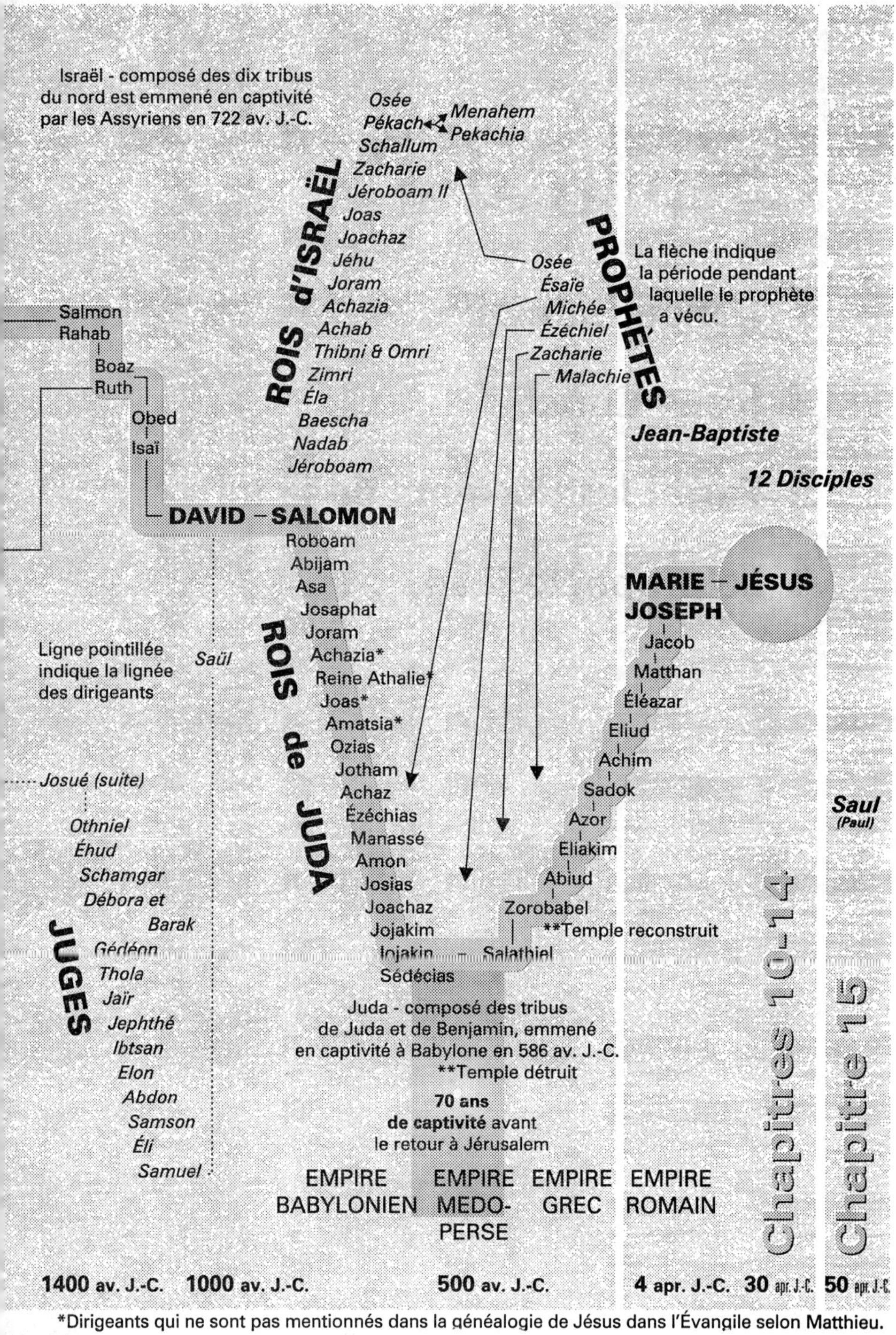

*Dirigeants qui ne sont pas mentionnés dans la généalogie de Jésus dans l'Évangile selon Matthieu.

Chapitre dix

1 L'ange Gabriel

2 Jésus-Christ

3 Parmi les docteurs de la loi

4 Le prophète Jean

1 L'ange Gabriel

Depuis des siècles, Satan avait une emprise mortelle sur l'humanité. Écrasé par le fardeau du péché, l'homme n'avait qu'un seul espoir: la venue du LIBÉRATEUR PROMIS. Il est vrai que Dieu, dans sa miséricorde, avait accepté la mort d'un animal en paiement temporaire pour le péché. Mais de la perspective de l'éternité, le sang des animaux ne pouvait pas ôter le péché; il ne pouvait que le couvrir temporairement. Cet enseignement est très clair dans les Écritures:

> *…il est impossible que le sang des taureaux et des boucs ôte les péchés.* Hébreux 10.4

Y avait-il une solution au problème de l'humanité? Un homme pourrait peut-être mourir pour un autre homme, mais cela non plus ne serait pas suffisant. Un pécheur ne pouvait pas sauver un autre pécheur.

Ce serait comme deux hommes qui tombent dans un vieux puits de mine. Se démènant dans la boue au fond du puits, l'un des deux dit à l'autre: « Sors-moi de ce trou épouvantable! Je m'enfonce dans la boue. Ça pue! » L'autre répond: « Ça ne va pas non? Je suis dans le même pétrin que toi. Je suis incapable de t'en sortir. »

C'est impossible pour un pécheur de tirer un autre pécheur hors de l'abîme du péché.

Sûrement, quelqu'un pouvait venir au secours de l'homme. Mais il ne se trouvait aucun être humain parfait sur la face de la terre. Depuis Adam, tout homme, qu'il soit prophète ou prêtre, est né comme un *fils d'Adam,* possédant sa nature pécheresse imprégnée de l'odeur fétide du péché. Personne ne pouvait assumer le rôle de LIBÉRATEUR, car tous les hommes avaient leur propre dette à régler à cause du péché.

L'homme avait besoin d'un SAUVEUR qui était en dehors de l'abîme; quelqu'un qui était sans péché et qui n'avait donc pas de dette à payer; quelqu'un qui pourrait sortir toute l'humanité de la boue du péché dans laquelle elle s'enfonçait. Mais qui serait ce LIBÉRATEUR? Où est-ce que Dieu trouverait une personne sans péché? Est-ce qu'il choisirait un ange ou un prophète? Personne ne le savait.

Comment est-ce que Dieu allait s'assurer qu'on reconnaisse l'Oint de l'Éternel quand il viendrait?

Avant l'arrivée du Libérateur, Dieu allait d'abord préparer les hommes en envoyant un messager pour leur annoncer cette venue imminente. Les anges ont dû se demander qui aurait l'honneur de proclamer cette bonne nouvelle. *Serait-ce l'un d'eux?* Mais soudainement, l'importance de connaître l'identité du messager devint secondaire, car on venait d'apprendre l'identité du Libérateur même – et cela a dû en étonner plus d'un.

Le prophète Zacharie

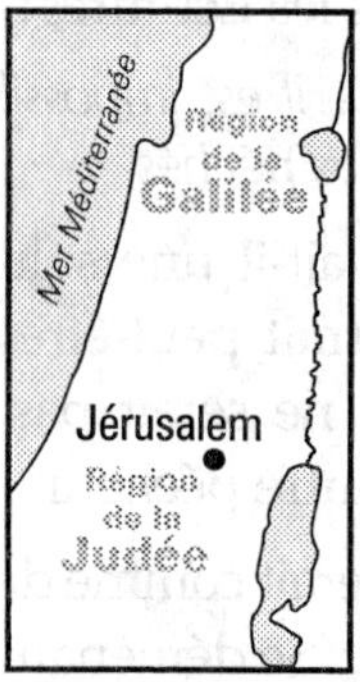

Du temps d'Hérode, roi de Judée, il y avait un sacrificateur, nommé Zacharie… sa femme était d'entre les filles d'Aaron, et s'appelait Élisabeth. Tous deux étaient justes devant Dieu, observant d'une manière irréprochable tous les commandements et toutes les ordonnances du Seigneur. Ils n'avaient point d'enfants, parce qu'Élisabeth était stérile; et ils étaient l'un et l'autre avancés en âge.

Or, pendant qu'il s'acquittait de ses fonctions devant Dieu, selon le tour de sa classe, il fut appelé par le sort, d'après la règle du sacerdoce, à entrer dans le temple du Seigneur pour offrir le parfum. Toute la multitude du peuple était dehors en prière, à l'heure du parfum.

Alors un ange du Seigneur apparut à Zacharie, et se tint debout à droite de l'autel des parfums. Zacharie fut troublé en le voyant et la frayeur s'empara de lui.

Mais l'ange lui dit : Ne crains point, Zacharie; car ta prière a été exaucée. Ta femme Élisabeth t'enfantera un fils, et tu lui donneras le nom de Jean. Il sera pour toi un sujet de joie et d'allégresse, et plusieurs se réjouiront de sa naissance. Car il sera grand devant le Seigneur… il ramènera plusieurs des fils d'Israël au Seigneur, leur Dieu; il marchera devant Dieu avec l'esprit et la puissance d'Élie, pour ramener les cœurs des pères vers les enfants, et les rebelles à la sagesse des justes, afin de préparer au Seigneur un peuple bien disposé. Luc 1.5-17

L'ange Gabriel a dit à Zacharie que son fils, Jean, serait le messager qui aplanirait le chemin du Seigneur. C'est ce dernier détail qui a dû étonner les anges.

Quatre cents ans auparavant, le prophète Malachie avait écrit au sujet de cet événement :

> *Voici, j'enverrai mon messager; Il préparera le chemin devant moi. Et soudain entrera dans son temple le Seigneur que vous cherchez; et le messager de l'alliance que vous désirez, voici, il vient, dit l'Éternel des armées.* Malachie 3.1

Voilà! C'était écrit noir sur blanc! Zacharie a dû se demander pourquoi il ne l'avait pas compris auparavant. C'était si clair! L'Éternel des armées a dit: « J'enverrai mon messager pour préparer le chemin devant moi »! De plus, l'ange a dit que Jean, le fils de Zacharie, serait le messager qui préparerait le chemin du Seigneur.

Élisabeth

Zacharie est rentré chez lui abasourdi. Dieu a tenu sa promesse: tout est arrivé comme l'ange l'avait prédit.

> *Quelque temps après, Élisabeth, sa femme, devint enceinte. Elle se cacha pendant cinq mois, disant: C'est la grâce que le Seigneur m'a faite, quand il a jeté les yeux sur moi pour ôter mon opprobre parmi les hommes.* Luc 1.24,25

Cependant, Zacharie a dû se demander: De quelle façon au juste le Dieu Tout-Puissant viendrait-il sur la terre? Serait-ce dans un chariot en or tiré par sept chevaux blancs, entouré de myriades d'anges resplendissants? Mettrait-il fin au gouvernement romain? Enlèverait-il le trône à Hérode? L'ange ne l'avait pas spécifié.

Marie

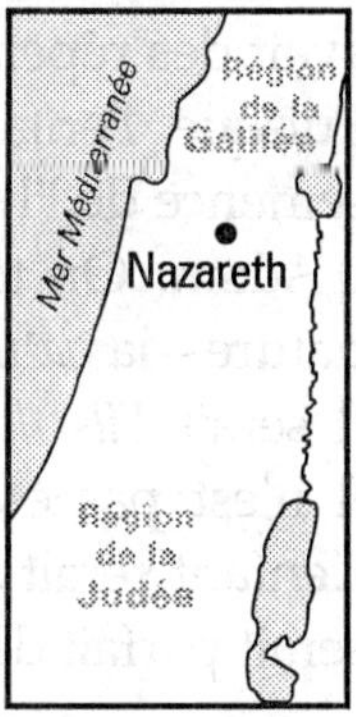

Une jeune femme du nom de Marie était la prochaine personne à recevoir la visite de l'ange.

> *Au sixième mois, l'ange Gabriel fut envoyé par Dieu dans une ville de Galilée, appelée Nazareth, auprès d'une vierge fiancée à un homme de la maison de David, nommé Joseph. Le nom de la vierge était Marie.* Luc 1.26,27

Joseph et Marie s'étaient fiancés selon les coutumes traditionnelles de l'Orient. Selon les Écritures, ils étaient tous deux descendants directs du roi David qui avait vécu mille ans plus tôt.

L'ange entra chez elle, et dit: Je te salue, toi à qui une grâce a été faite; le Seigneur est avec toi.

Troublée par cette parole, Marie se demandait ce que pouvait signifier une telle salutation. L'ange lui dit: Ne crains point, Marie; car tu as trouvé grâce devant Dieu. Et voici, tu deviendras enceinte, et tu enfanteras un fils, et tu lui donneras le nom de Jésus. Luc 1.28-31

Quoi? C'était au tour de Marie d'être ébahie. Quand elle put enfin parler, Marie posa une question très sensée:

Comment cela se fera-t-il, puisque je ne connais point d'homme?

L'ange lui répondit: Le Saint-Esprit viendra sur toi, et la puissance du Très-Haut te couvrira de son ombre. C'est pourquoi le saint enfant qui naîtra de toi sera appelé Fils de Dieu. Luc 1.34,35

Marie serait la mère du LIBÉRATEUR – celui qui avait été promis à Abraham et à ses descendants à travers les âges!

Les choses devenaient maintenant plus claires. Marie connaissait très bien les Écritures. Il y a longtemps, dans le jardin d'Éden, Dieu avait promis à Ève que le LIBÉRATEUR PROMIS serait de *sa postérité.* Il n'a pas dit *leur postérité* en parlant de l'homme et de la femme. Maintenant, la promesse était sur le point de se réaliser, et l'enfant allait naître d'une vierge – il serait la postérité de Marie seulement. *Le bébé n'aurait pas de père humain.* Ce qui à première vue semblait être un choix de mots sans importance révélait à présent le poids remarquable de chacun d'eux.

Mais ce petit détail de l'histoire de l'humanité avait des répercussions encore plus importantes. Puisque l'enfant ne serait pas conçu avec la semence de l'homme, il ne serait pas de la lignée d'Adam. Or, tous les descendants d'Adam avaient hérité de sa nature – la *nature pécheresse*[1]. Mais Jésus ne serait pas un *fils d'Adam.* Il serait *Fils de Dieu**. Jésus aurait la *nature* du Dieu Très-Haut. Il n'est pas étonnant que l'ange l'ait appelé « le saint enfant ». L'enfant serait sans péché, tout comme Dieu est sans péché. Jésus serait parfait dès sa conception.

* Voir les pages 190 à 192 pour une explication du terme « Fils de Dieu ».

Le Seigneur n'arriverait donc pas sur la terre dans toute sa gloire céleste, mais plutôt de la même façon que tous les hommes viennent au monde – comme un bébé. L'ange Gabriel dit à Marie:

> *Voici, Élisabeth, ta parente, a conçu, elle aussi, un fils en sa vieillesse, et celle qui était appelée stérile est dans son sixième mois. Car rien n'est impossible à Dieu.*
>
> *Marie dit : Je suis la servante du Seigneur; qu'il me soit fait selon ta parole! Et l'ange la quitta.* Luc 1.36-38

Marie savait qu'Élisabeth était trop vieille pour avoir un enfant. S'il était possible que Dieu rende Élisabeth fertile, il était certainement tout aussi possible pour elle d'enfanter même en étant vierge. Marie a donc choisi de faire confiance à Dieu.

Le prophète Jean

> *Le temps où Élisabeth devait accoucher arriva, et elle enfanta un fils.* Luc 1.57

Jean est né comme Dieu l'avait promis. Selon les Écritures, sa naissance fut un événement, et avec raison, car à cette époque il était mal vu qu'une femme soit stérile. Zacharie était tellement emballé qu'il s'est mis subitement à prononcer un discours à la louange de Dieu. Ce qu'il dit était un bref survol de l'histoire de l'humanité, accentué des promesses que Dieu avait répétées à travers les âges: les promesses d'envoyer un LIBÉRATEUR. On peut s'imaginer le vieux Zacharie tenant bébé Jean haut dans les airs, le regardant et prononçant ces paroles:

> *Et toi, petit enfant, tu seras appelé prophète du Très-Haut. Car tu marcheras devant la face du Seigneur, pour préparer ses voies.* Luc 1.76

Jean serait le messager qui devait annoncer aux hommes la venue du LIBÉRATEUR PROMIS.

La signification d'un nom

Les Écritures contiennent plusieurs prophéties écrites longtemps avant la naissance de Jésus; elles annoncent sa venue avec une parfaite précision. Sept cents ans avant la naissance de Jésus, Ésaïe a écrit:

> *Car un **enfant** nous est né, un fils nous est donné, et la domination reposera sur son épaule; on l'appellera Admirable, Conseiller, **Dieu puissant, Père éternel,** Prince de la paix.* Ésaïe 9.5

Remarquez que *l'enfant* est appelé *Dieu puissant, Père éternel* – deux noms qui ne peuvent être attribués qu'à Dieu.

Comme nous l'avons déjà vu, Dieu a plusieurs noms, chacun décrivant un aspect de son caractère. Deux autres titres attribués à Jésus présentent un contraste intéressant:

Le Fils de Dieu: Certaines personnes ont interprété ce titre comme signifiant que Dieu a eu des relations sexuelles avec Marie. Une telle interprétation est non seulement fausse, elle constitue un blasphème. *Nulle part* dans la Parole de Dieu on ne trouve un tel concept. En fait, les Écritures enseignent tout à fait le contraire. Selon les Écritures, Marie est demeurée vierge jusqu'*après* la naissance de Jésus. Il était conçu non par une union physique quelconque, mais par un miracle. Dieu a permis au corps de Marie de faire quelque chose de surnaturel, c'est-à-dire de donner naissance à un enfant tout en étant vierge.

Si ce titre n'a aucun rapport avec l'aspect physique de Jésus, que veut-il donc dire?

Dans la plupart des langues, le mot *fils* n'est pas limité à un descendant physique. En arabe, par exemple, si on dit que quelqu'un est *fils de la route,* il est sous-entendu qu'il est un *voyageur.* (Une route ne peut pas donner naissance à des enfants!) De la même façon, l'Écriture utilise cette expression idiomatique pour décrire le **caractère** d'une personne. Considérons les exemples suivants:

❖ *Joseph, surnommé [...] Barnabas, ce qui signifie fils d'exhortation.* Actes 4.36

On comprend par cela que la vie de Joseph se distinguait par les exhortations et l'encouragement qu'il apportait aux autres et non pas que son père s'appelait *Exhortation.*

❖ *... les fils de la rébellion ...* Éphésiens 5.6b

Évidemment, cela ne veut pas dire qu'un homme du nom de *La rébellion* ait eu plusieurs fils. Ce verset parle plutôt de ceux qui sont désobéissants de nature.

❖ *Homme [...] fils du diable, ennemi de toute justice ...* Actes 13.10a

Il est clair que Satan n'a pas pris une femme et engendré un fils! Ce passage fait allusion à une *personne méchante.*

Lorsque les Écritures parlent de Jésus comme étant le ***Fils de Dieu,*** il faut comprendre qu'elles font allusion à sa nature. Jésus possédait une nature parfaite et sainte – la nature de Dieu, contrairement à un simple humain qui lui possède la nature corrompue d'un ***fils d'Adam.***

*Le **Fils** reflète la splendeur de la gloire divine, il est la **représentation exacte** de ce que Dieu est...* Hébreux 1.3a (Français courant)

Le Fils de l'homme: Ce titre ne suggère pas que Jésus avait un père humain. (Joseph était l'époux de Marie, mais pas le père de Jésus.) Jésus a employé le titre *Fils de l'homme* seulement en parlant de lui-même. Ce terme présente deux aspects :

1. Il déclare l'humanité de Jésus: Même si Jésus n'a pas eu de père humain, il a néanmoins pris une forme humaine. Il a vécu comme un être humain tout en étant sans péché. Nous verrons l'importance de ce fait plus loin dans notre étude.

2. Il déclare la véritable identité de Jésus: Pendant des siècles, les érudits des Saintes Écritures ont reconnu que les prophètes ont utilisé le terme Fils de l'homme en parlant de l'OINT DE L'ÉTERNEL[2]. Jésus a cité ces prophètes pour démontrer qu'il était lui-même l'accomplissement de leurs prophéties concernant le LIBÉRATEUR PROMIS. Considérez ce que le prophète Daniel a écrit plus de 500 ans avant la naissance de Jésus:

> *Je regardai pendant mes visions nocturnes, et voici, sur les nuées des cieux arriva quelqu'un de semblable à un* ***fils de l'homme*** *[…] On lui donna la domination, la gloire et le règne; et tous les peuples, les nations, et les hommes de toutes langues le servirent.* Daniel 7.13,14a

Au fur et à mesure que nous progresserons dans notre étude, nous comprendrons davantage toute la portée de ce titre.

Titres combinés

Les termes, *Fils de Dieu* et *Fils de l'homme* ne sont que deux noms parmi plusieurs qui sont attribués à Jésus. Lorsqu'on combine la signification de ces deux titres, ils expriment le fait que:

> *Dieu a été manifesté en chair.* I Timothée 3.16a

Dieu n'a pas cessé d'être Dieu lorsqu'il est devenu un homme. Il n'est pas non plus devenu pécheur en prenant une forme humaine. Même si Dieu s'était imposé volontairement certaines restrictions, il est resté tout-puissant, omniscient et parfaitement juste. Il est difficile pour nous de comprendre comment Dieu a pu se limiter à un corps humain tout en gardant parfaitement ses attributs, mais c'est ce que les Écritures enseignent. **Dieu est grand et il peut tout faire, sauf se contredire lui-même.** C'est Dieu qui a inspiré les prophètes afin qu'ils décrivent son apparence humaine pendant qu'il serait sur la Terre. Comment ne pourrait-il pas alors accomplir ce qui avait été écrit? En progressant dans notre étude, nous verrons pourquoi Dieu a choisi de procéder de cette façon.

Un dernier éclaircissement

Tout comme quelques-uns ont mal interprété le terme *Fils de Dieu* pour signifier que Dieu a engendré un fils par Marie, d'autres ont conclu que puisque Marie était la mère de Jésus cela signifiait qu'elle était aussi la mère de Dieu. Bien sûr, cela voudrait dire que Marie était une sorte de dieu. Certaines personnes croient que Marie est la Reine du ciel et que Dieu l'a épousée, ce qui a eu pour résultat la naissance de Jésus. Une fois de plus, les Écritures considèrent cette idée comme un blasphème au plus haut degré. *Ce concept n'est enseigné nulle part dans la Parole de Dieu.*

Les Écritures sont très claires : Marie était une femme qui aimait Dieu et qui honorait sa Parole, mais elle n'était qu'un simple être humain. Elle n'était ni un dieu, ni la mère de Dieu. Oui, elle était l'instrument par lequel Dieu a choisi de naître dans ce monde, mais c'est tout. Marie elle-même était une pécheresse et elle reconnaissait son besoin d'un LIBÉRATEUR – d'un Sauveur.

> *...Et Marie dit : Mon âme exalte le Seigneur, et mon esprit se réjouit en Dieu, mon Sauveur.* Luc 1.46,47

2 Jésus-Christ

> *Voici de quelle manière arriva la naissance de Jésus-Christ. Marie, sa mère, ayant été fiancée à Joseph, se trouva enceinte, par la vertu du Saint-Esprit, avant qu'ils aient habité ensemble. Joseph, son époux, qui était un homme de bien et qui ne voulait pas la diffamer, se proposa de rompre secrètement avec elle.* Matthieu 1.18,19

Selon les coutumes du temps, il aurait fallu obtenir un divorce pour rompre les fiançailles. Mettez-vous un instant à la place de Joseph. Il a dû être saisi d'angoisse. Marie était enceinte et l'enfant n'était pas de lui. S'il la dénonçait publiquement, tout le monde saurait la vérité – que Marie était adultère – à moins que l'explication farfelue de Marie voulant qu'un ange lui soit apparu ne soit vraie. Mais c'était absurde ! La pauvre devait être en train de perdre la raison. Joseph aimait Marie, mais il ne pouvait pas épouser une femme qui l'avait trompé et qui, de toute évidence, essayait maintenant de le nier en racontant une histoire incroyable. Ce que Joseph pensait réellement ne nous a pas été révélé, mais nous savons cependant qu'il a décidé de rompre secrètement avec Marie.

> *Comme il y pensait, voici, un ange du Seigneur lui apparut en songe, et dit : Joseph, fils de David, ne crains pas de prendre avec toi Marie, ta femme, car l'enfant qu'elle a conçu vient du Saint-Esprit ; elle enfantera un fils, et tu lui donneras le nom de Jésus ; c'est lui qui sauvera son peuple de ses péchés.*

> *Tout cela arriva afin que s'accomplisse ce que le Seigneur avait annoncé par le prophète : Voici, la vierge sera enceinte,*

elle enfantera un fils, et on lui donnera le nom d'Emmanuel, ce qui signifie Dieu avec nous. Matthieu 1.20-23

Joseph n'aurait pas pu l'entendre plus clairement. Marie, encore vierge, allait enfanter un fils! L'enfant serait appelé *Jésus,* ce qui signifie « Libérateur » ou « Sauveur ». Il *libérerait (sauverait)* les hommes des conséquences de leurs péchés! L'ange a dit qu'un autre de ses noms serait Emmanuel, ce qui signifie « Dieu avec nous ». Jésus serait Dieu en chair et en os, vivant parmi les hommes.

Le prophète Ésaïe avait prédit cet événement 700 ans auparavant:

C'est pourquoi le Seigneur lui-même vous donnera un signe; voici, la vierge deviendra enceinte, elle enfantera un fils, et elle lui donnera le nom d'Emmanuel. Ésaïe 7.14

Joseph a dû se réveiller en sursaut. Ésaïe a donc dit la vérité! Tout arrivait tel que Dieu l'avait annoncé. Mais que dirait-on? Qu'importe! Il n'y avait qu'une chose à faire: Croire en Dieu et lui obéir, et c'est ce que Joseph a fait.

Joseph s'étant réveillé fit ce que l'ange du Seigneur lui avait ordonné, et il prit sa femme avec lui. Mais il ne la connut point jusqu'à ce qu'elle ait enfanté un fils, auquel il donna le nom de Jésus. Matthieu 1.24,25

La naissance

En ce temps-là parut un édit de César Auguste, ordonnant un recensement de toute la terre. Luc 2.1

César avait besoin d'argent. Les Romains allaient s'assurer d'obtenir un recensement exact de sorte qu'un plus grand nombre de personnes payent des impôts. Tous devaient se faire inscrire, chacun dans sa ville ancestrale. Joseph ne devait pas s'être réjoui de cette nouvelle. Sa femme allait bientôt accoucher. Comme il était charpentier, il avait sans doute commencé à fabriquer un berceau pour l'enfant et avait pris des dispositions avec la sage-femme pour qu'un endroit sûr et propre soit préparé en vue de la naissance de l'enfant. Et le voilà maintenant obligé d'amener sa femme à Bethléhem, ville natale du roi David, né mille ans auparavant. L'idée d'entreprendre un voyage de 120 km, alors que sa femme était sur le point d'accoucher, ne l'enchantait sans doute pas;

surtout si on considère que le voyage devait se faire à dos d'âne ou à pied. Pourquoi maintenant? Pourquoi ne pas faire le recensement à Nazareth, le village natal de Joseph? Quel désagrément! Mais les Romains ne laissaient aucun choix. Joseph serait obligé d'amener Marie à Bethléhem.

Tous allaient se faire inscrire, chacun dans sa ville. Joseph aussi monta de la Galilée, de la ville de Nazareth, pour se rendre en Judée, dans la ville de David, appelée Bethléhem, parce qu'il était de la maison et de la famille de David, afin de se faire inscrire avec Marie, sa fiancée, qui était enceinte. Pendant qu'ils étaient là, le temps où Marie devait accoucher arriva, et elle enfanta son fils premier-né. Elle l'emmaillota, et le coucha dans une crèche, parce qu'il n'y avait pas de place pour eux dans l'hôtellerie. Luc 2.3-7

Jésus est donc né à Bethléhem, loin de la demeure de Joseph et Marie. Il y avait tant de monde à Bethléhem que le seul logement disponible était une étable. Le premier berceau de Jésus fut une mangeoire. Contemplant sa femme, Joseph pensait peut-être que tous ses beaux projets étaient gâchés. À *Bethléhem!* Et dans une étable! Cependant, en regardant l'enfant, Joseph a dû aussi ressentir que tout était bien - même, parfaitement bien.

*…il [lui] donna le nom de **Jésus.*** Matthieu 1.25b

Les bergers

*Il y avait, dans cette même contrée, des bergers qui passaient dans les champs les veilles de la nuit pour garder leurs troupeaux. Et voici, un ange du Seigneur leur apparut, et la gloire du Seigneur resplendit autour d'eux. Ils furent saisis d'une grande frayeur. Mais l'ange leur dit: Ne craignez point; car je vous annonce une bonne nouvelle, qui sera pour tout le peuple le sujet d'une grande joie: c'est qu'aujourd'hui, dans la ville de David, **il vous est né un Sauveur, qui est le Christ, le Seigneur.** Et voici à quel signe vous le reconnaîtrez: vous trouverez un enfant emmailloté et couché dans une crèche.*

Et soudain il se joignit à l'ange une multitude de l'armée céleste, louant Dieu et disant: Gloire à Dieu dans les lieux très hauts, et paix sur la terre parmi les hommes qu'il agrée! Luc 2.8-14

Les bergers étaient occupés, comme d'habitude, aux soins de leurs troupeaux. Leurs moutons servaient souvent de sacrifices dans le temple de Jérusalem situé à quelques kilomètres au nord de Bethléhem. Tout était normal lorsque, soudain, des anges sont venus bouleverser leur petit monde. Sans doute se sont-ils questionnés mutuellement : « As-tu entendu ce que j'ai entendu? Le Christ, c'est le SEIGNEUR! »

Christ / le Messie

Le mot *Christ* en grec équivaut au mot *Messie* en hébreu. Ce mot signifie « l'oint ». Pendant plusieurs siècles, le nom *Messie* a été attribué au LIBÉRATEUR PROMIS.

Maintenant, les anges disaient que l'OINT – le Messie / le Christ – était le SEIGNEUR[3]. Le terme *Seigneur* était employé par les prophètes en parlant du Messie. Les anges avaient annoncé aux bergers :

> *... il vous est né un Sauveur, qui est le Christ, le Seigneur.* Luc 2.11

En fait, les anges annonçaient de la part de Dieu :

> *... N'est-ce pas moi, le Seigneur?*
>
> *À part moi il n'y a pas de Dieu. Un Dieu loyal, un Dieu qui sauve, il n'y en a pas sauf moi.*
>
> Ésaïe 45.21b (Français courant)

Il est important de comprendre que les titres « Sauveur » et « Seigneur » réfèrent au seul et unique Dieu. Sinon certains versets pourraient être mal compris, nous menant à croire qu'il y a plus d'un Dieu, peut-être l'un plus grand que l'autre. Mais les Écritures disent :

Le Seigneur, c'est moi et moi seul. À part moi, pas de Sauveur.
Ésaïe 43.11 (Français courant)

Il n'y a jamais eu plus d'un Sauveur.

Lorsque les anges les eurent quittés pour retourner au ciel, les bergers se dirent les uns aux autres : Allons jusqu'à Bethléhem, et voyons ce qui est arrivé, ce que le **Seigneur** *nous a fait connaître.*

Ils y allèrent en hâte, et ils trouvèrent Marie et Joseph, et le petit enfant couché dans la crèche. Après l'avoir vu, ils racontèrent ce qui leur avait été dit au sujet de ce petit enfant. Luc 2. 15-17

Les bergers étaient des hommes pauvres et non pas le genre de personnes qu'on inviterait normalement à la naissance d'un roi. Toutefois, il y avait d'autres personnes qui étaient en route pour voir Jésus.

Les mages

Jésus étant né à Bethléhem en Judée, au temps du roi Hérode, voici des mages d'Orient arrivèrent à Jérusalem, et dirent : Où est le roi des Juifs qui vient de naître? car nous avons vu son étoile en Orient, et nous sommes venus pour l'adorer. Matthieu 2.1,2

Les mages étaient des experts dans l'observation des étoiles. Ils venaient de l'Arabie ou de plus loin à l'est, peut-être de Perse (l'Iran actuel). Il est évident que ces hommes étaient réceptifs à ce que Dieu faisait dans le monde, car ils avaient voyagé une grande distance, à leurs propres frais, traversant des régions montagneuses et désertiques afin de voir l'enfant nouveau-né.

Ils étaient tout à fait le genre de personnes à rendre visite à un roi! Hérode le Grand, le roi qui régnait en Judée à ce moment-là, a sans doute été averti de l'approche de ce cortège prestigieux. Il aurait été impossible qu'ils passent inaperçus auprès de ceux qui gardaient les frontières de la Judée. Leur présence n'aurait cependant pas été interprétée comme une menace puisqu'ils n'étaient pas à la tête d'une armée. Ces hommes n'avaient qu'une seule question : « Où est le roi qui vient de naître? »

> *Le roi Hérode, ayant appris cela, fut troublé, et tout Jérusalem avec lui.* Matthieu 2.3

Cette question avait profondément ébranlé Hérode. Il tenait fermement à son autorité royale et malheur à celui qui oserait la lui enlever. Sans doute toute la ville était-elle aussi quelque peu bouleversée, car Hérode était reconnu pour sa cruauté envers ses citoyens, surtout quand il était de mauvaise humeur. Que ferait-il? Hérode convoqua ses conseillers religieux:

> *Il assembla tous les principaux sacrificateurs et les scribes du peuple, et il s'informa auprès d'eux du lieu où le Christ devait naître.* Matthieu 2.4

Les chefs religieux étaient sans doute un peu perplexes. Depuis quand, le roi Hérode, s'intéressait-il à la religion? Ils ne s'attendaient pas non plus à être interrogés au sujet du Messie.

Apparemment, même si les mages étaient au courant de l'événement important qui se passait en ce moment sur la Terre, les chefs juifs pour leur part semblaient l'ignorer. Mais Hérode était un homme important et il leur fallait répondre à sa question: « Où est-ce que le Christ devait naître? »

La prophétie

On peut facilement s'imaginer un scribe craintif en train d'épousseter un vieux manuscrit. Ses confrères l'entourent et ensemble ils scrutent le papyrus. Les scribes sont quelque peu secoués. Ils veulent s'assurer que le roi Hérode comprenne bien qu'ils ne parlent pas de leur propre chef, mais qu'ils citent le prophète Michée qui a écrit à ce sujet il y a 700 ans. Timidement, un des scribes pointe du doigt un passage. Il s'éclaircit la voix et lit:

> *Et toi, Bethléhem Ephrata, petite entre les milliers de Juda, de toi sortira pour moi celui qui dominera sur Israël, et dont les activités remontent aux temps anciens, aux jours de l'éternité.* Michée 5.1

La prophétie était très précise: l'enfant devait naître à Bethléhem *Ephrata.* Puisqu'il y avait deux villes qui s'appelaient Bethléhem, une située près de Nazareth et l'autre au sud de Jérusalem dans la région d'Ephrata, il était important de faire cette distinction.

Si Joseph s'était rendu compte que le Messie devait naître à Bethléhem Ephrata, il aurait compris pourquoi ils devaient voyager de Nazareth à Bethléhem. C'était selon le plan de Dieu! Le recensement des Romains n'était qu'un instrument entre ses mains.

Hérode voulait savoir s'il y avait d'autres détails. Oui… le prophète Michée a dit clairement que celui qui naîtrait existait depuis l'éternité. Hérode a dû pâlir. Ce n'était pas possible! Dieu seul est éternel. Dieu ne viendrait jamais sur terre comme un bébé et surtout il ne naîtrait pas dans un endroit comme Bethléhem. Sûrement qu'il arriverait au son de trompettes et accompagné de chariots – à Jérusalem, la ville royale. Se pourrait-il que les scribes essaient de l'effrayer intentionnellement – dans le but de le manipuler? Il jouerait leur jeu. Il leur ferait voir le genre d'adoration qu'il réservait à un nouveau roi. Hérode chassa ses prêtres.

> *Alors Hérode fit appeler en secret les mages, et s'enquit soigneusement auprès d'eux depuis combien de temps l'étoile brillait. Puis il les envoya à Bethléhem, en disant: Allez, et prenez des informations exactes sur le petit enfant; quand vous l'aurez trouvé, faites-le-moi savoir, afin que j'aille aussi moi-même l'adorer.*
>
> *Après avoir entendu le roi, ils partirent. Et voici, l'étoile qu'ils avaient vue en Orient allait devant eux jusqu'au moment où, arrivée au-dessus du lieu où était le petit enfant, elle s'arrêta. Quand ils aperçurent l'étoile, ils furent saisis d'une très grande joie. Ils entrèrent dans la maison, virent le petit enfant avec Marie, sa mère, se prosternèrent et l'adorèrent; ils ouvrirent ensuite leurs trésors, et lui offrirent en présent de l'or, de l'encens et de la myrrhe[4].* Matthieu 2.7-11

Dieu a continué à guider ces hommes:

> *Puis, divinement avertis en songe de ne pas retourner vers Hérode, ils regagnèrent leur pays par un autre chemin.*
>
> *Lorsqu'ils furent partis, voici, un ange du Seigneur apparut en songe à Joseph, et dit: Lève-toi, prends le petit enfant et sa mère, fuis en Égypte, et restes-y jusqu'à ce que je te parle; car Hérode cherchera le petit enfant pour le faire périr.*
>
> *Joseph se leva, prit de nuit le petit enfant et sa mère, et se retira en Égypte. Il y resta jusqu'à la mort d'Hérode.* Matthieu 2.12-15a

Fidèle à sa réputation, telle qu'elle nous est dévoilée dans les annales historiques séculières, Hérode avait déployé tous ses efforts pour essayer d'éliminer Jésus; mais l'enfant était en sécurité en Égypte. Dans les récits anciens, on associait l'Égypte à un endroit d'oppression et de violence, un pays qui avait subi le jugement de Dieu. Mais maintenant Dieu choisissait l'Égypte pour être un endroit qui serait honoré comme étant le lieu où il avait conduit Marie et Joseph afin de trouver un refuge pour le Christ. Dans le pays d'Égypte, cette famille exceptionnelle était en sécurité; tandis que dans le pays des Juifs il y avait de la cruauté, de l'injustice et des efforts pour détruire les plans de Dieu. Les rôles étaient inversés.

Finalement, Hérode était décédé. Joseph, Marie et Jésus sont donc revenus dans leur pays pour s'installer à Nazareth où Joseph a repris son travail de charpentier.

> *Or, l'enfant croissait et se fortifiait. Il était rempli de sagesse, et la grâce de Dieu était sur lui.* Luc 2.40

La Parole

Qu'est-ce qui vaut mieux? Communiquer par lettre ou en personne? Des lettres sont utiles; mais si on désire vraiment connaître une personne, il n'y a rien de mieux que de passer du temps avec elle et de lui parler face à face. On a vu qu'à travers les siècles, Dieu a honoré ceux qui croyaient sa Parole soit orale, soit écrite. Mais Dieu ne s'est pas révélé en paroles seulement; il s'est aussi fait connaître aux hommes en venant sur la Terre.

> *Au commencement était la* ***Parole****, et la Parole était avec Dieu, et la Parole était Dieu. Elle* ***était au commencement avec Dieu****… La Parole* ***a été faite chair,*** *et elle a habité parmi nous…* Jean 1.1,2,14a

Qui était cette *Parole* qui *était avec Dieu au commencement* et qui *a été faite chair?* L'Écriture déclare qu'elle n'est nul autre que Jésus-Christ.

Pensez-y! Jésus *était avec Dieu au commencement!* Bien sûr, il ne portait pas encore le nom de *Jésus* (signifiant *Sauveur*). Ce nom lui a été donné seulement à sa naissance en tant qu'être humain.

3 Parmi les docteurs de la loi

Élever l'enfant Jésus a dû être toute une expérience pour Joseph et Marie. Il était sans péché, parfait. Même jeune enfant, il n'a jamais démontré de l'impatience, ni rouspété, ni piqué de crise. Des histoires circulent, dans lesquelles on spécule sur l'enfance de Jésus à Nazareth; mais aucun de ces récits ne se trouve dans les Écritures. On n'y lit qu'un seul incident arrivé lorsque Jésus avait douze ans.

> *Les parents de Jésus allaient chaque année à Jérusalem, à la fête de Pâque. Lorsqu'il fut âgé de douze ans, ils y montèrent, selon la coutume de la fête.* Luc 2.41,42

Selon la coutume juive, un garçon arrivé à l'adolescence devenait membre* à part entière

*Un garçon devenait fils de l'alliance, une coutume qui s'est perpétuée jusqu'à nos jours dans la cérémonie de la bar-mitsva.

Quand le texte dit que Jésus était *avec Dieu au commencement,* cela ne signifie pas qu'il y avait plus d'un Dieu! Considérez ceci: Lorsque nous parlons, nous ne considérons pas notre parole comme étant distincte de nous. On ne peut ouvrir le cerveau et découper la zone intitulée « LA PAROLE ». Les mots sont des pensées soit verbales, soit écrites qui, d'une manière ou d'une autre, font partie de notre personne. Si quelqu'un n'aime pas ce que je dis ou écris, il ne va pas critiquer les paroles comme telles; c'est moi qu'il va critiquer. On me tiendra responsable de l'effet que produisent mes paroles, qu'il soit favorable ou non. Je serai blâmé ou béni pour ma parole, car je suis un avec elle. De la même façon, Jésus et Dieu sont un. Jésus est la *Parole de Dieu.*

On ne devrait pas s'étonner que Dieu ait choisi d'utiliser la meilleure méthode possible pour communiquer avec l'homme:

> ***…la Parole a été faite chair, et elle a habité parmi nous…*** Jean 1.14a

de la communauté religieuse. Il avait alors tous les privilèges et responsabilités accordés aux jeunes hommes. Lors de leur voyage annuel à Jérusalem, Joseph et Marie étaient sûrement très conscients du fait que leur fils était sur le point de vivre ce moment important dans la vie d'un homme juif[5].

Voyage de retour

La fête étant terminée, chacun reprit le chemin du retour. Même si nous n'avons pas tous les détails, nous pouvons nous imaginer ce qui s'est passé. Il est fort probable que les gens de Nazareth voyageaient ensemble pour leur protection mutuelle et pour se tenir compagnie. Les femmes et quelques hommes étaient probablement partis tôt le matin, avec les enfants, afin de prendre de l'avance; les autres hommes demeurant plus longtemps à Jérusalem, pour ensuite s'empresser de rattraper le groupe à la tombée de la nuit.

> *Puis, quand les jours furent écoulés, et qu'ils s'en retournèrent, l'enfant Jésus resta à Jérusalem. Son père et sa mère ne s'en aperçurent pas. Croyant qu'il était avec leurs compagnons de voyage, ils firent une journée de chemin.* Luc 2.43,44a

On imagine Marie qui part dès le lever du soleil. Elle ne voit pas Jésus dans la foule, mais ne s'en fait pas. Il est à l'âge d'agir comme un homme. Sans doute, est-il resté en arrière avec les autres. Il est probablement avec Joseph. Cette pensée procure à Marie une grande satisfaction. Quel merveilleux jeune homme! Elle est contente que Jésus puisse profiter de ces quelques heures additionnelles au temple à écouter les docteurs de la loi.

Le soleil se couchait déjà lorsque Joseph et les autres hommes sont arrivés au lieu de rencontre prévu. Ils avaient passé une journée agréable à apprendre de nouvelles choses, en écoutant les docteurs de la loi enseigner la Parole de Dieu. Chemin faisant, les hommes avaient discuté de ce qu'ils avaient entendu. Joseph n'avait qu'un seul regret… que Jésus ne soit pas resté avec lui. Après tout, en tant que jeune homme, Jésus devait commencer à assumer ses responsabilités. Il aurait pu apprendre tant de choses. Mais de toute évidence, Jésus était parti avec Marie et les autres jeunes gens. Joseph devra lui faire comprendre qu'il n'était plus un enfant. Ce n'était pas arrivé souvent à Joseph de reprendre Jésus. À bien y penser, il ne pouvait se rappeler aucune occasion où cela s'était avéré nécessaire.

Joseph et Marie sont tous les deux souriants lorsqu'ils se voient:

« Tu as passé une bonne journée? »

« Ah oui, formidable! »

« Et Jésus, il a aimé ça? »

« Jésus? »

Les sourires disparaissent. « Je croyais... ! »

« Oui, mais moi je croyais... ! »

Ils... le cherchèrent parmi leurs parents et leurs connaissances. Mais, ne l'ayant pas trouvé, ils retournèrent à Jérusalem pour le chercher. Luc 2.44b,45

Jésus dans le temple

Joseph et Marie se mettent frénétiquement à chercher Jésus. Ils parcourent tous les endroits où un garçon de son âge aurait pu se trouver ou s'attarder – la section des friandises au marché, les sites de construction... Désespéré, Joseph retrace son itinéraire. Le dernier endroit où il avait vu Jésus était au temple.

Au bout de trois jours, ils le trouvèrent dans le temple, assis au milieu des docteurs, les écoutant et les interrogeant. Tous ceux qui l'entendaient étaient frappés de son intelligence et de ses réponses. Luc 2.46,47

Jésus était là où il devait être, faisant exactement ce que Joseph et Marie avaient souhaité qu'il fasse. À une différence près: au lieu de recevoir l'instruction des docteurs de la loi, c'est Jésus qui les instruisait. Ce n'est pas qu'il leur ait donné une leçon, mais on ne pouvait pas ignorer ses questions pénétrantes, sa compréhension remarquable et la profondeur de ses réponses. Ceux qui l'écoutaient étaient suspendus à ses lèvres. L'Écriture raconte qu'ils étaient *frappés* de son intelligence.

Les docteurs de la loi n'étaient pas les seuls à être stupéfaits. Joseph et Marie étaient étonnés et sans doute aussi très soulagés. Cependant, ils ont vite fait de retrouver la parole:

Quand ses parents le virent, ils furent saisis d'étonnement, et sa mère lui dit: Mon enfant, pourquoi as-tu agi de la sorte avec nous? Voici, ton père et moi, nous te cherchions avec angoisse. Luc 2.48

En réponse, Jésus leur posa une question :

> *Pourquoi me cherchiez-vous ? Ne saviez-vous pas qu'il faut que je m'occupe des affaires de mon Père ?* Luc 2.49

Un simple rappel

Ce n'était pas une réplique insolente. Jésus disait tout simplement qu'il était là où un enfant devait être, c'est-à-dire dans la maison de son Père. *Mais que voulait-il dire par là ? De quel Père parlait-il ?* Nous étudierons cette question plus en profondeur dans la prochaine section. Pour le moment, il suffit de savoir que Jésus rappelait à ses parents, de façon courtoise, qui il était véritablement.

> *Mais ils ne comprirent pas ce qu'il leur disait. Puis il descendit avec eux pour aller à Nazareth, et il leur était soumis. Sa mère gardait toutes ces choses dans son cœur.*
>
> *Et Jésus croissait en sagesse, en stature, et en grâce, devant Dieu et devant les hommes.* Luc 2. 50-52

4 Le prophète Jean

Jésus a débuté sa mission de façon officielle vers l'âge de trente ans. Jean, le fils de Zacharie, avait déjà commencé à aplanir le chemin de Jésus.

> *En ce temps-là parut Jean-Baptiste, prêchant dans le désert de Judée. Il disait : Repentez-vous, car le royaume des cieux est proche. Jean est celui qui avait été annoncé par Ésaïe, le prophète, lorsqu'il dit :*
>
> *C'est ici la voix de celui qui crie dans le désert : Préparez le chemin du Seigneur, aplanissez ses sentiers.*
>
> *Les habitants de Jérusalem, de toute la Judée et de tout le pays des environs du Jourdain, se rendaient auprès de lui.* Matthieu 3.1-3,5

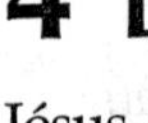

Le prophète Jean accomplissait une prophétie ancienne faite 700 ans auparavant par le prophète Ésaïe ; il préparait le chemin du Seigneur. Dans ce même passage, Ésaïe avait dit :

> *... Élève avec force ta voix, Jérusalem, pour publier la bonne nouvelle ; élève ta voix, ne crains point ; dis aux villes de Juda : Voici votre Dieu !* Ésaïe 40.9b

Jean disait à tous ceux qui voulaient l'entendre que l'OINT DE l'ÉTERNEL était arrivé. Cette nouvelle causait tout un émoi.

Le baptême

On l'appelait Jean-Baptiste parce qu'il baptisait les gens. À cette époque, le baptême était un rite courant dans la culture du Moyen-Orient. On y attachait une grande signification. Cependant, de nos jours, ce mot est mal compris.

Le baptême sous-entend une *identification* à quelque chose. Le sens premier du mot *baptizo* trouve ses origines dans l'industrie textile. Lorsqu'on voulait teindre un tissu, on le plongeait dans une cuve de teinture. Le tissu prenait alors la couleur du pigment, s'identifiant ainsi entièrement à la teinture.

Jean enseignait que les Juifs s'étaient égarés loin des Écritures pour adopter les façons de penser des hommes. Il leur a dit qu'ils devaient *changer de pensée* par rapport à leur égarement et retourner vers Dieu; en d'autres mots, qu'ils devaient se repentir. Ceux qui se faisaient baptiser par Jean démontraient qu'ils s'identifiaient – ou acquiesçaient personnellement – au message de repentance annoncé par Jean.

> *Les habitants de Jérusalem, de toute la Judée et de tout le pays des environs du Jourdain, se rendaient auprès de lui; et, confessant leurs péchés, ils se faisaient baptiser par lui dans les eaux du Jourdain.*
>
> *Mais, voyant venir à son baptême beaucoup de pharisiens et de sadducéens, il leur dit: Races de vipères, qui vous a appris à fuir la colère à venir? Produisez donc du fruit digne de la repentance.* Matthieu 3.5-8

La repentance

Jean-Baptiste a vu dans son auditoire des pharisiens et des sadducéens. On se rappellera que ce sont eux qui soit *ajoutaient*, soit *retranchaient*, des mots de la Parole de Dieu. Ces deux sectes ne s'accordaient pas, mais ils avaient une chose en commun: ils se pensaient meilleurs que les autres. Ils étaient orgueilleux. Jean les a appelés *race de vipères* parce qu'ils imposaient aux autres des règles impossibles à suivre alors qu'eux-mêmes ne les observaient pas. Jean leur a dit qu'ils avaient besoin de se repentir – de changer leur façon de penser.

L'identification de Jésus

> *Alors Jésus vint de la Galilée au Jourdain vers Jean, pour être baptisé par lui.*
> *Mais Jean s'y opposait, en disant: C'est moi qui ai besoin d'être baptisé par toi, et tu viens à moi!* Matthieu 3.13,14

Jean était prophète, mais il reconnaissait que Jésus était plus qu'un prophète. Jésus n'avait pas besoin de se repentir, car il était parfait. Jean a demandé d'être baptisé par Jésus pour la repentance de ses péchés, car il reconnaissait que c'était lui-même qui avait besoin de se faire baptiser par Jésus et non le contraire.

> *Jésus lui répondit: Laisse faire maintenant, car il est convenable que nous accomplissions ainsi tout ce qui est juste. Et Jean ne lui résista plus.* Matthieu 3.15

Jésus a insisté pour être baptisé afin de s'identifier au message de Jean qui instruisait le peuple sur la nécessité d'avoir une conduite juste. Il voulait ainsi confirmer la véracité du message de Jean.

> *Dès que Jésus eut été baptisé, il sortit de l'eau. Et voici, les cieux s'ouvrirent, et il vit l'Esprit de Dieu descendre comme une colombe et venir sur lui. Et voici, une voix fit entendre des cieux ces paroles: Celui-ci est mon Fils bien-aimé, en qui j'ai mis toute mon affection.* Matthieu 3.16,17

Nous examinerons ce verset un peu plus loin.

L'Agneau de Dieu

> *Le lendemain, il vit Jésus venant à lui, et il dit: Voici l'Agneau de Dieu, qui ôte le péché du monde. C'est celui dont j'ai dit: Après moi vient un homme qui m'a précédé, car il était avant moi.* Jean 1.29,30

Jean a identifié Jésus comme étant le SAUVEUR PROMIS qui ôterait le péché du monde. Jean a dit que Jésus existait avant lui – depuis l'éternité. Il dit:

> *…j'ai vu, et j'ai rendu témoignage qu'il est le Fils de Dieu.* Jean 1.34

Un jour, alors que j'enseignais les Écritures à un jeune couple, nous sommes arrivés à ce verset qui dit: *Voici l'Agneau de Dieu, qui ôte le péché du monde…* La femme s'est alors exclamée:

« L'agneau, l'agneau! Y a-t-il un lien entre cet agneau et tous les autres qu'on a vus dans l'ancienne partie de la Bible? »

Je lui ai répondu: « En effet, et d'ici la fin de notre étude, vous verrez que tous les éléments de la Parole de Dieu tombent si bien en place que son message vous apparaîtra tout à fait logique. »

Deux facettes du mot grand

Certaines personnes déclarent que le Dieu Tout-puissant ne viendrait jamais sur la Terre pour naître comme un nouveau-né vulnérable… dans une étable sale. Il ne prendrait jamais la forme d'un homme! Dieu est trop *grand* pour faire une telle chose!

Mais est-ce vrai? Peut-être aurions-nous besoin de définir le mot « grand ». Considérez ceci:

1. Il y a la *grandeur* d'un roi qui vit dans le luxe de son palais, entouré de richesses et de serviteurs qui le rendent à l'aise. Il se salit rarement les mains et ne connaît que très peu les épreuves et les difficultés auxquelles font face ses sujets jour après jour.
2. Ensuite, il y a la *grandeur* d'un médecin qui abandonne une situation lucrative dans son propre pays afin d'ouvrir un cabinet médical dans un pays étranger. Entouré de maladies et de pauvreté, il sert les gens du pays, les aide, les guérit et finit par donner sa vie pour eux.

D'après vous, quelle sorte de *grandeur* est digne d'un Dieu de grâce et de miséricorde?

Est-ce que Dieu se parle à lui-même?

Dès les premières pages des Saintes Écritures, nous remarquons que Dieu parle d'une façon inusitée, comme s'il se parlait à lui-même. En voici quelques exemples:

Lors de la création de l'homme:

> *Puis Dieu dit: **Faisons** l'homme à **notre** image, selon **notre** ressemblance…* Genèse 1.26a

À la suite du péché d'Adam:

> *L'Éternel Dieu dit: Voici, l'homme est devenu comme l'un de **nous**, pour la connaissance du bien et du mal.* Genèse 3.22a

Au moment où Dieu dispersa les habitants de Babel:

> ***Allons! descendons**, et là **confondons** leur langage, afin qu'ils n'entendent plus la langue les uns des autres. Et l'Éternel les dispersa…* Genèse 11.7,8a

À qui Dieu parlait-t-il?

L'ange qui s'est adressé à Marie a dit:

> *Le **Saint-Esprit** viendra sur toi, et la puissance du **Très-Haut** te couvrira de son ombre. C'est pourquoi le saint enfant qui naîtra de toi sera appelé **Fils de Dieu.*** Luc 1.35

Dans ce passage, le *Saint-Esprit*, le *Très-Haut* et le *Fils de Dieu* sont tous trois mentionnés. Nous savons que le *Très-Haut* c'est Dieu et nous avons déjà lu plusieurs versets annonçant que *Jésus* est Dieu venu en chair. Se peut-il qu'il s'agisse de la même personne? Et le *Saint-Esprit*? Qu'en disaient les Écritures? Relisons le verset qui nous parle du baptême de Jésus:

> *Dès que Jésus eut été baptisé, il sortit de l'eau. Et voici, les cieux s'ouvrirent, et il vit l'**Esprit de Dieu** descendre comme une colombe et venir sur lui. Et voici, **une voix fit entendre des cieux** ces paroles: Celui-ci est mon **Fils** bien-aimé, en qui j'ai mis toute mon affection.* Matthieu 3.16,17

Nous avons ici trois entités: *Jésus, l'Esprit de Dieu* et une *voix venant du ciel.* Cela peut prêter à confusion si on ne comprend pas quelques concepts fondamentaux des Écritures. Voici quelques autres morceaux du puzzle:

Premièrement, nous savons qu'il n'y a qu'un seul Dieu. L'Écriture le déclare à maintes reprises.

> *Jésus répondit... Écoute, Israël, le Seigneur notre Dieu, est l'unique Seigneur.* Marc 12.29b

Cette déclaration est assez directe. Cependant, il y a certaines vérités au sujet de Dieu qui dépassent notre entendement; des concepts incroyablement complexes que nous trouvons difficiles même à imaginer. Par exemple, la notion d'un Dieu éternel n'est pas facile à saisir. Concevoir un *Dieu qui est présent partout à la fois* est tout aussi complexe. Étant donné notre intelligence limitée, il nous est impossible de comprendre adéquatement ces deux concepts. Maintenant, nous voici devant une autre révélation au sujet de Dieu, qui est tout aussi difficile à saisir, mais qui est pourtant enseignée très clairement dans la Parole de Dieu. Les Écritures nous révèlent un Dieu qui est *à la fois* Père, Fils et Saint-Esprit – trois personnes éternelles et égales qui forment une *tri-unité* ou une *trinité,* mais qui constituent néanmoins le seul et unique Dieu.

Au cours des siècles, les hommes ont tenté de trouver une image pour expliquer ce concept de la trinité:

1. L'œuf: chaque œuf se compose d'une coquille, d'un blanc d'œuf et d'un jaune d'œuf – trois parties distinctes qui forment un seul œuf.
2. Les dimensions: une boîte se représente par des mesures de hauteur, de largeur et de longueur. Bien que ces dimensions soient distinctes l'une de l'autre, on ne peut les dissocier.
3. La multiplication: 1 x 1 x 1 = 1
4. Le soleil: un corps céleste visible, une lumière invisible, et une chaleur qu'on peut sentir – trois éléments distincts, mais un seul soleil.

Même si certaines de ces illustrations peuvent nous aider à comprendre le concept de la trinité, elles demeurent toutefois inadéquates. Il faut veiller à ne pas rabaisser Dieu à notre niveau et le voir comme l'un de nous. Dieu dit, qu'en partie, on n'arrive pas à le comprendre parce que:

... Tu t'es imaginé que je te ressemblais... Psaume 50.21b

Lorsque nous étions enfants, nous avons accepté beaucoup de choses comme étant vraies sans les comprendre. « Qu'est-ce que l'électricité? Pourquoi ne se déverse-t-elle pas par terre lorsqu'on débranche l'appareil? On ne peut la voir. Pourquoi me dit-on que l'électricité me fera mal si je mets des pinces dans la prise? » Notre difficulté à comprendre l'électricité ne signifie pas qu'elle est inexistante.

En tant qu'adultes, nous sommes fiers de la capacité de notre cerveau de pouvoir comprendre le monde dans lequel nous vivons. Certaines choses qui laissaient nos ancêtres perplexes sont devenues faciles à comprendre aujourd'hui. Mais il ne faut pas nous enorgueillir. L'univers contient encore beaucoup de mystères. Dans cent ans, il se peut très bien que les hommes de cette époque s'étonneront de notre aveuglement face à certains faits qu'ils considéreront alors comme très évidents. Peut-être qu'un jour, le concept de la trinité nous semblera tout à fait logique. Mais, même dans ce cas, il nous faut reconnaître que notre capacité de raisonner est limitée et que, par conséquent, nous ne pouvons pas comprendre un Dieu qui est « infini ».

Le Dieu qui nous est révélé dans les Écritures a de quoi nous ébahir.

Pensez-y! Un Dieu éternel qui sait toutes choses, qui est présent partout à la fois, le Créateur de tout l'univers, *une Trinité; c'est-à-dire un seul Dieu composé de trois personnes égales – le Père, le Fils et le Saint-Esprit – chacune possédant le même caractère et les mêmes capacités.* C'est inconcevable! Bien que ces concepts soient difficiles à saisir, la Parole de Dieu affirme qu'ils sont tous vrais.

Le mot *Dieu* fait lui-même allusion à la trinité. La structure grammaticale de l'hébreu a trois formes de noms: une pour le <u>singulier</u>, une pour désigner <u>deux seulement</u> et une autre pour <u>trois ou plus.</u> Le mot *Dieu*, en hébreu, *Élohim*, est dans la forme qui désigne trois ou plus, alors que le verbe qui l'accompagne est au singulier.

Les choses cachées sont à l'Éternel, notre Dieu; les choses révélées sont à nous et à nos enfants à perpétuité... Deutéronome 29.29a

Chapitre onze

1 Tenté

2 Puissance et Renommée

3 Nicodème

4 Le rejet

5 Le pain de vie

1 Tenté

Au début de la création, Satan s'était rebellé avec l'intention de prendre lui-même la place de Dieu. Maintenant, il voit Dieu le Fils mettre de côté sa majesté et sa gloire pour quitter le ciel et venir sur terre en tant qu'être humain. Bien que Jésus soit toujours Dieu, il a dû paraître vulnérable aux yeux de Satan. Quelle victoire ce serait pour lui si, d'une manière ou d'une autre, il arrivait à inciter Jésus à lui obéir. Dieu, par contre, voyait les choses autrement. Il était sur le point de révéler à l'humanité un autre aspect de sa personne.

Alors Jésus fut emmené par l'Esprit dans le désert, pour être tenté par le diable.*

Après avoir jeûné quarante jours et quarante nuits, il eut faim. Matthieu 4.1,2

* Diable signifie «faux accusateur, calomniateur».

Jésus venait de passer plusieurs jours sans prendre de nourriture.

Le tentateur, s'étant approché, lui dit: Si tu es Fils de Dieu, ordonne que ces pierres deviennent des pains.* Matthieu 4.3

* Voir les pages 190-192 pour une explication du terme « Fils de Dieu. »

Une petite suggestion

Satan avait suggéré à Jésus de faire quelque chose de très légitime : satisfaire ses besoins physiques. Du même coup, ce serait une occasion idéale pour Jésus de prouver sa véritable identité. S'il était Dieu, il était donc celui qui avait créé le monde en prononçant quelques paroles. Ce serait une affaire de rien pour lui de changer des pierres en pain. Mais il y avait un hic. En acceptant la suggestion de Satan, Jésus se serait soumis à ses ordres.

Jésus répondit: Il est écrit: L'homme ne vivra pas de pain seulement, mais de toute parole qui sort de la bouche de Dieu. Matthieu 4.4

Jésus cite les Saintes Écritures

Jésus a choisi de répondre à Satan en citant un passage des Écritures – la parole écrite de Dieu. Il lui a répondu qu'il était plus important pour l'homme de suivre les directives de Dieu, que de se préoccuper de ses besoins physiques. Voilà toute une déclaration! De nos jours, les gens se préoccupent tellement de l'aspect physique de leur vie qu'ils négligent leur bien-être spirituel.

Et que sert-il à un homme de gagner tout le monde, s'il perd son âme? Marc 8.36

Satan « cite » les Écritures

Le diable le transporta dans la ville sainte, le plaça sur le haut du temple, et lui dit: Si tu es Fils de Dieu, jette-toi en bas; car il est écrit: Il donnera des ordres à ses anges à ton sujet; et ils te porteront sur les mains, de peur que ton pied ne heurte contre une pierre. Matthieu 4.5,6

C'était une provocation audacieuse: « Montre-le; prouve que tu es le Fils de Dieu! Si Dieu est véritablement ton Père, il viendra à ton secours! »

Satan citait un passage que l'on trouve dans le livre des Psaumes. Il aime bien la religion, et citer les Écritures est une de ses astuces préférées. Le problème est qu'il ne les cite pas correctement, mais choisit plutôt de n'employer que les portions qui font son affaire. C'est de cette façon qu'il avait agi avec Ève dans le jardin d'Éden et maintenant il utilisait la même tactique avec Jésus.

Jésus cite de nouveau les Écritures

Une fois de plus, Jésus répond à la tentation de Satan en citant – correctement – les Écritures. Il n'a rien à prouver.

Jésus lui dit: Il est aussi écrit: Tu ne tenteras point le Seigneur, ton Dieu. Matthieu 4.7

Offre refusée

Le diable le transporta encore sur une montagne très élevée, lui montra tous les royaumes du monde et leur gloire, et lui dit: Je te donnerai toutes ces choses, si tu te prosternes et m'adores. Matthieu 4.8,9

Satan* avait proposé à Jésus de lui donner tous les royaumes du monde *à la condition* que celui-ci l'adore. N'était-ce pas ce que Jésus désirait? Que les nations le suivent? Ce que Satan n'avait pas mentionné c'est qu'en acceptant de l'adorer, Jésus se mettrait au service du diable. L'adoration et le service vont toujours de pair. La machination de Satan a cependant échoué. De nouveau, Jésus a cité les Écritures:

* Satan signifie « adversaire ou ennemi ».

Jésus lui dit: Retire-toi, Satan! Car il est écrit: Tu adoreras le Seigneur, ton Dieu, et tu le serviras lui seul.

> *Alors le diable le laissa, et voici, des anges vinrent auprès de Jésus, et le servirent.* Matthieu 4.10,11

Jésus n'est pas tombé dans le piège insidieux de Satan. Il était sans reproche, ne faisant aucun compromis face à la tentation. Le diable s'est donc retiré momentanément sans pour autant abandonner son plan de détruire Jésus.

Sans péché

La lutte entre le bien et le mal ne se mène pas sur un pied d'égalité. Jésus, le Dieu Créateur, est de loin supérieur en puissance à Satan, une simple créature.

Jésus a été tenté, mais il n'a pas cédé à la tentation. Il était parfait.

Aucun prophète, vrai ou faux, n'a prétendu être sans péché. Les Écritures relatent la vie de beaucoup de gens qui étaient dévoilés comme étant pécheurs ou qui ont confessé eux-mêmes leur péché, mais Jésus n'a jamais eu besoin de demander pardon. C'est en vain que l'on chercherait dans l'Écriture un seul exemple à ce sujet. Même ses proches, ceux qui auraient pu aisément déceler une lacune chez Jésus, ont écrit qu'il:

> *…n'a point commis de péché, et dans sa bouche… il ne s'est point trouvé de fraude.* 1 Pierre 2.22

La tentation n'était qu'une autre manière pour Jésus de s'identifier pleinement à l'humanité. Au jour du Jugement dernier, personne ne pourra se tenir devant Dieu et dire: « Seigneur, tu ne comprends pas: Tu vis dans un palais; moi, dans la poussière. Tu n'as jamais été tenté de pécher; moi, je l'ai été. Comment peux-tu me juger alors que tu n'as jamais fait face aux mêmes difficultés que moi? » La Bible dit que nous n'avons pas un Dieu:

> *…qui ne puisse compatir à nos faiblesses; au contraire, il a été tenté comme nous en toutes choses, sans commettre de péché.* Hébreux 4.15

La justice de Jésus a été manifestée aux yeux de tous.

Satan avait cependant obtenu une victoire puisque Jean-Baptiste avait été emprisonné[1].

Jésus, ayant appris que Jean avait été livré, se retira dans la Galilée. Il quitta Nazareth, et vint demeurer à Capernaüm, située près de la mer… Matthieu 4.12,13a

2 Puissance et Renommée

Après que Jean eut été livré, Jésus alla dans la Galilée, prêchant l'Évangile de Dieu.

Il disait: Le temps est accompli, et le royaume de Dieu est proche. Repentez-vous, et croyez à la bonne nouvelle. Marc 1.14,15

Puisque la nation d'Israël n'a pas été la lumière qu'elle se devait d'être pour démontrer la relation entre Dieu et l'homme, Jésus est venu en offrant un nouveau royaume. Il n'offrait pas un empire politique basé sur des lois écrites sur des tables de pierre; des lois impossibles à observer; mais plutôt un royaume spirituel qui était à la portée de tous, écrit dans le cœur des hommes et dont Dieu était la force.

Au premier abord, cette offre a dû laisser les Juifs perplexes. Jésus s'habillait pauvrement. « Ne venait-il pas de Nazareth? Son père, n'était-il pas charpentier? » Et il voyageait à pied. Des rois ne voyagent pas de cette façon! Un vrai roi se déplacerait à cheval, entouré de chariots et accompagné d'une armée. Il se rendrait directement au palais d'Hérode d'où il lancerait un défi – une proclamation royale d'indépendance. Mais on ne pouvait aucunement interpréter le message de Jésus de cette façon. Il a dit au peuple de *se repentir.* Quel genre de roi dirait une telle chose? Les potins allaient bon train et même les gens sérieux se mordaient les lèvres pour ne pas rire de ce prétendu roi.

Cependant, certains le prenaient au sérieux. La repentance vient du cœur, et c'est exactement là que Jésus comptait établir son règne. Ceux qui l'avaient rencontré personnellement constataient qu'il était différent. Ses paroles incitaient à la réflexion.

Comme il passait le long de la mer de Galilée, il vit Simon et André, frère de Simon, qui jetaient un filet dans la mer; car ils étaient pêcheurs. Jésus leur dit: Suivez-moi, et je vous ferai pêcheurs d'hommes. Aussitôt, ils laissèrent leurs filets, et le suivirent.

Étant allé un peu plus loin, il vit Jacques, fils de Zébédée, et Jean, son frère, qui, eux aussi, étaient dans une barque et réparaient les filets. Aussitôt, il les appela; et, laissant leur père Zébédée dans la barque avec les ouvriers, ils le suivirent. Marc 1.16-20

Autorité

Ils se rendirent à Capernaüm. Et, le jour du sabbat, Jésus entra d'abord dans la synagogue, et il enseigna. Ils étaient frappés de sa doctrine; car il enseignait comme ayant autorité, et non pas comme les scribes. Marc 1.21,22

En écoutant Jésus, les gens se rendaient compte qu'il n'avait rien d'ordinaire. Son enseignement exigeait l'attention, et avec raison : il était Dieu lui-même. Non seulement Jésus parlait avec autorité, mais il en démontrait la puissance par ses actions.

Il se trouva dans leur synagogue un homme qui avait un esprit impur, et qui s'écria:

Qu'y a-t-il entre nous et toi, Jésus de Nazareth? Tu es venu pour nous perdre. Je sais qui tu es: le Saint de Dieu. Marc 1.23,24

Cet homme était possédé d'un démon. Il avait consenti à être habité par un ange de Satan. Le démon savait qui était Jésus – il l'appelle: le Saint de Dieu!

Jésus le menaça, disant: Tais-toi, et sors de cet homme. Marc 1.25

Jésus ne voulait pas que ce soit un démon qui révèle Son identité aux hommes, car ils tordent toujours la vérité pour parvenir à leurs propres fins. Jésus a lui-même prouvé qu'il était Dieu en ordonnant à l'esprit impur de sortir de cet homme.

Et l'esprit impur sortit de cet homme, en l'agitant avec violence, et en poussant un grand cri. Tous furent saisis de stupéfaction, de sorte qu'ils se demandaient les uns aux autres: Qu'est-ce que ceci? Une nouvelle doctrine! Il commande avec autorité même aux esprits impurs, et ils lui obéissent! Et sa renommée se répandit aussitôt dans tous les lieux environnants de la Galilée. Marc 1.26-28

À présent, on ne chantait plus la même chanson. Le pouvoir de Jésus faisait la une, et ce n'était que le début!

> *Un lépreux vint à lui; et, se jetant à genoux, il lui dit d'un ton suppliant: Si tu le veux, tu peux me rendre pur.*
>
> *Jésus, ému de compassion, étendit la main, le toucha, et dit: Je le veux, sois pur.*
>
> *Aussitôt la lèpre le quitta, et il fut purifié.* Marc 1.40-42

En ce temps-là, la lèpre était une maladie redoutable. Elle causait d'horribles mutilations menant à une mort lente. Les Écritures affirment que Jésus guérissait toute espèce de maladie, même les plus terribles où la victime était visiblement malade ou atteinte d'une grave infirmité. Pour Jésus, aucune maladie n'était incurable. Il allait même jusqu'à ressusciter les morts!

C'est important de réaliser que les guérisons n'étaient pas simplement un spectacle pour impressionner les gens. Jésus avait une sincère compassion pour ceux qu'il aidait et, par ses gestes, il démontrait que lui et son message venaient véritablement de Dieu. Jésus n'avait besoin ni de cheval, ni de chariot, ni d'une armée. Une simple parole de sa part suffisait. Rappelez-vous, il était La Parole… le Sauveur Promis annoncé par tous les prophètes.

Les démons

Jésus avait l'autorité absolue sur toute la création, même sur les esprits. Les Écritures disent:

> *Car en lui ont été créées toutes les choses qui sont dans les cieux et sur la terre, les visibles et les invisibles, trônes, dignités, dominations, autorités. Tout a été créé par lui et pour lui. Il est avant toutes choses…* Colossiens 1.16,17a

La lutte entre le bien et le mal ne se mène pas sur un pied d'égalité. Le Seigneur Jésus est infiniment plus puissant que Satan, un être créé. Si quelqu'un craint le domaine des esprits, il a besoin de savoir que Jésus-Christ est venu pour l'affranchir de cette crainte. Nous verrons plus loin dans notre étude comment cela est possible.

3 Nicodème

Mais il y eut un homme d'entre les pharisiens, nommé Nicodème, un chef des Juifs, qui vint, lui, auprès de Jésus, de nuit, et lui dit: Rabbi, nous savons que tu es un docteur venu de Dieu; car personne ne peut faire ces miracles que tu fais, si Dieu n'est avec lui.*

Jésus lui répondit: En vérité, en vérité, je te le dis, si un homme ne naît de nouveau, il ne peut voir le royaume de Dieu. Jean 3.1-3

* *Rabbi* est le titre donné à un enseignant religieux juif. S'adresser à quelqu'un de cette manière démontrait du respect.

Naître de nouveau?

Nicodème était un homme de prestige. Il était membre du sanhédrin, le tribunal juif qui faisait des recommandations aux Romains. En tant que pharisien, Nicodème observait soigneusement la loi de Moïse. Parce qu'il était Juif et descendant d'Abraham, il considérait qu'il faisait partie de la race élue. Nicodème venait d'une lignée privilégiée. Toutes les circonstances entourant sa naissance étaient *idéales.* Et pourtant, Jésus lui dit: «Tu dois naître de nouveau.» Jésus était sensé donner de bonnes nouvelles, mais celle-là était mauvaise. Comment pouvait-on naître de nouveau?

Nicodème lui dit: Comment un homme peut-il naître quand il est vieux? Peut-il rentrer dans le sein de sa mère et naître?

Jésus répondit: En vérité, en vérité, je te le dis, si un homme ne naît d'eau et d'Esprit, il ne peut entrer dans le royaume de Dieu. Ce qui est né de la chair est chair, et ce qui est né de l'Esprit est esprit. Ne t'étonne pas que je t'aie dit: Il faut que vous naissiez de nouveau. Jean 3.4-7

Jésus ne parlait pas de la naissance physique de Nicodème – lorsqu'il est *né d'eau* (né de la chair). Il parlait de la seconde naissance, qui est une naissance spirituelle, un commencement spirituel. C'était très clair. Pour aller au ciel, en plus de naître physiquement, il faut naître spirituellement. Mais comment peut-on naître spirituellement?

Jésus poursuivit ses explications:

Et comme Moïse éleva le serpent dans le désert, il faut de même que le Fils de l'homme soit élevé, afin que quiconque croit en lui ait la vie éternelle. Jean 3.14,15

Jésus expliquait à Nicodème que pour naître de nouveau, il devait faire comme les gens du temps de Moïse. Il devait d'abord reconnaître qu'il était pécheur. Ensuite, il devait avoir un *changement de pensée.* Nicodème devait cesser de croire que sa descendance ancestrale et son statut pouvaient le rendre acceptable aux yeux de Dieu. Il devait plutôt croire que c'était Jésus qui lui donnerait un moyen de devenir acceptable à Dieu. S'il mettait sa foi en Jésus, ce dernier lui donnerait la vie éternelle.

Foi et Confiance

Dans ce contexte, le mot *croire* signifie plus qu'un assentiment intellectuel. Un Israélite aurait pu croire que s'il regardait le serpent d'airain, il serait guéri. Cependant, s'il ne passait pas à l'acte, pour démontrer sa foi en Dieu, il mourrait. La signification biblique du mot croire inclut un acte de volonté. Il est synonyme *d'avoir la foi* ou *d'avoir confiance.*

L'objet de notre foi est également important – c'est capital! Il y a quelques années, un individu dépravé avait empoisonné des capsules d'analgésique. Beaucoup de gens, croyant sincèrement que le médicament était ce qu'il prétendait être, l'avaient pris de bonne foi et en étaient morts. Leur confiance avait innocemment été placée dans un mauvais produit.

Une personne peut être convaincue qu'un *ovni* peut la sauver de son péché, mais la confiance fondée sur une croyance erronée est vaine. D'autre part, si Dieu est l'objet de sa foi, le résultat sera tout autre; car comme on l'a déjà vu, Dieu tient toujours sa parole.

> *Car Dieu a tant aimé le monde qu'il a donné son Fils unique, afin que quiconque croit en lui ne périsse point, mais qu'il ait la vie éternelle.* Jean 3.16

Vie éternelle

Jésus a promis la vie éternelle non seulement à Nicodème, mais à *quiconque* croit en lui! L'ange avait dit à Marie et à Joseph de nommer leur fils *Jésus* parce que ce nom signifiait LIBÉRATEUR, ou SAUVEUR. Maintenant, Jésus déclarait qu'il allait délivrer toute l'humanité des conséquences du péché: le châtiment éternel dans l'étang de feu.

> *Dieu, en effet, n'a pas envoyé son Fils dans le monde pour qu'il juge le monde, mais pour que le monde soit sauvé par lui.* Jean 3.17

Jésus n'est pas venu ici-bas pour juger le monde, mais pour le délivrer des malheurs causés par le péché, par Satan et par la mort.

> *Celui qui croit en lui n'est point jugé; mais celui qui ne croit pas est déjà jugé, parce qu'il n'a pas cru au nom du Fils unique de Dieu.*
> Jean 3.18

Il n'y a pas d'entre-deux

Jésus affirme que ceux qui mettent leur foi en lui ne seront pas jugés pour leurs péchés, tandis que ceux qui ne croient pas sont déjà jugés. Il n'y a pas d'entre-deux. On ne peut pas dire: «Je vais y penser» et ainsi rester neutre. Il faut *décider de croire;* sinon, on reste incrédule. Ne pas choisir est en réalité faire un choix.

De plus, Jésus déclare clairement que ce n'est pas nécessaire d'attendre la mort pour connaître sa destinée éternelle. Chaque être humain est condamné et déjà en route vers l'étang de feu – jusqu'au moment où il met sa confiance en Jésus pour être délivré. C'est alors qu'il reçoit la vie éternelle. Voilà la promesse que Jésus a faite:

> *En vérité, en vérité, je vous le dis, celui qui écoute ma parole, et qui croit à celui qui m'a envoyé, a la vie éternelle et ne vient point en jugement, mais il est passé de la mort à la vie.* Jean 5.24

Jésus n'a pas dit que le péché ne serait pas jugé. Il savait que tout le monde ne mettrait pas sa confiance en lui. Quelle qu'en soit la raison, beaucoup de gens choisiraient de ne pas croire.

> *...la lumière étant venue dans le monde, les hommes ont préféré les ténèbres à la lumière, parce que leurs œuvres étaient mauvaises. Car quiconque fait le mal hait la lumière, et ne vient point à la lumière, de peur que ses œuvres ne soient dévoilées...* Jean 3.19,20

Dans ce verset, Jésus met en contraste la lumière spirituelle et les ténèbres spirituelles. Il dit que beaucoup de gens détestent la lumière, car elle expose le péché. L'homme n'aime pas que son état de pécheur soit dévoilé. Il préfère se cacher ou bien mettre la faute de son péché sur le dos de quelqu'un d'autre comme l'ont fait Adam et Ève. L'Écriture dit que de telles personnes préfèrent les ténèbres. Mais de quelle *lumière* Jésus parlait-il?

> *Jésus leur parla de nouveau, et dit: Je suis la lumière du monde...*
> Jean 8.12a

Jésus est la lumière. Lors de la création, Dieu a créé la lumière afin d'éclairer notre chemin ici-bas. Par la suite, il est venu lui-même sur terre comme lumière *spirituelle* afin de nous éclairer spirituellement.

> *…celui qui me suit ne marchera pas dans les ténèbres mais il aura la lumière de la vie.* Jean 8.12b

4 Le rejet

> *Quelques jours après, Jésus revint à Capernaüm. On apprit qu'il était à la maison, et il s'assembla un si grand nombre de personnes que l'espace devant la porte ne pouvait plus les contenir. Il leur annonçait la parole. Des gens vinrent à lui, amenant un paralytique porté par quatre hommes.* Marc 2.1-3

Le paralytique

Partout où Jésus allait, les personnes malades et infirmes ne tardaient pas à se rassembler autour de lui. Dans ce récit, quatre hommes portent auprès de Jésus leur ami paralysé.

> *Comme ils ne pouvaient l'aborder, à cause de la foule, ils découvrirent le toit de la maison où il était, et ils descendirent par cette ouverture le lit sur lequel le paralytique était couché.* Marc 2.4

À cette époque, le toit des maisons était plat. Un escalier à l'extérieur de la maison y donnait accès. C'était un endroit frais où l'on pouvait se reposer le soir. Incapables de s'approcher de Jésus à cause de la foule, les quatre hommes ont emprunté l'escalier pour se rendre sur le toit. C'était l'étape facile. Ensuite, ils ont dû pratiquer une ouverture dans le toit et descendre le paralytique devant Jésus. C'était sans doute une tâche ardue. Pouvez-vous vous imaginer la poussière et les débris qui ont dû tomber sur la tête des gens se trouvant à l'intérieur? Il va sans dire que la leçon de Jésus a été interrompue. Les regards de tous se sont fixés au plafond, car ils se demandaient bien ce qui se passait. Voyant apparaître les visages résolus de ces quatre hommes, l'auditoire de Jésus a dû se mettre à crier: « Mal élevés! Pour qui vous prenez-vous? Nous sommes couverts de poussière! Qui vous a donné la permission de démolir la maison? » Mais Jésus y a vu autre chose:

> *Jésus, voyant leur foi, dit au paralytique: Mon enfant, tes péchés sont pardonnés.* Marc 2.5

Le cœur

La première préoccupation de Jésus a été le cœur de cet homme. Pardonner le péché ne posait aucun problème pour lui. Cependant quelques-uns parmi ceux qui l'écoutaient avaient de la difficulté à se faire à cette idée. Bien qu'ils ne les aient pas exprimées de vive voix, leurs pensées étaient hostiles :

> *Il y avait là quelques scribes, qui étaient assis, et qui se disaient au-dedans d'eux :*
>
> *Comment cet homme parle-t-il ainsi? Il blasphème. Qui peut pardonner les péchés, si ce n'est Dieu seul?* Marc 2.6,7

Ils avaient raison – seul Dieu peut pardonner les péchés!

> *Jésus, ayant aussitôt connu par son esprit ce qu'ils pensaient au-dedans d'eux, leur dit : Pourquoi avez-vous de telles pensées dans vos cœurs?* Marc 2.8

Jésus connaissait leurs pensées et le leur a dit. On peut s'imaginer l'état de choc des scribes. Sans doute ont-ils cherché à se rappeler quelles avaient été leurs pensées pendant les dix dernières minutes. Il était évident que Jésus savait à quoi ils pensaient! Mais le but de Jésus n'était pas de les impressionner. Il avait une question à leur poser :

> *Lequel est le plus aisé, de dire au paralytique : Tes péchés sont pardonnés, ou de dire : Lève-toi, prends ton lit, et marche?* Marc 2.9

Encore des questions

Même un avocat n'aurait pu formuler une question plus difficile que celle-là. On peut s'imaginer les scribes en train de se creuser les méninges pour trouver une réponse. « C'était bien évident que l'homme était paralysé. Le rétablir était impossible. Seul Dieu pouvait guérir une telle infirmité. Si Jésus était capable de restaurer des membres atrophiés, cela voudrait dire qu'il était… mais non, c'est impensable. Dieu ne viendrait jamais sur terre mener une telle vie. Jésus était un être quelconque demeurant dans un coin reculé du pays. Quelle audace que de poser une telle question! Pour qui se prenait-il – Dieu? »

Jésus répondit à leur question sans qu'ils aient à la poser :

> *Or, afin que vous sachiez que le Fils de l'homme a sur la terre le pouvoir de pardonner les péchés : Je te l'ordonne, dit-il au paralytique, lève-toi, prends ton lit, et va dans ta maison. Et, à l'instant, il se leva, prit son lit, et sortit en présence de tout le monde, de sorte qu'ils étaient tous dans l'étonnement et glorifiaient Dieu, disant : Nous n'avons jamais rien vu de pareil.* Marc 2.10-12

Le but des miracles n'était pas de présenter un spectacle ou d'offrir un divertissement. Ils confirmaient plutôt que Jésus était ce qu'il disait être.

Se reconnaître pécheur

> *Jésus sortit de nouveau du côté de la mer… En passant, il vit Lévi, fils d'Alphée, assis au bureau des péages. Il lui dit : Suis-moi. Lévi se leva, et le suivit.* Marc 2.13a,14

Bien que Lévi fût Juif, il était de ceux qui travaillaient comme percepteurs d'impôts pour les Romains. Ces hommes, avides de gain, réclamaient du peuple un montant supérieur à celui qui était prévu et ils empochaient la différence afin de s'enrichir. À cause de leur pouvoir corrompu et de leur collaboration avec les Romains, ils étaient haïs par les autres Juifs. Cependant, en passant par le bureau de péages, Jésus avait invité Lévi à le suivre.

> *Comme Jésus était à table dans la maison de Lévi, beaucoup de publicains et de gens de mauvaise vie se mirent aussi à table avec lui et avec ses disciples; car ils étaient nombreux, et l'avaient suivi.*
>
> *Les scribes et les pharisiens, le voyant manger avec les publicains et les gens de mauvaise vie, dirent à ses disciples : Pourquoi mange-t-il et boit-il avec les publicains et les gens de mauvaise vie?*
>
> *Jésus ayant entendu cela, leur dit : Ce ne sont pas ceux qui se portent bien qui ont besoin de médecin, mais les malades. Je ne suis pas venu appeler des justes, mais des pécheurs.* Marc 2.15-17

Jésus pouvait secourir seulement ceux qui étaient prêts à se reconnaître pécheur. C'était la première étape à franchir pour devenir acceptable aux yeux de Dieu.

Travailler le jour du sabbat

Les constantes réprimandes de Jésus ont sans doute exaspéré les pharisiens. Jésus leur faisait perdre la face. Espérant le prendre en flagrant délit, les pharisiens ont commencé à le surveiller étroitement.

> *Jésus entra de nouveau dans la synagogue. Il s'y trouvait un homme qui avait la main sèche. Ils observaient Jésus, pour voir s'il le guérirait le jour du sabbat : c'était afin de pouvoir l'accuser.* Marc 3.1,2

Selon la loi que Dieu avait donnée à Moïse, si quelqu'un travaillait le jour du sabbat, il enfreignait la loi de Dieu et commettait un péché. Dans l'esprit des pharisiens, le *travail* comprenait même les soins offerts par un médecin. La loi n'interdisait pas de guérir le jour du sabbat, mais les pharisiens avaient ajouté leurs propres règles aux dix commandements en leur attribuant autant de poids qu'aux Écritures. Ils guettaient donc Jésus pour voir s'il allait guérir cet homme, en somme, s'il allait travailler le jour du sabbat. Cependant, Jésus savait pertinemment la raison d'être de la loi de Dieu. Sachant que les pharisiens lui tendaient un piège, Jésus aurait pu éviter la confrontation, mais il n'a pas reculé :

> *Et Jésus dit à l'homme qui avait la main sèche : Lève-toi, là au milieu.* Marc 3.3

On peut s'imaginer Jésus se tournant lentement pour faire face à ses accusateurs.

> *Puis il leur dit : Est-il permis, le jour du sabbat, de faire du bien ou de faire du mal, de sauver une personne ou de la tuer ?* Marc 3.4a

Le voilà encore en train de poser des questions épineuses ! Les pharisiens étaient outragés – ils bouillaient de colère et de ressentiment ! Une fois de plus, leur crédibilité en tant que chefs religieux en prenait un coup.

> *Mais ils gardèrent le silence.*
>
> *Alors, promenant ses regards sur eux avec indignation, et en même temps affligé de l'endurcissement de leur cœur, il dit à l'homme : Étends ta main. Il l'étendit, et sa main fut guérie.* Marc 3.4b,5

Complot

Les pharisiens avaient pris Jésus au piège. Il était fautif : il avait travaillé le jour du sabbat !

> *Les pharisiens sortirent, et aussitôt ils se consultèrent avec les hérodiens sur les moyens de le faire périr.* Marc 3.6

En temps normal, une telle coalition aurait été impensable. Les hérodiens formaient un parti politique qui appuyait le gouvernement d'Hérode et les Romains. Les pharisiens, d'autre part, détestaient les Romains, mais ils haïssaient davantage Jésus. S'ils voulaient réussir à le mettre à mort, ils auraient besoin de l'appui de Rome.

Les chefs religieux ont rejeté Jésus. Quant à eux, il n'était pas le LIBÉRATEUR PROMIS.

Les douze disciples

> *Jésus se retira vers la mer avec ses disciples. Une grande multitude le suivit de la Galilée; et de la Judée, et de Jérusalem, et de l'Idumée, et d'au-delà du Jourdain, et des environs de Tyr et de Sidon, une grande multitude, apprenant tout ce qu'il faisait, vint à lui.*
>
> *Il monta ensuite sur la montagne; il appela ceux qu'il voulut, et ils vinrent auprès de lui. Il en établit douze: Simon (qu'il nomma Pierre); Jacques, fils de Zébédée, et Jean, frère de Jacques (auxquels il donna le nom de Boanergès, qui signifie fils du tonnerre); André; Philippe; Barthélemy; Matthieu; Thomas; Jacques, fils d'Alphée; Thaddée; Simon le Cananite; et Judas Iscariot, celui qui livra Jésus.* Marc 3.7,8,13-19

Parmi ceux qui le suivaient, Jésus en choisit douze avec lesquels il passait plus de temps. Le groupe était plutôt diversifié, comprenant d'un côté un percepteur d'impôts à la solde de Rome et de l'autre, un zélote résolu à renverser le gouvernement romain. Les autres étaient des pêcheurs. Dieu seul aurait pu amener de tels hommes à collaborer à une cause commune. En dépit de leurs antécédents, ces douze hommes – à une exception près – s'étaient engagés à suivre Jésus coûte que coûte.

5 Le pain de vie

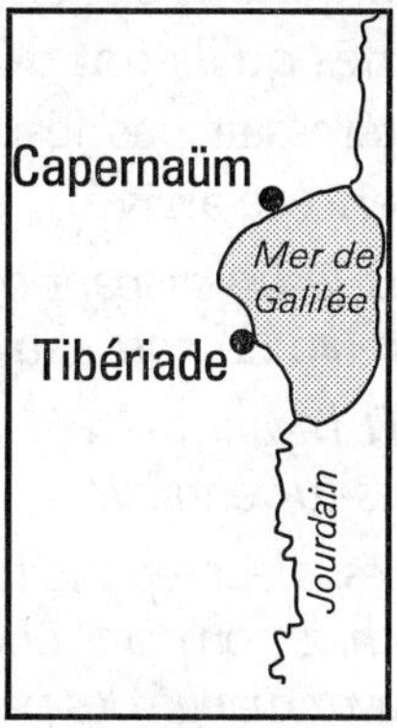

Après cela, Jésus s'en alla de l'autre côté de la mer de Galilée, ou mer de Tibériade.

Une grande foule le suivait, parce qu'elle voyait les miracles qu'il opérait sur les malades. Jésus monta sur la montagne, et là il s'assit avec ses disciples. Or, la Pâque, la fête des Juifs était proche.

Ayant levé les yeux, et voyant qu'une grande foule venait à lui, Jésus dit à Philippe: Où achèterons-nous des pains, pour que ces gens aient à manger? Jean 6.1-5

Une fois de plus, Jésus pose une question.

Il disait cela pour l'éprouver, car il savait ce qu'il allait faire.

Philippe lui répondit: Les pains qu'on aurait pour deux cents deniers ne suffiraient pas pour que chacun en reçoive un peu.

Un de ses disciples, André, frère de Simon Pierre, lui dit: Il y a ici un jeune garçon qui a cinq pains d'orge et deux poissons; mais qu'est-ce que cela pour tant de gens? Jean 6.6-9

On peut se demander si, en dépit de ces ressources minimes, André espérait que Jésus pourrait en tirer profit.

Jésus dit: Faites-les asseoir. Il y avait dans ce lieu beaucoup d'herbe. Ils s'assirent donc, au nombre d'environ cinq mille hommes. Jésus prit les pains, rendit grâces, et les distribua à ceux qui étaient assis; il leur donna de même des poissons, autant qu'ils en voulurent. Jean 6.10,11

Ce récit biblique est raconté de manière si directe et sans artifice que son ampleur peut nous échapper. Jésus venait de nourrir une foule énorme avec le repas d'un seul petit garçon. Ceci n'est pas une simple leçon de mathématique exponentielle. Jésus a divisé les pains et les poissons entre ses disciples qui eux les ont distribués à cinq mille hommes – sans compter les femmes et les enfants. Ce fut une multiplication de proportion effarante, et Jésus n'était pas mesquin. Il en resta tant que chacun des douze disciples en rapporta un plein panier à la maison.

Ces gens, ayant vu le miracle que Jésus avait fait, disaient: Celui-ci est vraiment le prophète qui doit venir dans le monde. Jean 6.14

Jésus proclamé roi

Ceux qui ont bénéficié de ce miracle en étaient tellement impressionnés qu'ils ont décidé d'établir Jésus comme leur roi. Mais ceci n'intéressait pas Jésus, le temps de son royaume terrestre n'étant pas encore arrivé. Il voulait plutôt régner sur le cœur des gens.

> *Et Jésus, sachant qu'ils allaient venir l'enlever pour le faire roi, se retira de nouveau sur la montagne, lui seul.*
>
> *Et l'ayant trouvé au-delà de la mer, ils lui dirent: Rabbi, quand es-tu venu ici?*
>
> *Jésus leur répondit: En vérité, en vérité, je vous le dis, vous me cherchez, non parce que vous avez vu des miracles, mais parce que vous avez mangé des pains et que vous avez été rassasiés.* Jean 6.15,25,26

Mauvais motifs

Jésus savait qu'on voulait le proclamer roi afin d'obtenir gratuitement de la nourriture. On se fichait bien que ces miracles révélaient Jésus comme le SAUVEUR PROMIS. Jésus leur dit:

> *Travaillez, non pour la nourriture qui périt, mais pour celle qui subsiste pour la vie éternelle, et que le Fils de l'homme vous donnera; car c'est lui que le Père, que Dieu lui-même a marqué de son sceau.* Jean 6.27

La nourriture permettait à ces gens de se maintenir temporairement en vie, mais tôt ou tard ils mourraient tous. Jésus leur disait que leur objectif premier devrait être de rechercher ce qui leur procurerait la vie éternelle.

> *Ils lui dirent: Que devons-nous faire, pour accomplir les œuvres de Dieu?*
>
> *Jésus leur répondit: L'œuvre de Dieu, c'est que vous croyiez en celui qu'il a envoyé.* Jean 6.28.29

Le peuple voulait savoir quel *travail* il fallait faire pour mériter la vie éternelle. Jésus a répondu qu'ils n'avaient qu'à croire; qu'à lui faire confiance, qu'il serait leur Sauveur. C'est tout. Cela semblait si simple.

> *Quel miracle fais-tu donc, lui dirent-ils, afin que nous le voyions, et que nous croyions en toi?* Jean 6.30

Quelle question! Ils demandaient à Jésus de leur montrer un signe pour prouver qu'il était l'OINT DE L'ÉTERNEL, celui de qui tous les prophètes avaient parlé, comme si le fait d'avoir nourri cinq mille hommes avec la collation d'un petit garçon n'était pas suffisant! Au fond, ce qu'ils voulaient c'était un autre repas gratuit, un autre pain.

Le pain de vie

> *Jésus leur dit: En vérité, en vérité, je vous le dis, Moïse ne vous a pas donné le pain du ciel, mais mon Père vous donne le vrai pain du ciel; car le pain de Dieu, c'est celui qui descend du ciel et qui donne la vie au monde.*
>
> *Ils lui dirent: Seigneur, donne-nous toujours ce pain.*
>
> *Jésus leur dit: Je suis le pain de vie. Celui qui vient à moi n'aura jamais faim, et celui qui croit en moi n'aura jamais soif.* Jean 6.32-35

Chapitre douze

1 Un vêtement souillé

2 Le chemin

3 Le plan

4 Lazare

5 L'enfer

6 Accueil et Trahison

1 Un vêtement souillé

Jésus était un excellent narrateur. Il se servait souvent de paraboles pour communiquer une vérité. Une parabole est une histoire qui véhicule un message simple. Dans le récit suivant, Jésus affronte ceux qui pensaient être *en règle* avec Dieu et qui mettaient leur confiance en leur propre justice :

> *Il dit encore cette parabole, en vue de certaines personnes se persuadant qu'elles étaient justes, et ne faisant aucun cas des autres; Deux hommes montèrent au temple pour prier; l'un était pharisien, et l'autre publicain.* Luc 18.9,10

À cette époque, dans la culture juive, les pharisiens étaient considérés comme des observateurs consciencieux de la loi de Moïse. Les publicains, au contraire, étaient perçus comme étant des escrocs. Il y avait donc deux individus, complètement opposés quant à leurs valeurs morales, qui priaient dans un même lieu.

Le pharisien

> *Le pharisien, debout, priait ainsi en lui-même : O Dieu, je te rends grâces de ce que je ne suis pas comme le reste des hommes, qui sont ravisseurs, injustes, adultères, ou même comme ce publicain; je jeûne* deux fois par semaine, je donne la dîme de tous mes revenus.* Luc 18. 11,12

* Il est sous-entendu qu'il jeûnait dans le but de pouvoir consacrer plus de temps à la prière. Il donnait aussi un dixième de son revenu aux œuvres de charité.

En se félicitant de la sorte, le pharisien n'a mentionné que quelques-unes des choses qu'il faisait ou qu'il ne faisait pas. Il aurait pu en rajouter, mais cela importe peu. Sa *façon* de prier a démontré la disposition de son cœur. Le pharisien comptait sur sa bonne conduite – ses bonnes œuvres – pour se rendre juste aux yeux de Dieu.

Le publicain

> *Le publicain, se tenant à distance, n'osait même pas lever les yeux au ciel; mais il se frappait la poitrine, en disant : O Dieu, sois apaisé envers moi, qui suis un pécheur.* Luc 18.13

Le publicain était affligé par la présence du péché dans sa vie et par son besoin désespéré d'être secouru par Dieu. Il a imploré la miséricorde de Dieu, le suppliant de lui fournir un moyen d'échapper à la punition que méritait son péché. Jésus poursuivit :

> *Je vous le dis, celui-ci descendit dans sa maison justifié*, plutôt que l'autre. Car quiconque s'élève sera abaissé, et celui qui s'abaisse sera élevé.* Luc 18.14

* Justifié signifie « déclaré juste ».

Repentance

Il est intéressant de noter que Jésus a relié la repentance à l'humilité. Les Écritures révèlent clairement que la chute de Satan était due à son orgueil. C'est aussi ce qui empêche l'homme de reconnaître qu'il est pécheur et qu'il a besoin de placer sa confiance en Dieu. Le pharisien était convaincu que Dieu l'accepterait s'il observait minutieusement la loi et accomplissait de bonnes œuvres. Son orgueil l'aveuglait à tel point qu'il ne voyait pas son besoin. Jésus a dit :

> *... Hypocrites, Ésaïe a bien prophétisé sur vous, ainsi qu'il est écrit : Ce peuple m'honore des lèvres, mais son cœur est éloigné de moi. C'est en vain qu'ils m'honorent en donnant des préceptes qui sont des commandements d'hommes. Vous abandonnez le commandement de Dieu, et vous observez la tradition des hommes.* Marc 7.6-8

Aveuglés

Extérieurement, les pharisiens paraissaient justes, mais intérieurement, ils étaient encore pécheurs. De plus, en ajoutant des préceptes humains aux dix commandements, ils en diminuaient la valeur :

> *... annulant ainsi la parole de Dieu par votre tradition, que vous avez établie.* Marc 7.13a

Les pharisiens croyaient que leur pratique religieuse, leurs bonnes œuvres et leur ascendance juive les rendraient acceptables aux yeux de Dieu.

Jésus a dit qu'aucune de ces choses extérieures ne pouvait rendre une personne agréable à Dieu puisque le mal vient du cœur de l'homme :

> *Toutes ces choses mauvaises sortent du dedans, et souillent l'homme.* Marc 7.23

L'Écriture dit clairement qu'aucune bonne œuvre ne peut nous rendre juste devant Dieu. Au contraire, elle affirme que :

...toute notre justice est comme un vêtement souillé. Ésaïe 64.5b

Esclaves

Certaines personnes s'imaginent être un modèle de perfection, mais les Écritures affirment le contraire. Elle dit que tous:

...sont esclaves...du péché qui conduit à la mort... Romains 6.16

Chaque être humain est sous l'emprise du péché.

En vérité, en vérité, je vous le dis, leur répliqua Jésus, quiconque se livre au péché est esclave du péché. Jean 8.34

Les gens sont souvent frustrés parce que plus ils essaient de faire le bien, moins ils y parviennent. Dès qu'ils semblent faire quelque progrès dans un domaine de leur vie, ils perdent du terrain dans un autre. La nature pécheresse va à l'encontre de tous les efforts de l'homme pour vivre de manière juste. Il n'est pas surprenant qu'on ait de la difficulté à tenir une résolution de nouvel an.

De plus, la Parole de Dieu soutient que Satan fait de l'homme son ESCLAVE. Cela ne veut pas nécessairement dire qu'une personne est mêlée aux sciences occultes, mais plutôt que le diable, dans le but d'accomplir ses desseins, manipule l'homme par la tentation et l'orgueil. Satan se donne beaucoup de peine pour convaincre l'homme qu'il est en soi foncièrement bon. L'Écriture dit que les gens ont besoin de :

...[revenir] à leur bon sens [et de se dégager] des pièges du diable, qui s'est emparé d'eux pour les soumettre à sa volonté. 2 Timothée 2.26

Même si l'homme est esclave de Satan et du péché, cela n'excuse pas un comportement pervers. Devant Dieu, nous sommes toujours responsables de nos choix. Cependant, le fait d'être *esclaves* nous pose un problème: atteindre la perfection nécessaire pour être admis dans la présence de Dieu est au-delà de nos capacités humaines.

La question posée par le prophète Job est encore valable:

...Comment l'homme serait-il juste devant Dieu? Job 9.2

Comment peut-on se débarrasser du péché et obtenir *une justice <u>égale</u> à la justice de Dieu* afin d'être accepté en sa présence?

Je suis né chrétien…

Le terme *chrétien* signifie « de Christ » ou « appartenant à la maison du Christ ». Le sens biblique de ce mot a été incroyablement tordu. Même pris dans son sens original, il serait inexact pour une personne de dire qu'elle est « née chrétienne ». Naître dans une *famille chrétienne* ne fait pas d'un individu, un chrétien. Pas plus que le fait de naître dans un hôpital ne fait d'une personne, un médecin. La naissance physique n'a rien à voir avec notre relation avec Dieu ni avec notre destinée éternelle.

Le mot *chrétien* ne peut être attribué qu'à des individus, et pourtant, il y a des nations entières qui se disent « chrétiennes ». Certaines de ces nations « chrétiennes » ont commis des crimes horribles au nom de Christ. D'autres sont moralement corrompues.

2 Le chemin

Jésus se servait souvent de situations courantes pour communiquer des vérités spirituelles. Dans ce récit, Jésus commence en rappelant à ses auditeurs le genre d'enclos utilisé pour garder les brebis. Les murs de l'enclos étaient construits de pierres sur lesquelles on favorisait la croissance de vignes épineuses. Ces ronces servaient à dissuader les bêtes sauvages et les voleurs de franchir le mur. L'enclos n'avait qu'une seule entrée.

De jour, le berger conduisait ses brebis au pâturage. À la tombée de la nuit, le berger ramenait le troupeau dans l'enclos. Il dormait lui-même à l'entrée. Il était donc impossible à une brebis de sortir ou à quiconque d'entrer sans réveiller le berger. Son corps servait littéralement de porte.

Jésus leur dit encore: En vérité, en vérité, je vous le dis, je suis la porte des brebis. Jean 10.7

Jésus comparait ceux qui se confiaient en lui à des brebis en sécurité dans la bergerie.

Je suis la porte. Si quelqu'un entre par moi, il sera sauvé; il entrera et il sortira, et il trouvera des pâturages. Jean 10.9

Jésus affirme que *lui* seul est la porte - il n'y en a pas d'autre. Ce n'est qu'en passant par *lui* que l'on peut être *sauvé* des conséquences du péché. Ce n'est que par lui que l'on peut avoir la vie éternelle.

Le voleur ne vient que pour dérober, égorger et détruire; moi, je suis venu afin que les brebis aient la vie, et qu'elles l'aient en abondance. Jean 10.10

Les *voleurs* ne se préoccupent pas du bien-être des brebis. L'Écriture les appelle faux prophètes. Ils se servent souvent de la Parole de Dieu de façon abusive pour acquérir du pouvoir ou pour s'enrichir.

Ces enseignants inventent toutes sortes de façons par lesquelles nous pouvons mériter la vie éternelle. Ces façons paraissent bonnes, mais elles conduisent tout de même à la mort spirituelle:

> *Telle voie paraît droite à un homme, mais son issue, c'est la voie de la mort.* Proverbes 14.12

D'autre part, Jésus est venu pour donner, à ceux qui mettent leur confiance en lui, une vie abondante – une vie remplie de joie. Il a dit:

> *...Je suis le chemin, la vérité, et la vie. Nul ne vient au Père que par moi.* Jean 14.6

Jésus a dit: qu'il est le *seul* **chemin** pour aller à Dieu;

que sa Parole est la *seule* **vérité;**

que la **vie** éternelle se trouve *seulement* en lui.

Jésus a insisté sur le fait que personne ne peut emprunter un ***autre*** chemin pour aller vers Dieu. Comme le berger était l'unique porte de l'enclos, ainsi Jésus est le seul chemin pour aller vers Dieu.

3 Le plan

En étudiant la vie de Jésus, on constate qu'il a progressivement révélé à ses disciples le pourquoi de sa venue sur la Terre.

> *Dès lors Jésus commença à faire connaître à ses disciples qu'il fallait qu'il aille à Jérusalem, qu'il souffre beaucoup de la part des anciens, des principaux sacrificateurs et des scribes, qu'il soit mis à mort, et qu'il ressuscite le troisième jour.* Matthieu 16.21

Jésus a fait quelque chose qui est humainement impossible: il a prédit la manière exacte selon laquelle il serait mis à mort. Non seulement il a dit comment il serait tué, mais il a aussi décrit certains événements qui précéderaient sa mort. Pierre, un des disciples, n'a pas aimé ce qu'il entendait.

> *Pierre, l'ayant pris à part, se mit à le reprendre, et dit: À Dieu ne plaise, Seigneur! Cela ne t'arrivera pas.* Matthieu 16.22

Pierre ressemblait à plusieurs personnes de nos jours qui disent que si Jésus était véritablement Dieu, une telle chose n'aurait pu lui arriver. Cependant, Jésus a fortement réprimandé Pierre:

> *...Jésus, se retournant, dit à Pierre: Arrière de moi, Satan! Tu m'es en scandale; car tes pensées ne sont pas les pensées de Dieu, mais celles des hommes.* Matthieu 16.23

Jésus a dit à Pierre qu'il jouait le jeu de Satan. Il a dit que Pierre ne comprenait pas le plan de Dieu selon lequel il fallait:

> *...qu'il [Jésus] soit mis à mort, et qu'il ressuscite le troisième jour.* Matthieu 16.21b

Mais pourquoi est-ce que Jésus disait ces choses? Nous le comprendrons mieux au fur et à mesure que nous progresserons dans notre étude.

La transfiguration

Une semaine après avoir révélé son plan à ses disciples, Jésus a emmené trois des disciples en haut d'une montagne où il leur donna un petit aperçu de qui il était vraiment.

> *Six jours après, Jésus prit avec lui Pierre, Jacques, et Jean, son frère, et il les conduisit à l'écart sur une haute montagne. Il fut transfiguré devant eux; son visage resplendit comme le soleil, et ses vêtements devinrent blancs comme la lumière.* Matthieu 17.1,2

L'apparence de Jésus fut transformée – son visage rayonnait comme le soleil et ses vêtements brillaient comme une lumière éblouissante. Les disciples ont pu voir la même lumière pure et éclatante de la gloire de Dieu qui avait rempli le lieu très saint dans le tabernacle. Cette gloire avait toujours été là – en Jésus – mais les gens ne pouvaient pas la voir.

> *Et voici, deux hommes s'entretenaient avec lui: c'étaient Moïse et Élie qui, apparaissant dans la gloire, parlaient de son départ qu'il allait accomplir à Jérusalem.* Luc 9.30,31

Pierre en était abasourdi. Il semble qu'il ait commencé à dire n'importe quoi qui lui passait par la tête.

> *Pierre, prenant la parole, dit à Jésus: Seigneur, il est bon que nous soyons ici; si tu le veux, je dresserai ici trois tentes, une pour toi, une pour Moïse, et une pour Élie. Comme il parlait encore, une nuée lumineuse les couvrit. Et voici, une voix fit entendre de la nuée ces paroles: Celui-ci est mon Fils bien-aimé, en qui j'ai mis toute mon affection: écoutez-le!* Matthieu 17.4,5

Du ciel, Dieu le Père avait parlé.

> *Lorsqu'ils entendirent cette voix, les disciples tombèrent sur leur face, et furent saisis d'une grande frayeur. Mais Jésus s'approchant, les toucha, et dit: Levez-vous, n'ayez pas peur! Ils levèrent les yeux, et ne virent que Jésus seul. Comme ils descendaient de la montagne, Jésus leur donna cet ordre : Ne parlez à personne de cette vision, jusqu'à ce que le Fils de l'homme soit ressuscité des morts.* Matthieu 17. 6-9

Quelle expérience époustouflante! Les disciples ne savaient pas quoi en penser à ce moment-là, mais plus tard, Pierre a écrit:

> *Ce n'est pas en effet, en suivant des fables habilement conçues, que nous vous avons fait connaître la puissance et l'avènement de notre Seigneur Jésus-Christ, mais c'est comme ayant vu sa majesté de nos propres yeux. Car il a reçu de Dieu le Père honneur et gloire, quand la gloire magnifique lui fit entendre une voix qui disait: Celui-ci est mon fils bien-aimé, en qui j'ai mis toute mon affection. Et nous avons entendu cette voix venant du ciel, lorsque nous étions avec lui sur la sainte montagne.* 2 Pierre 1.16-18

4 Lazare

> *Il y avait un homme malade, Lazare de Béthanie, village de Marie et de Marthe, sa sœur. Les sœurs envoyèrent dire à Jésus: Seigneur, voici, celui que tu aimes est malade.* Jean 11.1,3

Lazare, Marie et Marthe, des amis intimes de Jésus, habitaient à proximité de Jérusalem. Au moment où l'histoire se déroule, Jésus se trouve de l'autre côté du Jourdain, à une journée de marche de Béthanie.

> *Or, Jésus aimait Marthe, et sa sœur, et Lazare. Lorsqu'il eut appris que Lazare était malade, il resta deux jours encore dans le lieu où il était.* Jean 11.5,6

Cela n'a aucun sens. Tout le monde sait qu'il faut agir rapidement lorsqu'une personne est gravement malade, mais Jésus s'est attardé deux jours de plus! À quoi pensait-il?

> *Et il dit ensuite aux disciples: Retournons en Judée. Les disciples lui dirent: Rabbi, les Juifs tout récemment cherchaient à te lapider, et tu retournes en Judée!* Jean 11.7,8

Alors Jésus leur dit ouvertement: Lazare est mort. Et, à cause de vous, afin que vous croyiez, je me réjouis de ce que je n'étais pas là. Mais allons vers lui. Jean 11.14,15

Mort depuis quatre jours

Quand Jésus arriva, il apprit que Lazare était dans la tombe depuis quatre jours déjà. Béthanie est proche de Jérusalem, à moins de trois kilomètres, et beaucoup de Juifs étaient venus chez Marthe et Marie pour les consoler de la mort de leur frère. Quand Marthe apprit que Jésus arrivait, elle partit à sa rencontre; mais Marie resta assise à la maison. Marthe dit à Jésus: « Seigneur, si tu avais été ici, mon frère ne serait pas mort. Mais je sais que même maintenant Dieu te donnera tout ce que tu lui demanderas. » Jean 11. 17-22 (Français courant)

Il ne nous est pas dit si Marthe avait une idée précise de ce que Jésus pourrait demander à Dieu, mais une chose est très claire: elle avait foi en lui.

Jésus lui dit: Ton frère ressuscitera. Je sais, lui répondit Marthe, qu'il ressuscitera à la résurrection, au dernier jour. Jean 11. 23,24

Marthe n'était pas étonnée de la déclaration de Jésus. Elle savait que les Écritures enseignent que nous allons tous ressusciter un jour – mais cela n'arriverait qu'à la fin des temps lorsque chacun sera jugé par Dieu. En attendant ce jour, une personne ne pouvait mourir qu'une seule fois.

Jésus lui dit: Je suis la résurrection et la vie. Celui qui croit en moi vivra, même s'il meurt; et quiconque vit et croit en moi ne mourra jamais. Crois-tu cela? Jean 11. 25,26

Ces paroles étaient frappantes. Jésus a dit à Marthe que Lazare n'avait pas besoin d'attendre le jour du jugement pour revenir à la vie. Jésus étant celui qui donne la vie, il avait le pouvoir de ramener Lazare à la vie n'importe quand. Est-ce que Marthe croyait cela?

Elle lui dit: Oui, Seigneur, je crois que tu es le Christ, le Fils de Dieu, qui devait venir dans le monde. Jean 11.27

Non seulement elle croyait ce que Jésus avait dit, mais elle affirmait aussi que Jésus était le Christ – le Messie.

Et il dit: Où l'avez-vous mis?

Seigneur, lui répondirent-ils, viens et vois.

Jésus pleura. Jean 11.34,35

On a bien souvent tenté d'expliquer pourquoi Jésus avait pleuré. Certains suggèrent que Jésus était attristé à la pensée de ramener Lazare à la vie – le privant ainsi de la joie et de la perfection célestes – pour le faire revenir ici-bas dans un monde de péché et de misère. L'Écriture n'explique pas pourquoi Jésus a pleuré, mais ce récit nous démontre qu'il a éprouvé de la peine; qu'il avait des sentiments humains même s'il était lui-même sans péché.

> *Sur quoi les Juifs dirent: Voyez comme il l'aimait.*
>
> *Et quelques-uns d'entre eux dirent: Lui qui a ouvert les yeux de l'aveugle, ne pouvait-il pas faire aussi que cet homme ne meure point?*
>
> *Jésus, frémissant de nouveau en lui-même, se rendit au sépulcre. C'était une grotte, et une pierre était placée devant.* Jean 11.36-38

Selon la tradition juive, le défunt était placé dans un tombeau qui servait de lieu de sépulture pour plusieurs générations d'une même famille. Habituellement, les grottes naturelles servaient de tombeau, mais parfois on taillait un sépulcre dans le roc. Ces tombeaux étaient grands; il était possible de se tenir debout dans la chambre de deuil❶. À l'intérieur du sépulcre, se trouvaient des tables sculptées❷ sur lesquelles on étendait les corps❸. Une énorme pierre taillée en forme de roue❹, pesant plusieurs tonnes, était placée dans une tranchée❺ devant l'entrée, permettant ainsi de la rouler d'un côté à l'autre pour accéder au sépulcre.

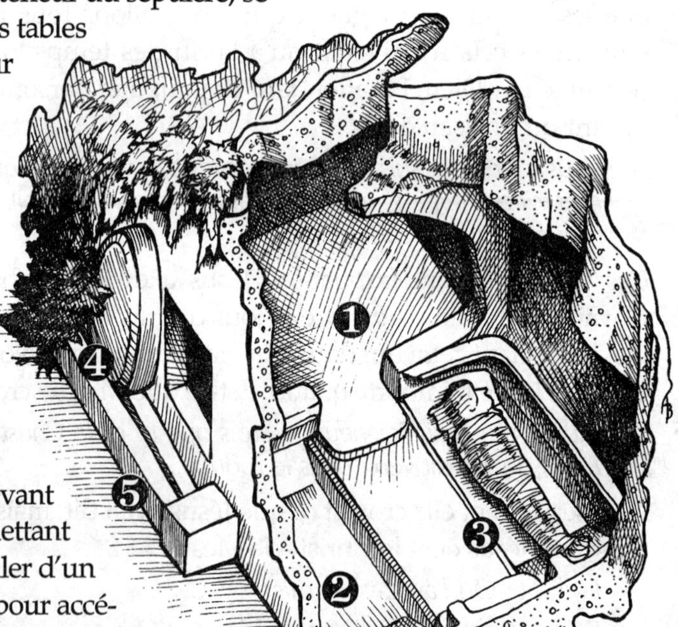

Lorsque le tombeau était fermé, la pierre logeait dans un petit creux devant l'entrée. De cette façon, elle ne pouvait pas être aisément déplacée.

> *Jésus dit: Ôtez la pierre. Marthe, la sœur du mort, lui dit: Seigneur, il sent déjà, car il y a quatre jours qu'il est là. Jésus lui dit: Ne t'ai-je pas dit que si tu crois, tu verras la gloire de Dieu? Ils ôtèrent donc la pierre. Et Jésus leva les yeux en haut, et dit: Père, je te rends grâces de ce que tu m'as exaucé. Pour moi, je savais que tu m'exauces toujours; mais j'ai parlé à cause de la foule qui m'entoure, afin qu'ils croient que c'est toi qui m'as envoyé.*
>
> *Ayant dit cela, il cria d'une voix forte: Lazare, sors! Et le mort sortit, les pieds et les mains liés de bandes, et le visage enveloppé d'un linge. Jésus leur dit: Déliez-le, et laissez-le aller.* Jean 11.39-44

Heureusement que Jésus a spécifié « Lazare ». S'il avait simplement dit « Sors! », toutes les tombes se seraient vidées. Lazare était revenu à la vie! Ses amis devaient d'abord délier les bandes enveloppant son corps afin que Lazare puisse marcher. Il n'y avait aucun doute, Jésus avait fait un miracle extraordinaire!

Qui est cet homme?

Jésus a démontré clairement qui il était. À une occasion, les disciples s'étaient retrouvés dans une tempête au milieu de la mer. Jésus était à bord du bateau, mais il dormait profondément. Après qu'on l'eut réveillé et qu'on lui eut expliqué le danger dans lequel ils se trouvaient, Jésus:

> *…se leva, menaça les vents et la mer, et il y eut un grand calme.*
>
> *Ces hommes furent saisis d'étonnement: Quel est celui-ci, disaient-ils, à qui obéissent même les vents et la mer?* Matthieu 8.26b,27

De même que Dieu a commandé par une simple parole que les eaux existent lorsqu'il a créé la Terre, de même Jésus a pu commander aux eaux de se calmer. Et de même que Dieu a pu créer la vie au commencement, par sa parole, ainsi Jésus pouvait, à son commandement, restaurer la vie. Il a dit:

> *Je suis la résurrection et la vie.* Jean 11.25a

Plusieurs des Juifs qui étaient venus vers Marie, et qui virent ce que fit Jésus, crurent en lui. Mais quelques-uns d'entre eux allèrent trouver les pharisiens, et leur dirent ce que Jésus avait fait.

Alors les principaux sacrificateurs et les pharisiens assemblèrent le sanhédrin[1]*, et dirent: Que ferons-nous? Car cet homme fait beaucoup de miracles. Si nous le laissons faire, tous croiront en lui, et les Romains viendront détruire et notre ville et notre nation.*

Dès ce jour, ils résolurent de le faire mourir. Jean 11.45-48, 53

Quelques-uns ont cru en Jésus. D'autres se sont mis à conspirer pour le faire mourir. Même une résurrection n'avait pu convaincre les principaux sacrificateurs et les pharisiens. Ils avaient trop à perdre: leur pouvoir et leur fierté. Ils ressemblaient drôlement à Satan!

5 L'enfer

Pendant trois ans, Jésus a enseigné tous ceux qui voulaient bien l'écouter. C'est un laps de temps très court si on considère tout ce qui s'est déroulé. L'enseignement de Jésus était parfois réconfortant, parfois provocant. Il se servait de paraboles ou de faits vécus, toujours en fonction de son auditoire. À une occasion, Jésus a relaté ce fait vécu.

Il y avait un homme riche, qui était vêtu de pourpre et de fin lin, et qui chaque jour menait joyeuse et brillante vie. Un pauvre, nommé Lazare, était couché à sa porte, couvert d'ulcères, et désireux de se rassasier des miettes qui tombaient de la table du riche; et même les chiens venaient encore lécher ses ulcères. Luc 16.19-21

Mort du pauvre

Le pauvre mourut, et il fut porté par les anges dans le sein d'Abraham… Luc 16.22a

Dans ce récit, « le sein d'Abraham » équivaut au ciel, parfois appelé le paradis. L'homme en question n'est pas le même Lazare qu'on a vu dans l'histoire précédente. Ce Lazare est allé au paradis, non parce qu'il était pauvre, mais parce qu'il se confiait en Dieu.

La mort du riche

Le riche mourut aussi, et il fut enseveli. Dans le séjour des morts, il leva les yeux; et, tandis qu'il était en proie aux tourments, il

vit de loin Abraham, et Lazare dans son sein. Il s'écria: Père Abraham, aie pitié de moi, et envoie Lazare, pour qu'il trempe le bout de son doigt dans l'eau et me rafraîchisse la langue; car je souffre cruellement dans cette flamme. Luc 16.22b-24

Le riche est allé en enfer, non parce qu'il était riche, mais parce qu'il avait ignoré la Parole de Dieu, ne vivant que pour lui-même pendant son séjour sur terre. Il a supplié Abraham de venir à son secours.

Abraham répondit: Mon enfant, souviens-toi que tu as reçu tes biens pendant ta vie, et que Lazare a eu les maux pendant la sienne; maintenant il est ici consolé, et toi, tu souffres. D'ailleurs, il y a entre nous et vous un grand abîme, afin que ceux qui voudraient passer d'ici vers vous, ou de là vers nous, ne puissent le faire. Luc 16.25,26

Irrévocable

La Parole de Dieu enseigne clairement que c'est seulement pendant qu'on est ici sur terre qu'il est possible de se repentir – d'avoir un changement de pensée. Après la mort, il n'y a pas de deuxième chance pour éviter l'enfer et se rendre au ciel. Ceux qui meurent sans s'être mis en règle avec Dieu sont éternellement séparés de lui. On ne lit nulle part dans les Écritures qu'il soit possible pour ceux qui entrent en enfer de s'échapper de ce lieu de tourments. Même si l'homme riche a fait appel à la miséricorde – implorant quelque soulagement de son tourment et de ses souffrances – il n'y en a pas eu. La miséricorde nous est offerte seulement dans cette vie. L'homme riche a poursuivi:

Le riche dit: Je te prie donc, père Abraham, d'envoyer Lazare dans la maison de mon père; car j'ai cinq frères. C'est pour qu'il leur atteste ces choses, afin qu'ils ne viennent pas aussi dans ce lieu de tourments. Luc 16.27,28

Même en proie à l'agonie, cet homme se rappelait sa vie terrestre. Sachant que ses cinq frères n'étaient pas en règle avec Dieu, il désirait que quelqu'un les en avertisse.

Abraham répondit: Ils ont Moïse et les prophètes; qu'ils les écoutent.

Et il dit: Non, père Abraham, mais si quelqu'un des morts va vers eux, ils se repentiront.

Et Abraham lui dit: S'ils n'écoutent pas Moïse et les prophètes, ils ne se laisseront pas persuader même si quelqu'un des morts ressuscitait. Luc 16.29-31

Nous avons lu, précédemment, le récit d'un autre Lazare que Jésus avait ressuscité d'entre les morts; malgré cette grande démonstration de puissance, beaucoup de gens n'ont pas voulu accepter Jésus comme leur Sauveur et leur Roi. Ils ont plutôt conspiré pour le mettre à mort. Les Écritures enseignent que si les gens ne veulent pas croire le message de salut annoncé par les prophètes de Dieu:

…ils ne se laisseront pas persuader même si quelqu'un des morts ressuscitait. Luc 16.31b

Cette description de l'enfer est presque identique à celle de l'étang de feu[2]. La Bible dit que ceux qui sont en enfer subissent déjà le châtiment éternel.

6 Accueil et Trahison

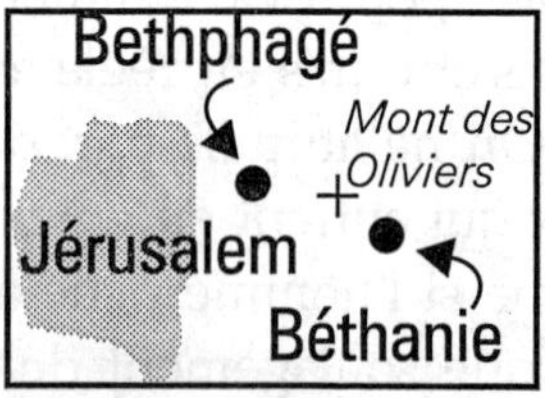

Lorsqu'ils approchèrent de Jérusalem, et qu'ils furent près de Bethphagé et de Béthanie, vers la montagne des Oliviers, Jésus envoya deux de ses disciples, en leur disant: Allez au village qui est devant vous; dès que vous y serez entrés, vous trouverez un ânon attaché, sur lequel aucun homme ne s'est encore assis; détachez-le, et amenez-le. Marc 11.1,2

Ils amenèrent à Jésus l'ânon, sur lequel ils jetèrent leurs vêtements, et Jésus s'assit dessus.Beaucoup de gens étendirent leurs vêtements sur le chemin, et d'autres des branches qu'ils coupèrent dans les champs. Ceux qui précédaient et ceux qui suivaient Jésus criaient: Hosanna! Béni soit celui qui vient au nom du Seigneur! Béni soit le règne qui vient, le règne de David, notre père! Hosanna dans les lieux très hauts! Marc 11.7-10

Le mot *hosanna* signifie « sauve donc ». La foule célébrait l'entrée de Jésus comme une version impromptue d'une procession romaine réservée normalement à un conquérant triomphant. Elle l'applaudissait et lui prodiguait des louanges, espérant que Jésus assujettirait leurs oppresseurs, les Romains.

Sans le savoir, le peuple accomplissait une prophétie vieille de 500 ans. Le prophète Zacharie avait écrit que Jésus recevrait un tel accueil:

> *Sois transportée d'allégresse, fille de Sion! Pousse des cris de joie, fille de Jérusalem! Voici, ton roi vient à toi; il est juste et victorieux, il est humble et monté sur un âne, le petit d'une ânesse.* Zacharie 9.9

C'est la seule fois où Jésus a accepté qu'on lui fasse un accueil si grandiose. Il avait un motif pour cela. Jésus voulait forcer la main à ceux qui désiraient l'assassiner. Il voulait qu'ils agissent maintenant, sans tarder.

> *La fête de Pâque et des pains sans levain devait avoir lieu deux jours après. Les principaux sacrificateurs et les scribes cherchaient les moyens d'arrêter Jésus par ruse, et de le faire mourir. Car ils disaient: Que ce ne soit pas pendant la fête, afin qu'il n'y ait pas de tumulte parmi le peuple.* Marc 14.1,2

D'après la foule, le moment était venu pour Jésus de se proclamer le véritable Roi d'Israël. Mais pour les chefs religieux qui conspiraient de le mettre à mort, la situation était délicate. S'ils voulaient se débarrasser de Jésus, c'était le temps de passer à l'action. Cependant, ils craignaient la réaction de la foule; car de toute évidence, Jésus était très populaire.

La ville fourmillait de gens venus pour la fête de la Pâque. Un grand nombre d'entre eux surveillaient Jésus dans l'espoir de le voir évincer les Romains. Mais comme le temps passait, et qu'il n'y avait toujours pas eu de proclamation officielle de sa royauté, la popularité de Jésus s'estompa rapidement.

Le repas de la Pâque

Jésus a demandé à deux de ses disciples de préparer une chambre pour le repas de la Pâque.

> *Le soir étant venu, il arriva avec les douze. Pendant qu'ils étaient à table et qu'ils mangeaient, Jésus dit: Je vous le dis en vérité, l'un de vous, qui mange avec moi, me livrera.*
>
> *Ils commencèrent à s'attrister, et à lui dire, l'un après l'autre: Est-ce moi?*
>
> *Il leur répondit: C'est l'un des douze, qui met avec moi la main dans le plat.* Marc 14.17-20

Au moment de choisir ses disciples, trois ans plus tôt, Jésus savait déjà que l'un d'entre eux était un traître.

Mille ans auparavant, le prophète David, en faisant allusion à cette trahison, avait attribué les mots suivants au SAUVEUR :

Celui-là même avec qui j'étais en paix, qui avait ma confiance et qui mangeait mon pain, lève le talon contre moi. Psaume 41.10

Trahi

Le traître était Judas Iscariot. Bien qu'étant le trésorier du groupe, il était aussi un voleur. Apparemment, il nourrissait son ambition et se remplissait les poches sans que les autres disciples ne s'en rendent compte. Mais Jésus le savait, et Satan probablement aussi. Il cherchait le point faible dans la cuirasse de Jésus, un moment et un endroit propices pour écraser à jamais le LIBÉRATEUR PROMIS. Il percevait à présent l'occasion favorable. Judas était bien disposé. Au moment où l'on distribuait le pain, Satan agit :

Dès que le morceau fut donné, Satan entra dans Judas.

Jésus lui dit : Ce que tu fais, fais-le promptement. Mais aucun de ceux qui étaient à table ne comprit pourquoi il lui disait cela… Jean 13.27b,28

Et Judas alla s'entendre avec les principaux sacrificateurs et les chefs des gardes, sur la manière de le leur livrer. Ils furent dans la joie, et ils convinrent de lui donner de l'argent. Luc 22.4,5

Le pain rompu et la coupe

Cet épisode avec Judas s'était déroulé pendant le repas. Tandis que le traître était allé mettre à excécution son plan diabolique, Jésus avait poursuivi le repas. Ce repas a une grande signification :

Pendant qu'ils mangeaient, Jésus prit du pain; et, après avoir rendu grâces, il le rompit, et le leur donna en disant : Prenez, ceci est mon corps. Marc 14.22

Il est évident qu'ils ne mangeaient pas la chair de Jésus, et pourtant Jésus a dit que le pain rompu représentait son corps. Les disciples ont dû se poser des questions. Est-ce que Jésus faisait référence à sa déclaration antérieure, lorsqu'il avait dit qu'il était le pain de vie?

Il prit ensuite une coupe; et, après avoir rendu grâces, il la leur donna, et ils en burent tous. Et il leur dit : Ceci est mon sang, le sang de l'alliance, qui est répandu pour beaucoup. Marc 14.23,24

Encore du symbolisme: le sang de Jésus serait bientôt versé pour beaucoup. Nous verrons plus loin l'importance de cette phrase.

> *Après avoir chanté les cantiques*, ils se rendirent à la montagne des Oliviers.* Marc 14.26

* Chants à la gloire de Dieu

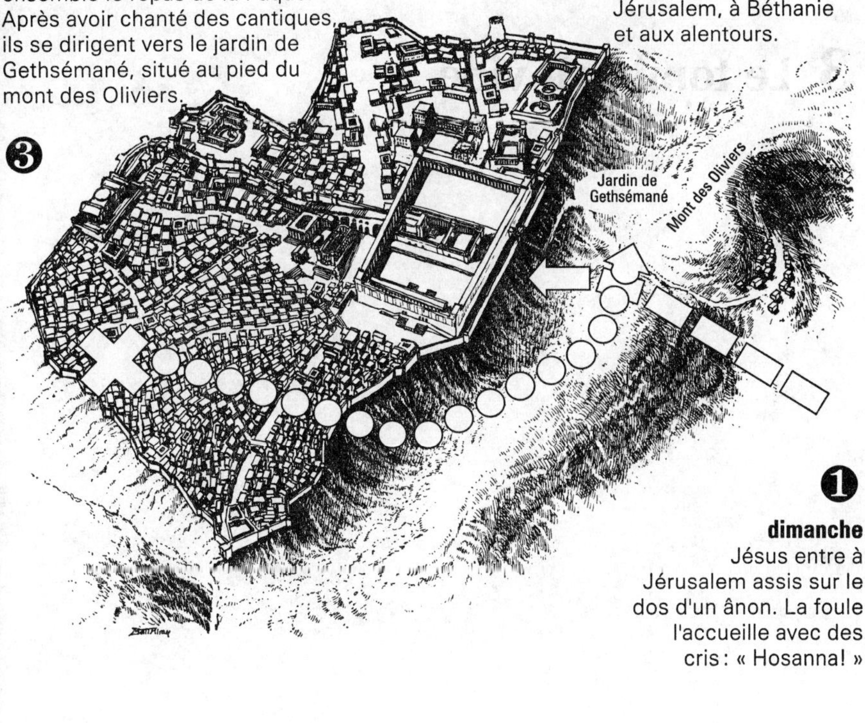

Chapitre treize

1 Le jardin

2 Le lieu du crâne

3 Le tombeau vide

1 Le jardin

Ils allèrent ensuite dans un lieu appelé Gethsémané, et Jésus dit à ses disciples : Asseyez-vous ici, pendant que je prierai. Il prit avec lui Pierre, Jacques et Jean et il commença à éprouver de la frayeur et des angoisses. Il leur dit : Mon âme est triste jusqu'à la mort; restez ici, et veillez.

Puis, ayant fait quelques pas en avant, il se jeta contre terre, et pria que, s'il était possible, cette heure s'éloigne de lui. Il disait : Abba Père, toutes choses te sont possibles, éloigne de moi cette coupe! Toutefois, non pas ce que je veux, mais ce que tu veux.* Marc 14.32-36

* Terme affectueux signifiant « papa ».

Jésus s'est écrié en termes appropriés à une relation intime entre père et fils : « Abba (papa), s'il te plaît, trouve un autre moyen »; puis, il a soumis sa volonté humaine à celle de son père céleste en priant : « Que ta volonté se fasse ».

Et aussitôt, comme il parlait encore, arriva Judas, l'un des douze, et avec lui une foule armée d'épées et de bâtons, envoyée par les principaux sacrificateurs, par les scribes et par les anciens.

Celui qui le livrait leur avait donné ce signe : Celui à qui je donnerai un baiser, c'est lui; saisissez-le, et emmenez-le sûrement. Marc 14.43,44

Jésus, sachant tout ce qui devait lui arriver, s'avança, et leur dit : Qui cherchez-vous?

Et ils lui répondirent : Jésus de Nazareth. Jean 18.4,5a

La réponse de Jésus

*Jésus leur dit : **C'est moi***. Et Judas, qui le livrait, était avec eux.* Jean 18.5b

* Littéralement **JE SUIS**, faisant allusion au nom même de Dieu. Ce nom signifie « celui qui existe par son propre pouvoir » ou « celui qui est autosuffisant ».

Jésus a répondu catégoriquement : « **JE SUIS.** » Comme nous l'avons déjà vu, JE SUIS est le nom de Dieu signifiant « celui qui existe par son propre pouvoir ». Et ce n'était pas n'importe quelle personne qui l'employait – c'était Dieu lui-même qui se servait de son propre nom. L'effet de ces paroles fut remarquable :

Lorsque Jésus leur eut dit : C'est moi, ils reculèrent et tombèrent par terre. Jean 18.6

Non seulement ils sont tombés par terre, mais ils ont d'abord reculé. Cette brève expression de la gloire de Jésus les avait littéralement renversés. Leur laissant quelques instants pour se remettre de leur stupéfaction, Jésus :

> *…leur demanda de nouveau : Qui cherchez-vous?*
> *Et ils dirent : Jésus de Nazareth.* Jean 18.7

On peut s'imaginer le respect et la crainte que Jésus inspirait à la foule. Il les avait ébranlés. Cette arrestation ne se déroulait pas tout à fait comme prévu. La foule fut intimidée encore davantage lorsque Jésus lui révéla qu'il était au courant du signe de trahison convenu avec Judas :

> *Et Jésus lui dit : Judas, c'est par un baiser que tu livres le Fils de l'homme!* Luc 22.48
> *…il s'approcha de Jésus, disant : Rabbi! Et il lui donna un baiser.* Marc 14.45

La réaction des autres disciples fut immédiate. Simon Pierre avait une arme :

> *Et voici, un de ceux qui étaient avec Jésus étendit la main, et tira son épée; il frappa le serviteur du souverain sacrificateur, et lui emporta l'oreille.* Matthieu 26.51

Guérison

> *Mais Jésus, prenant la parole, dit : Laissez, arrêtez! Et, ayant touché l'oreille de cet homme, il le guérit.* Luc 22.51

Que dire de la compassion de Jésus? Même dans ce climat tendu, Jésus pensait aux autres; il guérit le serviteur du souverain sacrificateur. Ce geste de Pierre n'a pas servi à grand-chose. C'était un zèle irréfléchi puisque les disciples étaient bien inférieurs en nombre. Il faut tout de même admirer son effort – au moins il a essayé de faire quelque chose! Cependant, Pierre était plus habile avec un filet de pêche qu'avec une épée!

Encore des questions

À ce moment-ci, Jésus pose une question plutôt embarrassante :

> *…Jésus dit aux foules : Êtes-vous sortis comme après un brigand, avec des épées et des bâtons, pour me prendre? J'étais tous les jours assis parmi vous, enseignant dans le temple; et vous ne vous*

êtes pas saisis de moi. Mais tout ceci est arrivé, ***afin que les écritures des prophètes soient accomplies.*** Matthieu 26.55,56 (Darby)

Les questions de Dieu révèlent toujours les véritables pensées des gens à qui elles s'adressent. Si la foule avait pris le temps d'y réfléchir, elle se serait rendu compte du ridicule de son comportement face à Jésus. Mais comme elle n'avait qu'une chose en tête – éliminer Christ – même cette nouvelle démonstration du pouvoir miraculeux de Jésus ne pouvait l'en dissuader. Les paroles de Jésus, disant à la foule qu'elle accomplissait les prédictions solennelles des prophètes, ne pouvaient pas la convaincre non plus de renoncer à son plan meurtrier.

Craignant pour leur vie, les disciples ont pris la fuite :

Alors tous l'abandonnèrent, et prirent la fuite. La cohorte, le tribun, et les huissiers des Juifs, se saisirent alors de Jésus, et le lièrent. Marc 14.50; Jean 18.12

Quand on y pense, la situation était quelque peu absurde. Jésus était seul et le détachement envoyé pour l'arrêter aurait représenté trois cents à six cents soldats, sans compter les magistrats juifs, les prêtres et les serviteurs. C'était bien plus qu'il n'en fallait. On peut se demander si, au plus profond de leur être, ils ne se sentaient pas dénués de pouvoir. Saisissant Jésus, ils l'ont lié. Satan a dû jubiler.

Devant le tribunal

Ils emmenèrent Jésus chez le souverain sacrificateur, où s'assemblèrent tous les principaux sacrificateurs, les anciens et les scribes. Marc 14.53

En temps normal, le tribunal du temple ne siégeait pas de nuit. Le fait que le sanhédrin – composé de soixante et onze hommes – ait pu être convoqué si rapidement nous indique quelque chose au sujet du complot. Que ces hommes aient consenti à se réunir au milieu de la nuit nous en révèle encore davantage. Ce qu'ils faisaient était strictement défendu par leur propre loi. Même ceux qui ne sont pas familiers avec le système judiciaire de cette époque s'aperçoivent qu'il y a eu beaucoup d'irrégularités dans le procès de Jésus. Peu importe les règles, c'était la mort de Jésus qu'ils voulaient :

Les principaux sacrificateurs et tout le sanhédrin cherchaient un témoignage contre Jésus, pour le faire mourir, et ils n'en trouvaient point; car plusieurs rendaient de faux témoignages contre lui, mais les témoignages ne s'accordaient pas. Quelques-uns se levèrent, et portèrent un faux témoignage contre lui, disant: Nous l'avons entendu dire: Je détruirai ce temple fait de main d'homme, et en trois jours j'en bâtirai un autre qui ne sera pas fait de main d'homme. Même sur ce point-là leur témoignage ne s'accordait pas.

Alors le souverain sacrificateur, se levant au milieu de l'assemblée, interrogea Jésus, et dit: Ne réponds-tu rien? Qu'est-ce que ces gens déposent contre toi? Jésus garda le silence, et ne répondit rien.

Le souverain sacrificateur l'interrogea de nouveau, et lui dit: Es-tu le Christ, le Fils du Dieu béni? Marc 14.55-61

La question était claire: « Es-tu le Messie du ciel qui a été promis, oui ou non? »

Jésus répondit: Je le suis. Et vous verrez le Fils de l'homme assis à la droite de la puissance de Dieu, et venant sur les nuées du ciel.

Alors le souverain sacrificateur déchira ses vêtements, et dit: Qu'avons-nous encore besoin de témoins? Vous avez entendu le blasphème. Que vous en semble?

Tous le condamnèrent comme méritant la mort. Marc 14.62-64

Caïphe, le souverain sacrificateur, savait très bien ce que Jésus venait de dire. Il déclarait être égal au Dieu tout-puissant lui-même. Tout ce qui portait atteinte à la nature de Dieu était un blasphème; c'était donc un sacrilège pour un simple homme de s'appeler le *Fils éternel de Dieu.* Mais Jésus n'était pas un simple homme – il était la Parole éternelle de Dieu… et le LIBÉRATEUR PROMIS au sujet duquel tous les prophètes avaient écrit! Cependant, puisque Caïphe et les autres chefs juifs ne le croyaient pas, ils l'ont condamné à mort. Ils avaient toutefois un problème à résoudre: le sanhédrin n'avait pas autorité pour exécuter qui que ce soit; seuls les Romains possédaient ce pouvoir.

2 Le lieu du crâne

Puisqu'il était illégal pour la cour de siéger de nuit, le sanhédrin s'était assemblé de nouveau au lever du soleil pour donner au procès un semblant de légalité. Jésus devait être épuisé. Il n'avait pas dormi de la nuit, et les Juifs l'avaient battu sévèrement dans le but de l'intimider.

> *Ils se levèrent tous, et ils conduisirent Jésus devant Pilate.* Luc 23.1

Ponce Pilate

Ponce Pilate, gouverneur de la Judée, était investi de toute l'autorité impériale de Rome. Normalement, les Juifs n'avaient pas le droit d'exécuter une sentence de mort. Il leur fallait l'approbation de Rome. Les chefs religieux sont donc allés voir Pilate. Ils savaient que le gouverneur était lâche et qu'il aurait besoin d'être persuadé.

> *Ils se mirent à … accuser [Jésus], disant : Nous avons trouvé cet homme excitant notre nation à la révolte, empêchant de payer le tribut à César, et se disant lui-même Christ, roi.* Luc 23.2

Jésus n'avait jamais empêché ses disciples de payer les impôts. Au contraire, il les avait encouragés à le faire. Ces accusations étaient complètement fausses, mais cela n'avait aucune importance. On n'en était plus à une irrégularité près. Toutefois, il était vrai que Jésus se déclarait être le Messie!

> *Pilate l'interrogea, en ces termes : Es-tu le roi des Juifs?* Luc 23.3a

> *Mon royaume n'est pas de ce monde, répondit Jésus. Si mon royaume était de ce monde, mes serviteurs auraient combattu pour moi afin que je ne sois pas livré aux Juifs; mais maintenant mon royaume n'est point d'ici-bas.* Jean 18.36

Jésus désirait régner dans le cœur des hommes. Il n'avait pas d'ambition politique.

> *Pilate lui dit : Tu es donc roi?*
>
> *Jésus répondit : Tu le dis, je suis roi. Je suis né et je suis venu dans le monde pour rendre témoignage à la vérité. Quiconque est de la vérité écoute ma voix.*
>
> *Pilate lui dit : Qu'est-ce que la vérité?* Jean 18.37,38a

Les gens posent la même question aujourd'hui. Mais Pilate n'était pas disposé à écouter; il n'a même pas attendu la réponse :

> *Après avoir dit cela, il sortit de nouveau pour aller vers les Juifs, et il leur dit : Je ne trouve aucun crime en lui.* Jean 18.38b

Pilate ne faisait pas confiance aux prêtres. Gouverneur romain, il se savait haï des Juifs. Il doutait fort qu'ils aient véritablement les intérêts de César à cœur. Le sanhédrin avait sans doute d'autres motifs pour demander la mort de Jésus.

> *Pilate dit aux principaux sacrificateurs et à la foule : Je ne trouve rien de coupable en cet homme.*
>
> *Mais ils insistèrent, et dirent : Il soulève le peuple, en enseignant par toute la Judée, depuis la Galilée où il a commencé, jusqu'ici.*
>
> *Quand Pilate entendit parler de la Galilée, il demanda si cet homme était Galiléen; et, ayant appris qu'il était de la juridiction d'Hérode, il le renvoya à Hérode, qui se trouvait aussi à Jérusalem en ces jours-là.* Luc 23.4-7

Pilate avait certes l'autorité pour présider au procès de Jésus, mais la situation devenait délicate. On accusait Jésus d'inciter le peuple à la rébellion. Si Jésus causait une véritable révolte, comment Pilate expliquerait-il cela à ses supérieurs à Rome? Ce serait plus facile pour lui de s'en laver les mains et de tout remettre à Hérode. De toute façon, Hérode et lui n'étaient pas de bons amis.

Hérode Antipas

Hérode Antipas, fils d'Hérode le Grand, était un pantin de Rome. Il avait juridiction sur la Galilée, la province d'origine de Jésus. Hérode était en visite à Jérusalem pour les festivités de la Pâque.

> *Lorsque Hérode vit Jésus, il en eut une grande joie; car depuis longtemps il désirait le voir, à cause de ce qu'il avait entendu dire de lui, et il espérait qu'il le verrait faire quelque miracle. Il lui adressa beaucoup de questions; mais Jésus ne lui répondit rien.* Luc 23.8,9

Silence

Jésus savait qu'Hérode n'était aucunement intéressé à connaître la vérité. Il recherchait des miracles pour son divertissement personnel, démontrant ainsi un manque flagrant de respect pour la personne de Jésus. Celui-ci n'a pas acquiescé à sa demande. Il a plutôt gardé le silence.

❸ **Tôt vendredi matin**
❹ Jésus est amené à une forteresse romaine afin de comparaître devant Pilate.

Tard dans la nuit de jeudi
Jésus est arrêté dans le jardin de Gethsémané et amené à la maison du souverain sacrificateur. On pense qu'ils ont dû passer au nord de la muraille afin d'éviter toute circulation autour du temple.
❶
❷

Vendredi matin
Pilate envoie Jésus à Hérode qui le renvoie à Pilate.
❹
❺
❹

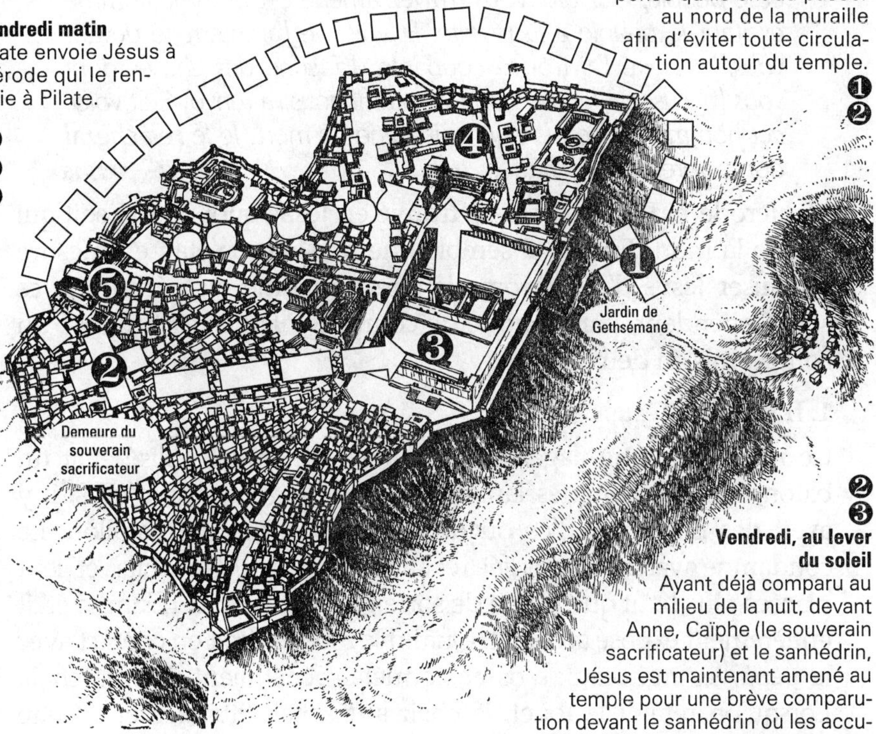

❷
❸
Vendredi, au lever du soleil
Ayant déjà comparu au milieu de la nuit, devant Anne, Caïphe (le souverain sacrificateur) et le sanhédrin, Jésus est maintenant amené au temple pour une brève comparution devant le sanhédrin où les accusations formelles sont déposées.

Les principaux sacrificateurs et les scribes étaient là, et l'accusaient avec violence. Hérode, avec ses gardes, le traita avec mépris; et, après s'être moqué de lui et l'avoir revêtu d'un habit éclatant, il le renvoya à Pilate. Ce jour même, Pilate et Hérode devinrent amis, d'ennemis qu'ils étaient auparavant. *Luc 23.10-12*

Crucifie-le!

Depuis son arrestation, Jésus avait comparu devant trois tribunaux juifs et deux tribunaux romains. Ce sixième procès serait son dernier. La nouvelle de son arrestation s'était maintenant répandue dans toute la ville. Le souverain sacrificateur et le sanhédrin n'étaient plus seuls à accuser Jésus. Une foule inconstante, qui quelques jours auparavant criait: « Hosanna! », se joignait maintenant à eux pour s'écrier avec véhémence: « Crucifie-le! ». Pilate se trouvait dans une situation difficile. Plus il avait affaire à Jésus, plus il était convaincu que cet homme sortait de l'ordinaire!

> *Pilate, ayant assemblé les principaux sacrificateurs, les magistrats, et le peuple, leur dit: Vous m'avez amené cet homme comme excitant le peuple à la révolte. Et voici, je l'ai interrogé devant vous, et je ne l'ai trouvé coupable d'aucune des choses dont vous l'accusez; Hérode non plus, car il nous l'a renvoyé, et voici, cet homme n'a rien fait qui soit digne de mort. Je le* ***relâcherai*** *donc, après l'avoir* ***châtié****.* Luc 23.13-16

Ni Hérode ni Pilate n'avaient trouvé en Jésus quoi que ce soit qui mérite la mort. En fait, il semble que personne n'était en mesure d'accuser Jésus d'avoir commis quelque crime ou péché que ce soit. Cependant, par manque de courage, Pilate avait proposé un compromis en deux étapes:

1. Il punirait Jésus

Ce n'était pas une flagellation ordinaire. Le fouet utilisé était un bâton muni de longues lanières de cuir. Sur chacune d'elles, il y avait des morceaux d'os ou de métal, en forme de papillon. Le condamné avait les mains liées et attachées à un poteau. Elles étaient placées plus haut que la tête de sorte que le dos du condamné était entièrement exposé au fouet. Quand le fouet entrait en contact avec la peau, les morceaux d'os et de métal pénétraient dans la chair. Lorsqu'on retirait le fouet, la chair s'arrachait littéralement. Cette sorte de flagellation était tellement sévère qu'il arrivait souvent que la victime en meure.

Selon la loi, seul un criminel condamné pouvait être assujetti à un tel châtiment. Pilate venait de déclarer Jésus innocent. Sans doute espérait-il qu'en soumettant Jésus à une punition aussi atroce il apaiserait les accusateurs de Jésus et qu'ils accepteraient son autre proposition.

2. Il relâcherait Jésus

C'était la coutume chez les Romains de cette localité qu'en signe de bonne volonté on libère, à l'occasion de la Pâque, un criminel condamné à mort. Pilate avait donc proposé que Jésus soit relâché – après avoir été fouetté. La foule avait répondu unanimement:

> *Ils s'écrièrent tous ensemble: Fais mourir celui-ci… Pilate leur parla de nouveau, dans l'intention de relâcher Jésus. Et ils crièrent: Crucifie, crucifie-le!*
>
> *Pilate leur dit pour la troisième fois: Quel mal a-t-il fait? Je n'ai rien trouvé en lui qui mérite la mort. Je le relâcherai donc, après l'avoir châtié.* Luc 23.18,20-22
>
> *Alors Pilate prit Jésus, et le fit battre de verges.* Jean 19.1

Sept cents ans auparavant, le prophète Ésaïe avait écrit que le Messie se soumettrait volontairement à de telles souffrances:

> *J'ai livré mon dos à ceux qui me frappaient, et mes joues à ceux qui m'arrachaient la barbe; je n'ai pas dérobé mon visage aux ignominies et aux crachats.* Ésaïe 50.6

Mais les soldats ne s'étaient pas arrêtés là; ils avaient décidé de s'amuser un peu en se moquant de Jésus:

> *Les soldats tressèrent une couronne d'épines qu'ils posèrent sur sa tête, et ils le revêtirent d'un manteau de pourpre; puis, s'approchant de lui, ils disaient: Salut, roi des Juifs! Et ils lui donnaient des soufflets.* Jean 19.2,3
>
> *Et ils lui frappaient la tête avec un roseau et crachaient contre lui…* Marc 15.19a (Darby)

Cette humiliation ne faisait pas partie du jugement de Pilate. Le manteau de pourpre était normalement réservé à la royauté La couronne d'épines était une imitation cruelle de la couronne impériale. C'était une moquerie poussée à l'extrême.

Sept cents ans auparavant, le prophète Ésaïe avait encore écrit:

> *Méprisé et abandonné des hommes… nous n'avons fait de lui aucun cas.* Ésaïe 53.3
>
> *Pilate sortit de nouveau, et dit aux Juifs: Voici, je vous l'amène dehors, afin que vous sachiez que je ne trouve en lui aucun crime. Jésus sortit donc, portant la couronne d'épines et le manteau de pourpre. Et Pilate leur dit: Voici l'homme.* Jean 19.4,5

Pilate devait savoir, au fond de lui-même, qu'il allait à l'encontre de la justice en permettant que Jésus soit traité de cette façon. Sans doute espérait-il que la vue de cet homme meurtri, sanglant et couronné d'épines éveillerait la pitié.

> *Lorsque les principaux sacrificateurs et les huissiers le virent, ils s'écrièrent : Crucifie! Crucifie! Pilate leur dit : Prenez-le vous-mêmes, et crucifiez-le; car moi, je ne trouve point de crime en lui.* Jean 19.6

Pilate savait très bien qu'il leur était impossible de faire une telle chose. Les tribunaux juifs n'avaient pas l'autorité de condamner un individu à mort.

Fils de Dieu

> *Les Juifs lui répondirent : Nous avons une loi; et, selon notre loi, il doit mourir,* ***parce qu'il s'est fait Fils de Dieu.***
>
> *Quand Pilate entendit cette parole, sa frayeur augmenta. Il rentra dans le prétoire, et il dit à Jésus : D'où es-tu?* Jean 19.7-9a

On avait déjà dit à Pilate que Jésus était Galiléen – voilà pourquoi il l'avait envoyé à Hérode. Maintenant, il demandait de nouveau à Jésus d'où il venait. Sans doute Pilate était-il un peu anxieux de se retrouver devant quelqu'un qui se déclarait être le Fils de Dieu descendu du ciel! Les Grecs croyaient que les dieux descendaient du mont Olympe pour fraterniser avec les humains. Il se peut que Pilate se soit demandé si Jésus n'était pas de ceux-là. Il est évident que Jésus n'était pas un criminel typique. La manière dont il se comportait durant le procès démontrait une quiétude et une assurance déconcertantes. « Jésus, d'où es-tu vraiment? »

> *Mais Jésus ne lui donna point de réponse. Pilate lui dit : Est-ce à moi que tu ne parles pas? Ne sais-tu pas que j'ai le pouvoir de te crucifier, et que j'ai le pouvoir de te relâcher?*
>
> *Jésus répondit : Tu n'aurais sur moi aucun pouvoir, s'il ne t'avait été donné d'en haut. C'est pourquoi celui qui me livre à toi commet un plus grand péché.*
>
> *Dès ce moment, Pilate cherchait à le relâcher. Mais les Juifs criaient : Si tu le relâches, tu n'es pas ami de César.*

Quiconque se fait roi se déclare contre César. Pilate, ayant entendu ces paroles, amena Jésus dehors; et il siégea au tribunal, au lieu appelé le Pavé, et en hébreu Gabbatha. C'était la préparation de la Pâque… Jean 19.9b-14a

La préparation de la Pâque, c'était la journée où l'on tuait l'agneau pascal.

Pilate dit aux Juifs: Voici votre roi.
Mais ils s'écrièrent: Ôte, ôte, crucifie-le!
Pilate leur dit: Crucifierai-je votre roi?
Les principaux sacrificateurs répondirent: Nous n'avons de roi que César. Jean 19.14b,15

C'était de la part des Juifs le rejet absolu de Jésus en tant que roi. Ils préféraient César à celui qui avait été envoyé par Dieu.

Alors il le leur livra pour être crucifié.
Ils prirent donc Jésus, et l'emmenèrent. Jésus, portant sa croix, arriva au lieu du crâne, qui se nomme en hébreu Golgotha[1]*. C'est là qu'il fut crucifié, et deux autres avec lui, un de chaque côté, et Jésus au milieu.* Jean 19.16-18

Crucifixion

La crucifixion était la peine capitale que les Romains réservaient uniquement aux esclaves et aux pires criminels. C'était un mode d'exécution courant. L'histoire profane rapporte des instances où des centaines de personnes avaient été crucifiées en même temps. Il y avait, semble-t-il, plusieurs types de crucifixion:

Un arbre: La victime était tout simplement acculée à un arbre et clouée dans n'importe quelle position, selon la disposition des branches. Josèphe, un historien juif du premier siècle, écrit que les soldats romains s'amusaient à crucifier leurs captifs dans des positions insolites[2].

Un simple poteau en terre: On clouait les mains de la victime au-dessus de sa tête.

Deux morceaux de bois en forme de X: Les mains et les pieds étaient fixés aux quatre coins des poteaux.

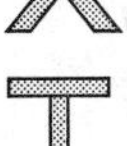
Un poteau au sommet duquel était fixée une traverse: C'était probablement la forme la plus courante après l'arbre. On étirait les bras de la victime le long de la traverse.

En forme de croix: Cette méthode était normalement réservée aux criminels de renom et on inscrivait au haut de la croix la nature du crime. C'est probablement sur une croix de ce genre que Jésus fut crucifié.

Habituellement, la victime était nue. Les mains et les pieds étaient retenus à l'aide de clous enfoncés dans les poignets et les chevilles.

Mille ans auparavant, Dieu avait dit au roi David d'écrire un psaume entier décrivant la mort de Jésus. Dans ce psaume, David cite Dieu qui dit[3]:

Ils ont percé mes mains et mes pieds. Je pourrais compter tous mes os. Eux, ils observent, ils me regardent… Psaume 22.17b,18

Ce texte fut écrit bien longtemps avant que les Romains ne viennent au pouvoir et environ 800 ans avant qu'ils n'adoptent la crucifixion comme forme officielle de peine capitale.

La crucifixion est à ce jour considérée comme une des formes d'exécution les plus atroces. La mort était lente – l'agonie durait parfois plusieurs jours. Finalement, la victime mourait par asphyxie. Suspendue au bout des bras, la victime était incapable de respirer à cause de la pression exercée sur le diaphragme. La seule façon d'y parvenir était de soulever son corps en tirant avec les bras et en poussant avec les pieds pour permettre au diaphragme de fonctionner. À cause des clous, ces mouvements étaient évidemment accompagnés de douleurs intenses. Le traumatisme et l'épuisement devenant intolérables, la victime ne pouvait plus se soulever pour respirer et c'est ainsi qu'elle mourait.

Les clous et l'effort pour reprendre son souffle n'étaient pas les seules sources de tourments pour la victime. Elle était exposée aux éléments et souffrait de la soif. Elle était de plus offerte en spectacle et, comme c'était le cas pour Jésus, soumise aux moqueries.

Pilate fit une inscription, qu'il plaça sur la croix, et qui était ainsi conçue: JÉSUS DE NAZARETH, ROI DES JUIFS.

Beaucoup de Juifs lurent cette inscription, parce que le lieu où Jésus fut crucifié était près de la ville: elle était en hébreu, en grec et en latin. Jean 19.19,20

Les soldats, après avoir crucifié Jésus, prirent ses vêtements, et ils en firent quatre parts, une part pour chaque soldat. Ils prirent aussi sa tunique, qui était sans couture, d'un seul tissu depuis le haut jusqu'en bas.

Et ils dirent entre eux: Ne la déchirons pas, mais tirons au sort à qui elle sera. Jean 19.23-24a

Tirer au sort servait à distraire les soldats de leur tâche répugnante. Assis au pied de la croix de Jésus, probablement en train de rouler des dés dans un casque, ils ne pouvaient savoir qu'ils accomplissaient ainsi une ancienne prophétie:

Cela arriva afin que s'accomplisse cette parole de l'Écriture: Ils se sont partagé mes vêtements, et ils ont tiré au sort ma tunique. Voilà ce que firent les soldats. Jean 19.24b; comparer Psaume 22.19

Le peuple se tenait là, et regardait. Les magistrats se moquaient de Jésus, disant: Il a sauvé les autres; qu'il se sauve lui-même, s'il est le Christ, l'élu de Dieu! Luc 23.35

Dix siècles auparavant, le roi David avait prédit qu'on se moquerait du LIBÉRATEUR PROMIS :

Et moi, je suis un ver et non un homme, l'opprobre des hommes et le méprisé du peuple. Tous ceux qui me voient se moquent de moi, ils ouvrent la bouche, secouent la tête… Psaume 22.7,8

David avait même inscrit les mots dont on se servirait pour se moquer de Jésus :

Recommande-toi à l'Éternel! L'Éternel le sauvera, il le délivrera, puisqu'il l'aime! Psaume 22.9

Les soldats aussi se moquaient de lui; s'approchant et lui présentant du vinaigre, ils disaient : Si tu es le roi des Juifs, sauve-toi toi-même!

L'un des malfaiteurs crucifiés l'injuriait, disant : N'es-tu pas le Christ? Sauve-toi toi-même, et sauve-nous!

Mais l'autre le reprenait, et disait : Ne crains-tu pas Dieu, toi qui subis la même condamnation? Pour nous, c'est justice, car nous recevons ce qu'ont mérité nos crimes; mais celui-ci n'a rien fait de mal.

Et il dit à Jésus : Souviens-toi de moi, quand tu viendras dans ton règne.

Jésus lui répondit : Je te le dis en vérité, aujourd'hui tu seras avec moi dans le paradis. Luc 23.36,37,39-43

Jésus a déclaré au deuxième malfaiteur que, tout de suite après sa mort, leurs esprits se rencontreraient au paradis. Jésus pouvait l'affirmer parce qu'il savait que cet homme se confiait en Lui pour le délivrer des conséquences du péché – du châtiment éternel.

Il était déjà environ la sixième heure, et il y eut des ténèbres sur toute la terre, jusqu'à la neuvième heure… Luc 23.44

Et à la neuvième heure, Jésus s'écria d'une voix forte : Eloï, Eloï, lama sabachthani? Ce qui signifie : Mon Dieu, mon Dieu, pourquoi m'as-tu abandonné? Marc 15.34

Une fois de plus, Dieu avait prophétisé mille ans auparavant, par le roi David, les paroles exactes du Messie :

Mon Dieu! mon Dieu! pourquoi m'as-tu abandonné…? Psaume 22.2a

Ce n'est pas pour rien que Jésus a dit ces mots à haute voix. Nous verrons leur signification dans le prochain chapitre.

On ne peut assez souligner l'importance des derniers moments de Jésus sur la croix. La Parole de Dieu dit :

> *Jésus s'écria d'une voix forte : … Tout est accompli… Père, je remets mon esprit entre tes mains. Et, en disant ces paroles, il expira.* Luc 23.46 et Jean 19.30b

> *Le voile du temple se déchira en deux, depuis le haut jusqu'en bas.* Marc 15.38

Jésus était mort. Mais est-ce que Satan et ses démons avaient réellement vaincu Dieu ? Certaines choses n'étaient pas claires. Pourquoi le voile du temple s'était-il déchiré ? Et pourquoi de haut en bas ? Et pourquoi Jésus avait-il crié avec tant de force : « Tout est accompli ! » ?

Le voile déchiré

Rappelez-vous que le temple était une réplique fixe du tabernacle original qui, lui, était mobile. Le voile en question séparait le lieu saint du lieu très saint. Que ce voile se soit déchiré n'était pas sans importance. D'abord, l'Écriture dit que le rideau empêchait l'homme

de voir à l'intérieur du lieu très saint – y jeter un regard aurait entraîné la mort. Des siècles auparavant, Dieu avait dit à Moïse :

> *Parle à ton frère Aaron, afin qu'il n'entre pas en tout temps dans le sanctuaire, au-dedans du voile, devant le propitiatoire qui est sur l'arche, de peur qu'il ne meure; car j'apparaîtrai dans la nuée sur le propitiatoire.* Lévitique 16.2

En second lieu, il aurait fallu déployer un effort extraordinaire pour déchirer ce voile. On dit que ce rideau mesurait 18 m de longueur et 9 m de largeur. De plus, il avait l'épaisseur de la largeur d'une main d'homme – environ 10 cm[4].

Finalement, que le voile se soit déchiré depuis le haut jusqu'en bas ne pouvait signifier qu'une chose : c'est Dieu, et non l'homme, qui l'avait déchiré!

Selon les Juifs, Jésus était mort à la neuvième heure, ce qui pour nous est trois heures de l'après-midi. Le temple était, à cette heure, rempli de prêtres accomplissant leurs fonctions sacrées. C'était l'heure du sacrifice du soir lors de l'immolation de l'agneau. C'était aussi la Pâque. Il aurait été impossible de garder secrète la déchirure du rideau. Trop de gens étaient présents et la chose était trop stupéfiante pour qu'on l'oublie facilement.

On verra sous peu la signification du voile déchiré.

Tout est accompli!

La phrase « Tout est accompli » est traduite d'un seul mot grec « tetelestai ». Ce mot peut être utilisé de plusieurs façons, mais les trois emplois suivants se rapportent à notre histoire[5] :

1. *Tetelestai* est le mot qu'un serviteur utilisait pour dire à son maître qu'il avait accompli une tâche : « J'ai terminé le travail que vous m'avez donné à faire ».

2. *Tetelestai* était aussi un terme de commerce utilisé couramment par les Grecs. Il signifiait la fin d'une transaction lorsqu'une dette était entièrement payée. Quand le dernier versement était fait, on pouvait dire « tetelestai » c'est-à-dire « la dette est acquittée ». Des reçus anciens ont été retrouvés sur lesquels était inscrit le mot *tetelestai* – payé en entier.

3. Le choix d'un agneau pour le sacrifice au temple était une tâche importante. On examinait tout le troupeau et lorsqu'on

trouvait un agneau parfait, on disait « *tetelestai* » – mission accomplie.

Jésus s'est littéralement exclamé : « Le travail que tu m'as confié est achevé; la dette est payée; l'agneau expiatoire est trouvé! » La Parole de Dieu dit que Jésus s'est écrié d'une voix forte : « Tout est accompli! ».

> *Le centenier, voyant ce qui était arrivé, glorifia Dieu, et dit : Certainement, cet homme était juste.* Luc 23.47

Il est à remarquer que la première personne à faire un commentaire au sujet du cri de Jésus fut un centenier – un officier responsable de cent soldats. Sûrement que cet homme savait faire la distinction entre un cri de défaite et un cri de victoire.

> *... c'était la préparation, et ce jour de sabbat était un grand jour – les Juifs demandèrent à Pilate qu'on rompe les jambes aux crucifiés, et qu'on les enlève.* Jean 19.31b

Rompre les jambes

C'était la semaine de la Pâque et on en était à son point culminant, c'est-à-dire au jour où l'agneau devait être sacrifié. Les principaux sacrificateurs voulaient en finir avec la crucifixion, au plus vite, pour ne pas nuire aux festivités. Ils ont donc demandé que les jambes des crucifiés soient rompues. Cela les empêcherait de se soulever pour respirer et accélèrerait la mort par asphyxie – à moins que le choc de se faire casser les jambes ne les achève avant.

> *Les soldats vinrent donc, et ils rompirent les jambes au premier, puis à l'autre qui avait été crucifié avec lui. S'étant approchés de Jésus, et le voyant déjà mort, **ils ne lui rompirent pas les jambes;** mais un des soldats lui perça le côté avec une lance, et aussitôt il sortit du sang et de l'eau.* Jean 19.32-34

Un soldat romain, compétent dans l'art d'exécuter, a percé le cœur de Jésus avec une lance. Gâcher une exécution publique était impensable. Le soldat savait précisément où il devait enfoncer son arme mortelle dans le corps afin de s'assurer que la vie soit complètement supprimée. Les Écritures disent que du sang et de l'eau sont sortis du corps de Jésus. Selon les experts en médecine, cela est une preuve certaine que Jésus était réellement mort.

> *Celui qui l'a vu en a rendu témoignage, et son témoignage est vrai; et il sait qu'il dit vrai, afin que vous croyiez aussi.*

> ***Ces choses sont arrivées, afin que l'Écriture soit accomplie :*** *Aucun de ses os ne sera brisé. Et ailleurs l'Écriture dit encore : Ils verront celui qu'ils ont percé.* Jean 19.35-37

3 Le tombeau vide

Vendredi : en fin d'après-midi

> *Après cela, Joseph d'Arimathée, qui était disciple de Jésus, mais en secret par crainte des Juifs, demanda à Pilate la permission de prendre le corps de Jésus. Et Pilate le lui permit. Il vint donc, et prit le corps de Jésus. Nicodème, qui auparavant était allé de nuit vers Jésus, vint aussi, apportant un mélange d'environ cent livres de myrrhe et d'aloès. Ils prirent donc le corps de Jésus, et l'enveloppèrent de bandes, avec les aromates, comme c'est la coutume d'ensevelir chez les Juifs. Or, il y avait un jardin dans le lieu où Jésus avait été crucifié, et dans le jardin un sépulcre neuf, où personne encore n'avait été mis. Ce fut là qu'ils déposèrent Jésus, à cause de la préparation des Juifs, parce que le sépulcre était proche.* Jean 19.38-42

> *Les femmes qui étaient venues de la Galilée avec Jésus accompagnèrent Joseph, virent le sépulcre et la manière dont le corps de Jésus y fut déposé, et, s'en étant retournées, elles préparèrent des aromates et des parfums. Puis elles se reposèrent le jour du sabbat, selon la loi.* Luc 23.55,56

Malgré le fait que Joseph et Nicodème aient fait partie du sanhédrin, il semble que ces hommes étaient des disciples de Jésus en secret. Ils ont enveloppé de bandes le corps de Jésus, avec 34 kg d'aromates, comme c'était la coutume chez les Juifs. Ils ont déposé le corps dans un sépulcre et une grande pierre pouvant peser jusqu'à 2 tonnes fut roulée devant l'entrée du tombeau. Les femmes ont observé toutes ces choses puis elles sont retournées chez elles afin de préparer d'autres épices pour l'ensevelissement final. C'était alors la nuit de vendredi.

Samedi

> *Le lendemain, qui était le jour après la préparation, les principaux sacrificateurs et les pharisiens allèrent ensemble auprès de Pilate, et dirent : Seigneur, nous nous souvenons que cet imposteur a dit, quand il vivait encore : Après trois jours je*

ressusciterai. Ordonne donc que le sépulcre soit gardé jusqu'au troisième jour, afin que ses disciples ne viennent pas dérober le corps, et dire au peuple: Il est ressuscité des morts. Cette dernière imposture serait pire que la première.

Pilate leur dit : Vous avez une garde; allez, gardez-le comme vous l'entendez.

Ils s'en allèrent, et s'assurèrent du sépulcre au moyen de la garde, après avoir scellé la pierre. Matthieu 27.62-66

La garde du tombeau ne fut pas confiée à n'importe qui. Une garde romaine était composée de quatre à seize hommes, chacun étant formé pour défendre un terrain d'environ 2 m. Ensemble, ils étaient en mesure de faire face à un bataillon complet[6].

Pilate avait ordonné aux principaux sacrificateurs et aux pharisiens de sceller le tombeau. Pour ce faire, il avait fallu étirer des cordes sur le devant de la pierre et les fixer avec de l'argile humide. Ensuite, on étampait l'argile d'un sceau. De cette façon, si quelqu'un essayait d'accéder au tombeau, ce serait tout de suite apparent.

Dimanche

La garde fut postée le samedi, le jour du sabbat pour les Juifs. Dimanche, pendant qu'il faisait encore sombre :

> *... il y eut un grand tremblement de terre; car un ange du Seigneur descendit du ciel, vint rouler la pierre, et s'assit dessus.*
>
> *Son aspect était comme l'éclair, et son vêtement blanc comme la neige. Les gardes tremblèrent de peur, et devinrent comme morts.* Mathieu 28.2-4

Dès qu'ils ont vu l'ange, les soldats ont su qu'ils n'étaient pas de taille. L'expression « devinrent comme morts » est une expression désuète qui signifie qu'ils se sont évanouis – de peur! Mais ils n'étaient pas les seuls à trembler. Tout le royaume du malin a dû être dans le désarroi. Il n'est pas difficile de s'imaginer la scène : Satan, déconcerté, crie des ordres incohérents tandis que les démons courent à droite et à gauche. Quel choc! Qui aurait pu s'imaginer que le tombeau serait vide? De toute évidence, Jésus était ressuscité. C'était impossible!

Entre-temps...

> *Lorsque le sabbat fut passé, Marie de Magdala, Marie, mère de Jacques, et Salomé, achetèrent des aromates, afin d'aller embaumer Jésus. Le premier jour de la semaine, elles se rendirent au sépulcre, de grand matin, comme le soleil venait de se lever. Elles disaient entre elles : Qui nous roulera la pierre loin de l'entrée du sépulcre?*
>
> *Et, levant les yeux, elles aperçurent que la pierre, qui était très grande, avait été roulée.* Marc 16.1-4

Apparemment, Marie de Madgala aurait fait demi-tour, stupéfiée et consternée en voyant le tombeau ouvert. Sans doute avait-elle conclu qu'on avait dérobé le corps de Jésus. Elle est retournée vers les disciples en pleurant pour leur faire part de cette nouvelle. Cependant, Marie et Salomé ont poursuivi leur chemin et sont entrées dans le sépulcre.

> *Elles entrèrent dans le sépulcre, virent un jeune homme assis à droite, vêtu d'une robe blanche, et elles furent épouvantées.*
>
> *Il leur dit : Ne vous épouvantez pas; vous cherchez Jésus de Nazareth, qui a été crucifié; il est ressuscité, il n'est point ici; voici le lieu où on l'avait mis.*

Mais allez dire à ses disciples et à Pierre qu'il vous précède en Galilée; c'est là que vous le verrez, comme il vous l'a dit. Marc 16.5-7

Elles s'éloignèrent promptement du sépulcre, avec crainte et avec une grande joie, et elles coururent porter la nouvelle aux disciples.

Et voici, Jésus vint à leur rencontre, et dit: Je vous salue. Elles s'approchèrent pour saisir ses pieds, et elles l'adorèrent. Alors Jésus leur dit: Ne craignez pas; allez dire à mes frères de se rendre en Galilée : c'est là qu'ils me verront. Matthieu 28.8-10

Il est ressuscité

En lisant le récit de ces événements[7], on peut ressentir le bouleversement et la joie causés par cette nouvelle matinale. Ceux qui avaient été témoins de la mort de Jésus étaient sceptiques devant le rapport de ces femmes. D'emblée:

Ils prirent ces discours pour des rêveries, et ils ne crurent pas ces femmes. Luc 24.11

Pierre a couru au tombeau pour voir si ces choses étaient vraies. Jean aussi y est allé, devançant Pierre, mais s'arrêtant à l'entrée du tombeau.

Simon Pierre, qui le suivait, arriva et entra dans le sépulcre; il vit les bandes qui étaient à terre, et le linge qu'on avait mis sur la tête de Jésus, non pas avec les bandes, mais plié dans un lieu à part. Jean 20.6,7

Le sépulcre n'avait pas du tout l'apparence d'un lieu saccagé par des vandales. Les longues bandes de tissu utilisées pour couvrir le corps étaient pliées comme si elles entouraient encore le corps de Jésus, mais elles étaient affaissées – vides! Le corps avait passé au travers. Le linge qui avait entouré la tête de Jésus était aussi plié comme si quelqu'un l'avait rangé avant de partir. L'Écriture dit que Pierre a vu ces choses; mais Jean les a vues et a cru. Jean était persuadé que Jésus était vivant, mais Pierre était abasourdi. Il lui fallait du temps pour y réfléchir.

Il était sans doute encore tôt le matin lorsque Marie de Madgala est revenue au tombeau.

...Marie se tenait dehors près du sépulcre, et pleurait. Comme elle pleurait, elle se baissa pour regarder dans le sépulcre; et

elle vit deux anges vêtus de blanc, assis à la place où avait été couché le corps de Jésus, l'un à la tête, l'autre aux pieds. Ils lui dirent : Femme, pourquoi pleures-tu?

Elle leur répondit : Parce qu'ils ont enlevé mon Seigneur, et je ne sais où ils l'ont mis. Jean 20.11-13

Le tombeau était situé dans un jardin, et Marie avait vraisemblablement conclu que les anges étaient des jardiniers. Elle était tellement angoissée qu'elle n'a pas cherché à savoir qui étaient ces hommes. Il faut se rappeler que Marie était grandement attristée et en larmes durant tout cet entretien.

En disant cela, elle se retourna, et elle vit Jésus debout; mais elle ne savait pas que c'était Jésus. Jésus lui dit : Femme, pourquoi pleures-tu? Qui cherches-tu?

Elle, pensant que c'était le jardinier, lui dit : Seigneur, si c'est toi qui l'as emporté, dis-moi où tu l'as mis, et je le prendrai.

Jésus lui dit : Marie! Jean 20.14-16a

S'il est possible de prononcer un nom de façon à évoquer en quelqu'un tous les précieux moments passés ensemble, Jésus a fait exactement cela. Marie a immédiatement reconnu sa voix.

> *Elle se retourna, et lui dit en hébreu: Rabbouni! c'est-à-dire, Maître!* Jean 20.16b

Maintenant, elle avait une nouvelle raison de pleurer. Sans doute s'est-elle jetée aux pieds de Jésus, selon les coutumes du jour.

> *Jésus lui dit: Ne me touche pas; car je ne suis pas encore monté vers mon Père.*
>
> *Mais va trouver mes frères, et dis-leur…*
>
> *Marie de Magdala alla annoncer aux disciples qu'elle avait vu le Seigneur, et qu'il lui avait dit ces choses.* Jean 20.17a,18

Les gardes

Pendant ce temps, les gardes étaient partis à la recherche des principaux sacrificateurs. Ils n'avaient aucunement l'intention de faire face à Pilate:

> *…quelques hommes de la garde entrèrent dans la ville, et annoncèrent aux principaux sacrificateurs tout ce qui était arrivé. Ceux-ci, après s'être assemblés avec les anciens et avoir tenu conseil, donnèrent aux soldats une forte somme d'argent, en disant: Dites: Ses disciples sont venus de nuit le dérober, pendant que nous dormions. Et si le gouverneur l'apprend, nous l'apaiserons, et nous vous tirerons de peine. Les soldats prirent l'argent, et suivirent les instructions qui leur furent données. Et ce bruit s'est répandu parmi les Juifs, jusqu'à ce jour.* Matthieu 28.11b-15

Il fallut une somme importante pour convaincre ces soldats de dire qu'ils s'étaient endormis. Mais c'était un mensonge. Encore une fois, on peut voir la main de Satan derrière tout cela, essayant de limiter les dégâts. Après tout, il est le père du mensonge. C'était un faible effort de sa part pour éviter de perdre la face. Sans doute s'était-il rendu compte qu'il avait été vaincu. Jésus, l'OINT, lui avait écrasé la tête, comme Dieu l'avait prédit dans le jardin d'Éden.

Vivant

Jésus était revenu à la vie! Il était réellement vivant – physiquement! Pendant trois jours, son corps était resté sans vie dans le tombeau, séparé de son esprit. Ensuite, par une éclatante démonstration d'un pouvoir surnaturel, Jésus était ressuscité avec un nouveau corps.

Durant son ministère, Jésus avait prédit sa propre mort :

> *Le Père m'aime, parce que je donne ma vie, afin de la reprendre. Personne ne me l'ôte, mais je la donne de moi-même; j'ai le pouvoir de la donner, et j'ai le pouvoir de la reprendre : tel est l'ordre que j'ai reçu de mon Père.* Jean 10.17,18

Pourquoi Jésus a-t-il dû mourir?

La mort de Jésus n'était pas ordinaire. Pour l'être humain, la mort est le résultat du péché, la conséquence pour avoir violé la loi de Dieu. Mais Jésus avait parfaitement observé les dix commandements. Il était sans péché et ne méritait pas la mort. D'après la loi du péché et de la mort, Jésus aurait pu vivre éternellement. Alors… pourquoi est-il mort? Ni Satan ni les Juifs ni les Romains n'ont enlevé la vie à Jésus. Il est mort de son plein gré, mais… pourquoi? Dans le prochain chapitre, on répondra à cette question.

Ce qui est arrivé, tôt ce matin de la résurrection, n'était que le début. Pendant quarante jours, Jésus est apparu à plusieurs de ses proches. Toutefois, il y a un autre incident important qui est arrivé le jour de la résurrection. Nous en parlerons maintenant.

72 heures qui ont changé le cours de l'histoire

	Jeudi	Les disciples préparent la Pâque Repas de la Pâque
*Vendredi des Juifs		Jésus et les disciples se rendent au jardin de Gethsémané Jésus est arrêté dans le jardin; les disciples s'enfuient
	Ven.	1er procès - devant Anne (beau-père du souverain sacrificateur) 2e procès - devant le souverain sacrificateur et le sanhédrin 3e procès - devant le sanhédrin (pour une apparence de légalité)
	6 h 30	4e procès - devant Pilate 5e procès - devant Hérode (on se moque de Jésus) 6e procès - devant Pilate (Jésus est fouetté)
	9 h	Crucifixion
	MIDI	
	15 h	Jésus s'écrie : « Tout est accompli ». Le voile du temple se déchire. Les jambes des deux brigands sont rompues; le côté de Jésus est percé. Joseph d'Arimathée réclame le corps de Jésus pour l'ensevelir. Le corps de Jésus est déposé dans le sépulcre.
Samedi des Juifs		
	Sam.	Une garde romaine est requise et postée au tombeau. Le tombeau est scellé.
Dimanche des Juifs		
	Dim.	Tremblement de terre; la pierre est déplacée par les anges; les soldats s'enfuient; les femmes se rendent au tombeau. Jésus apparaît à Marie et à Salomé. Jésus apparaît à Marie de Magdala. Jésus apparaît à Pierre.

*La journée juive débute au coucher du soleil et prend fin le lendemain au coucher du soleil.

Chapitre quatorze

1 Sur le chemin d'Emmaüs

2 La Loi et les Prophètes

— D'Adam jusqu'à Noé —

3 La Loi et les Prophètes

— D'Abraham jusqu'à la loi —

4 La Loi et les Prophètes

— Du tabernacle jusqu'au serpent d'airain —

5 La Loi et les Prophètes

— De Jean-Baptiste jusqu'à la résurrection —

1 Sur le chemin d'Emmaüs

Ce même jour, deux disciples se rendaient à un village appelé Emmaüs, qui se trouvait à environ deux heures de marche de Jérusalem. Ils parlaient de tout ce qui s'était passé. Pendant qu'ils parlaient et discutaient, Jésus lui-même s'approcha et fit route avec eux. Ils le voyaient, mais quelque chose les empêchait de le reconnaître.

Jésus leur demanda : De quoi discutez-vous en marchant?

Et ils s'arrêtèrent, tout attristés. Luc 24.13-17 (Français courant)

Ces hommes étaient des disciples de Jésus, même s'ils ne faisaient pas partie des douze.

L'un d'eux, nommé Cléopas, lui répondit : Es-tu le seul qui, séjournant à Jérusalem ne sache pas ce qui y est arrivé ces jours-ci?

Quoi? leur dit-il.

Et ils lui répondirent : Ce qui est arrivé au sujet de Jésus de Nazareth, qui était un prophète puissant en œuvres et en paroles devant Dieu et devant tout le peuple, et comment les principaux sacrificateurs et nos magistrats l'ont livré pour le faire condamner à mort et l'ont crucifié. Nous espérions que ce serait lui qui délivrerait Israël; mais avec tout cela, voici le troisième jour que ces choses se sont passées. Il est vrai que quelques femmes d'entre nous nous ont fort étonnés; s'étant rendues de grand matin au sépulcre et n'ayant pas trouvé son corps, elles sont venues dire que des anges leur sont apparus et ont annoncé qu'il est vivant. Quelques-uns de ceux qui étaient avec nous sont allés au sépulcre, et ils ont trouvé les choses comme les femmes l'avaient dit; mais lui, ils ne l'ont point vu. Luc 24.18-24

Les deux disciples ont récapitulé les événements de la journée. Bien entendu, ils n'apprenaient rien à Jésus, mais celui-ci attendit patiemment qu'ils eurent terminé. Lui aussi avait quelque chose à leur communiquer :

*Alors Jésus leur dit : **O hommes sans intelligence, et dont le cœur est lent à croire tout ce qu'ont dit les prophètes!** Ne fallait-il pas que le Christ souffre ces choses, et qu'il entre dans sa gloire? Et, commençant par Moïse et par tous les prophètes, il leur expliqua dans toutes les Écritures ce qui le concernait.* Luc 24.25-27

Jésus leur a dit qu'il fallait que le Messie souffre, meure et revienne à la vie. Mais Jésus ne s'est pas arrêté là. Se référant aux Écritures, il leur a enseigné tout ce qui le concerne, en commençant au tout début et en progressant, étape par étape, récit après récit, à travers tout l'Ancien Testament. Quelle leçon formidable!

Lorsqu'ils furent près du village où ils allaient, il parut vouloir aller plus loin. Mais ils le pressèrent, en disant : Reste avec nous, car le soir approche, le jour est sur son déclin. Et il entra, pour rester avec eux.

Pendant qu'il était à table avec eux, il prit le pain; et, après avoir rendu grâces, il le rompit, et le leur donna. Alors leurs yeux s'ouvrirent, et ils le reconnurent; mais il disparut de devant eux. Et ils se dirent l'un à l'autre : Notre cœur ne brûlait-il pas au-dedans de nous, lorsqu'il nous parlait en chemin et nous expliquait les Écritures? Luc 24.28-32

Dieu lui-même a ouvert leur intelligence pour qu'ils comprennent ce qui leur avait été enseigné. Ils en étaient transportés!

Se levant à l'heure même, ils retournèrent à Jérusalem… Luc 24.33a

On peut s'imaginer le trajet de retour en direction de Jérusalem. Chemin faisant, ces deux hommes enthousiastes ont sans doute discuté de ce qu'ils diraient aux onze disciples. Ils avaient de très bonnes nouvelles à annoncer :

…et ils trouvèrent les onze, et ceux qui étaient avec eux, assemblés et disant : Le Seigneur est réellement ressuscité, et il est apparu à Simon. Et ils racontèrent ce qui leur était arrivé en chemin, et comment ils l'avaient reconnu au moment où il rompit le pain.*

* Judas Iscariot s'était suicidé.

Tandis qu'ils parlaient de la sorte, lui-même se présenta au milieu d'eux, et leur dit : La paix soit avec vous!

Saisis de frayeur et d'épouvante, ils croyaient voir un esprit. Mais il leur dit : Pourquoi êtes-vous troublés, et pourquoi pareilles pensées s'élèvent-elles dans vos cœurs? Voyez mes mains et mes pieds, c'est bien moi; touchez-moi et voyez : un esprit n'a ni chair ni os, comme vous voyez que j'ai.

Et en disant cela, il leur montra ses mains et ses pieds. Comme, dans leur joie, ils ne croyaient point encore, et qu'ils étaient dans l'étonnement, il leur dit : Avez-vous ici quelque chose à

> *manger? Ils lui présentèrent du poisson rôti et un rayon de miel. Il en prit, et il mangea devant eux.*
>
> *Puis il leur dit: C'est là ce que je vous disais lorsque j'étais encore avec vous, **qu'il fallait que s'accomplisse tout ce qui est écrit de moi dans la loi de Moïse, dans les prophètes, et dans les psaumes.*** *Luc 24.33b-44*

Comme il l'avait fait pour les deux hommes sur le chemin d'Emmaüs, Jésus s'est servi des Écrits des prophètes pour expliquer tout ce qui se rapportait à sa mort, à son ensevelissement et à sa résurrection. Jésus a montré aux disciples comment chaque section des Écritures de l'Ancien Testament (la Loi, les Prophètes et les Psaumes) parlait de lui.

> *Alors il leur ouvrit l'esprit, afin qu'ils comprennent les Écritures. Et il leur dit: Ainsi il est écrit que le Christ souffrirait, et qu'il ressusciterait des morts le troisième jour, et que la repentance et le pardon des péchés seraient prêchés en son nom à toutes les nations, à commencer par Jérusalem. Vous êtes témoins de ces choses.* *Luc 24.45-48*

Jésus a dit qu'il était ***nécessaire*** qu'il souffre, meure et revienne à la vie afin que les Écritures s'accomplissent. Il a dit que cette nouvelle était si merveilleuse qu'elle serait racontée dans le monde entier, en commençant par Jérusalem.

Avant de poursuivre notre récit, retournons nous aussi au commencement, tout comme Jésus l'a fait avec ses disciples. Allons voir ce que Jésus a dit de lui-même tel que cela avait été écrit dans la loi, les prophètes et les psaumes.

Pourquoi Jésus est-il venu sur terre? Pourquoi lui fallait-il souffrir et mourir s'il se proposait de revenir à la vie?

Pourquoi n'a-t-il pas tout simplement dit aux gens de croire en lui sans qu'il soit nécessaire de passer par la crucifixion?

Quelle était la raison de sa mort, de son ensevelissement et de sa résurrection?

Nous sommes sur le point de mettre en place la dernière pièce du puzzle. Le message des Écritures deviendra alors très clair.

2 La Loi et les Prophètes
— D'Adam jusqu'à Noé —

Pour répondre à la question… « Pourquoi fallait-il que Jésus meure? »… il nous faut faire un retour en arrière dans le temps et recommencer tout au début.

Adam et Ève

Vous rappelez-vous la profonde amitié qui existait entre Dieu et l'homme au début de la création? L'Éternel n'avait pas créé l'homme pour être un robot. Il lui avait donné une volonté propre afin que, de son plein gré, il puisse choisir d'obéir à Dieu et ainsi l'honorer, tout comme un fils obéissant honore son père.

Vous vous rappellerez que, par son obéissance, l'homme a pu grandement bénéficier de sa relation avec le Seigneur de l'Univers, car celui-ci désirait le bien-être d'Adam et d'Ève. Dieu et l'homme étaient des amis.

Par la suite, Adam et Ève ont consciemment choisi de ne plus tenir compte des directives de Dieu et ils ont cherché à acquérir une connaissance qui leur avait été interdite. Les Écritures se servent de quelques images frappantes pour nous aider à comprendre ce qui est arrivé :

La Parole de Dieu dit que l'homme pensait savoir *mieux que Dieu* ce qui était bien pour lui. Il en a fait à sa tête, mais ce chemin l'a éloigné de Dieu. L'homme était PERDU.

Au lieu d'obéir à Dieu, l'homme a cru Satan; s'alliant à lui et à ses démons et devenant ainsi ENNEMI de Dieu.

Mais ce choix avait des répercussions. Les Écritures enseignent que les conséquences du péché sont très sérieuses.

Étant donné le manque de confiance, la profonde amitié qui existait entre Dieu et l'homme a cessé dès cet instant. Séparé du Dieu saint et parfait à cause du péché, l'homme est devenu un ÉTRANGER pour Dieu. Il n'y avait plus d'intimité entre eux. Dieu semblait froid et distant.

Satan n'était pas pour l'homme l'ami bienveillant que Dieu avait été. Par des mensonges, il avait manipulé l'homme pour qu'il accomplisse ses desseins diaboliques. L'homme est devenu ESCLAVE de Satan et esclave du péché.

Quand l'homme a choisi d'en faire à sa tête, il a désobéi au seul commandement que Dieu lui avait donné. En faisant ce choix, l'homme s'est attiré des malheurs, car on ne peut enfreindre une loi sans en subir les conséquences.

Au lieu d'être resté l'ami de l'homme, Dieu était maintenant devenu son juge. Il a déclaré l'homme COUPABLE d'un crime : d'avoir violé Sa loi; d'avoir péché contre le Dieu saint.

Dieu a rendu une décision; il a écrit un *certificat de débit*. L'homme était maintenant un DÉBITEUR. Il avait un prix à payer – la mort.

À partir de ce moment, chaque être humain devait MOURIR physiquement. L'esprit de l'homme serait séparé de son corps; l'individu serait séparé de sa famille et de ses amis.

À cause de l'odeur fétide du péché dont était imprégné tout être humain, Dieu s'est séparé de l'humanité. La relation qui existait entre Dieu et l'homme était MORTE.

Après la mort physique, l'homme subirait une SECONDE MORT. L'homme serait séparé de Dieu et de Son amour pour toujours. Il serait enfermé dans l'étang de feu, l'endroit qui avait été préparé pour Satan et ses démons.

Désormais, la mort sous ses trois aspects dominerait la vie de l'homme et il ne pourrait rien y changer. L'homme n'avait plus de choix, il allait mourir. La mort est une réalité dure et pénible à laquelle nous devons tous faire face. Une réalité que toute personne raisonnable redoute.

Les Écritures déclarent de façon absolue :

> *…on fera mourir chacun pour son péché.* 2 Chroniques 25.4b

Ces images nous aident à comprendre à quel point le péché d'Adam et d'Ève a mis une séparation entre Dieu et l'humanité. Maintenant, l'homme se trouvait devant un problème : **Comment se débarrasser *du péché ainsi que de toutes ses conséquences et ensuite se procurer une justice égale à la justice de Dieu* afin d'être, à nouveau, admis en sa présence?**

Une tentative désespérée

Vous rappelez-vous la tentative d'Adam et Ève de cacher leur péché en se couvrant de feuilles de figuier? On a vu que même si Dieu a rejeté leurs efforts, il n'a pas laissé Adam et Ève en plan, car Dieu:

> *... désire que le fugitif ne reste pas banni de sa présence.*
>
> 2 Samuel 14.14b

Dieu s'est servi de ces événements pour enseigner à Adam et à Ève – ainsi qu'à nous – des principes qui s'appliquent à toute l'humanité.

Acceptables aux yeux de Dieu

De même qu'Adam et Ève ne pouvaient pas se rendre acceptables devant Dieu en arrangeant leur apparence extérieure, de même nous non plus ne pouvons être acceptés par lui sur la base de notre apparence externe. Nous pouvons impressionner les hommes par notre apparence, mais Dieu sait qui nous sommes réellement.

On a vu que Dieu a donné à Adam et à Ève un moyen d'être acceptables à ses yeux, mais selon ses conditions à lui. L'Écriture dit:

> *L'Éternel Dieu fit à Adam et à sa femme des habits de peau, et il les en revêtit.*
>
> Genèse 3.21

Le sens de ce court verset pourrait nous échapper si nous n'en retrouvions les explications ailleurs dans les Écritures. Que signifie-t-il donc? Comment Jésus l'aurait-il expliqué aux disciples? Tout simplement comme ceci: De même qu'il était nécessaire pour un animal de mourir afin de permettre à Adam et à Ève d'être revêtus de manière acceptable devant Dieu, *il était aussi nécessaire pour Jésus de mourir afin que nous puissions être acceptables devant Dieu.* C'était le plan de Dieu pour Adam et Ève, et c'est encore son plan pour nous aujourd'hui. C'est le moyen qu'il a prévu pour nous rendre acceptables.

Les disciples auraient sans doute eu beaucoup de questions à poser sur ce que Jésus leur disait.

Pourquoi Dieu ferait-il mourir un animal pour habiller Adam et Ève?

Pourquoi ne les a-t-il pas simplement revêtus de feuilles que lui-même aurait cueillies?

Et pourquoi fallait-il que Jésus meure pour nous? N'y avait-il pas un autre moyen?

Peut-être Jésus aurait-il poursuivi ses explications avec le récit suivant, celui de Caïn et Abel.

Caïn et Abel

Vous rappelez-vous que les enfants d'Adam et Ève ont offert, chacun pour leur part, des sacrifices à Dieu? Pourquoi ont-ils fait cela? Nous avons déjà vu que le moyen de délivrance donné par Dieu comportait deux éléments:

Il y avait un aspect *intérieur* – Caïn et Abel devaient prendre une décision personnelle; ils devaient décider s'ils allaient croire ce que Dieu avait dit.

Il y avait également un aspect *extérieur* – une aide visuelle pour les aider à comprendre ce qui était nécessaire pour ôter le péché.

Vous rappelez-vous que lorsque Caïn et Abel ont apporté des sacrifices à Dieu, Caïn a apporté en offrande des légumes de son jardin, mais Abel a apporté un premier-né de son troupeau? Dieu a rejeté le sacrifice de Caïn, mais il a accepté celui d'Abel. Pourquoi?

Caïn

Aspect intérieur: Caïn n'a pas cru Dieu. Il croyait en Dieu, mais il ne croyait pas ce que Dieu avait dit. Il s'est forgé ses propres idées sur la façon de se débarrasser du péché et de se mettre en règle avec le Seigneur.

De nos jours, il y a beaucoup de gens qui ont, eux aussi, leurs propres idées au sujet de Dieu et de la façon de lui être agréable. C'est devenu à la mode d'avoir une théorie personnelle; un dieu fait sur mesure pour chacun. Caïn se sentirait chez lui dans notre société.

Aspect extérieur: En se basant sur ses propres idées, Caïn a fait les choses à sa manière.

Il a apporté un sacrifice contraire à la solution de Dieu au problème du péché. On ne peut pas répandre le sang avec des légumes. Caïn n'a pas tenu compte du fait que:

> *...sans effusion de sang il n'y a pas de pardon.* Hébreux 9.22b

Son sacrifice ne lui a pas servi d'expiation pour couvrir le péché. L'Écriture dit:

> *…et ne pas ressembler à Caïn, qui était du malin… ses oeuvres étaient mauvaises, et celles de son frère étaient justes.* 1 Jean 3.12a

Abel

Par contre, Dieu a accepté le sacrifice d'Abel.

Aspect intérieur: Abel se confiait en Dieu comme son Sauveur. C'est ce que Dieu désirait pour Abel et c'est ce qu'il désire pour nous. Maintes et maintes fois, l'Écriture déclare que nous devons nous confier dans le Seigneur Jésus-Christ comme notre Sauveur.

Aspect extérieur: Dieu a accepté le sacrifice d'Abel parce qu'il représentait ce que Jésus accomplirait à la croix.

❖ *La substitution:* De même qu'un animal innocent est mort à la place d'Abel, de même Jésus, qui était innocent de tout péché, a subi la peine de mort pour nous.

> *Christ aussi a souffert une fois pour les péchés, lui juste pour des injustes, afin de nous amener à Dieu…* 1 Pierre 3.18a

❖ *L'expiation:* Depuis le commencement du monde, plusieurs cultures reconnaissent la nécessité d'offrir des sacrifices sanglants. À présent nous savons pourquoi. De même qu'Abel a répandu le sang d'un animal pour couvrir ses péchés, ainsi Jésus a versé son sang afin que nos péchés puissent être pardonnés.

L'Écriture dit que la relation rompue à cause de la désobéissance est maintenant rétablie par la mort de Jésus sur la croix:

> *Et vous, qui étiez autrefois étrangers et* ***ennemis****… il vous a maintenant* ***réconciliés*** *par sa mort dans le corps de sa chair…* Colossiens 1.21

En tant qu'enfants d'Adam et Ève, nous sommes venus au monde *ennemis* de Dieu… mais maintenant, à cause de la mort de Jésus sur la croix, nous sommes *réconciliés* avec lui. Nous pouvons de nouveau être amis de Dieu. La relation rompue est rétablie.

Certains diront: « D'accord, je comprends comment la mort de Jésus a pu régler le problème du péché, mais comment peut-on obtenir *une justice égale à la justice de Dieu* afin d'être admis en sa présence? »

Comme on l'a déjà vu, ce problème a deux facettes tout comme une pièce de monnaie a deux côtés. Ces facettes sont liées. On ne peut pas les dissocier l'une de l'autre. Quand Dieu a réglé le problème du péché, il s'est en même temps occupé de notre manque de justice. Plus loin dans ce chapitre, nous verrons comment il a fait cela.

Noé

Au temps de Noé, les habitants de la terre ne tenaient pas compte de la parole de Dieu. Ils se disaient peut-être que le vieux Noé était fou. Peu importe leur raisonnement, ils ne vivaient que pour le moment présent. Dieu n'a pas dérogé à son jugement simplement parce que ces gens avaient une mauvaise philosophie de vie. Ils ont tous péri à cause de leur folie.

Par ce récit, Dieu a dit que, comme les gens du temps de Noé ont été jugés pour leur péché, Dieu jugerait aussi tous les hommes, peu importe leur philosophie de vie.

> *L'insensé dit en son cœur: Il n'y a point de Dieu!* Psaume 53.2a; 14.1a
>
> *Celui qui a confiance dans son propre cœur est un insensé.* Proverbes 28.26a

Si une personne veut se montrer indifférente à l'égard de Dieu, allant jusqu'à rejeter le moyen qui lui est offert pour échapper au jugement, Dieu la laissera faire pour un temps; mais tôt ou tard, elle devra faire face à l'inévitable: il lui faudra payer la dette de son péché par sa propre mort éternelle.

Vous rappelez-vous comment Noé et ses fils ont été gardés en toute sécurité dans l'arche? Il n'y avait qu'un seul bateau où l'on pouvait se réfugier lors du déluge et qu'une seule porte par laquelle on pouvait y entrer. Il n'y avait aucune autre option.

Il en va de même pour nous. Jésus-Christ est le seul chemin qui mène à la vie éternelle. Au temps de Noé, l'arche était le seul endroit où les gens pouvaient se mettre à l'abri du déluge. Pour nous, Jésus est notre seul refuge contre le châtiment éternel.

> *Jésus lui dit: Je suis le chemin, la vérité, et la vie. Nul ne vient au Père que par moi.* Jean 14.6

Un seul chemin mène à Dieu. Ceux qui le rejettent ou qui l'ignorent subiront le même sort que les gens du temps de Noé qui n'ont pas voulu écouter les avertissements concernant le déluge: ils subiront la mort éternelle et tout ce que cela comprend.

Les Écritures sont très claires: Jésus est le seul chemin qui peut nous mener à Dieu.

Babel

Vous souvenez-vous de Babel – le premier exemple dans les Écritures d'une religion structurée? Le peuple avait essayé de construire une tour dont le sommet atteindrait le ciel. Nous avons vu que le mot religion signifie « les efforts de l'homme pour atteindre Dieu ». Les habitants de Babel ont travaillé dur pour construire une tour avec des briques et du goudron. De la même façon, la religion est un tyran implacable exigeant toujours plus d'efforts pour plaire à Dieu, à des dieux, aux esprits ou aux idoles.

En contraste, l'Écriture enseigne que le seul vrai chemin pour aller à Dieu a été donné par le Seigneur lui-même quand, dans sa miséricorde, *il s'est abaissé jusqu'à l'homme* en la personne de Jésus-Christ. Sur la croix, Jésus a accompli tout ce qui était nécessaire pour rétablir notre relation avec Dieu.

On peut s'imaginer l'émotion grandissante qui s'était emparée des disciples lorsqu'ils se sont rendus compte que le plan de Dieu à travers les âges trouvait son accomplissement en la personne de Jésus. Depuis des siècles, l'homme avait anticipé le jour où il serait délivré du jugement du péché. Maintenant, le temps était venu. Mais Jésus avait quelque chose à rajouter. Il a fort probablement enchaîné avec le récit d'Abraham et Isaac.

3 La Loi et les Prophètes

— D'Abraham jusqu'à la loi —

Les disciples étaient sans doute très attentifs lorsque Jésus a entamé l'explication de l'histoire d'Abraham.

Vous rappelez-vous comment Dieu avait demandé à Abraham de sacrifier son fils sur le mont Morija? Le fils d'Abraham était condamné à mort par Dieu et, à vrai dire, il le méritait, car il était pécheur. Abraham a lié son fils et l'a placé sur l'autel. Il était incapable de se libérer.

Voici le message que Dieu voulait faire passer: de même qu'Isaac était incapable de se sauver lui-même, de même nous sommes tous liés par le péché et incapables de nous libérer de ses conséquences.

Vous rappelez-vous lorsque Abraham avait pris le couteau et était sur le point de transpercer son fils? Abraham avait confiance que Dieu, dans sa bonté, fournirait une solution au problème de la mort. Au dernier instant, Dieu l'avait appelé du ciel pour l'empêcher de passer à l'action. Parce qu'Abraham a cru, le Seigneur a pourvu à son besoin d'un substitut qui mourrait à la place de son fils.

Selon les Écritures, Abraham a nommé la montagne « l'Éternel pourvoira ». On peut se demander pourquoi il ne l'a pas appelée « l'Éternel a pourvu ». C'est comme si Abraham anticipait un temps où un autre sacrifice serait offert. Un sacrifice qui procurerait le salut au monde entier. Deux mille ans plus tard, dans ces mêmes montagnes, Jésus le Messie a accompli la prophétie d'Abraham en donnant sa vie en sacrifice parfait.

Un substitut

De même que le bélier est mort à la place du fils d'Abraham, de même *Jésus est mort à notre place.* Nous aurions dû mourir pour notre péché, mais Jésus est mort sur la croix pour nous, prenant notre châtiment. Il est *notre* substitut.

Si le bélier n'était pas mort, le fils d'Abraham aurait péri. Si Jésus n'était pas mort, nous devrions nous-mêmes payer la dette liée à notre péché.

L'Écriture enseigne que Dieu a honoré la foi d'Abraham:

> *...Abraham crut à Dieu, et cela lui fut imputé à justice.* Romains 4.3b

Vous rappelez-vous le *certificat de débit* qui appartient à chaque être humain à cause du péché? Les Écritures disent que Dieu a *imputé la justice* au compte d'Abraham à cause de sa foi. Dieu a fait cela parce qu'il envisageait ce que Jésus allait accomplir sur la croix. Selon la Parole de Dieu:

> *...ce n'est* ***pas à cause de lui*** *[Abraham] seul qu'il est écrit que cela lui fut imputé; c'est* ***encore à cause de nous,*** *à qui cela sera imputé, à nous qui croyons en celui qui a ressuscité des morts Jésus notre Seigneur.* Romains 4.23,24

*Romains 6.23 - paraphrase

À travers les âges, chaque être humain est venu au monde avec un *certificat de débit* – la dette de notre péché est énorme et nous devons la payer. La seule façon de l'acquitter est par notre propre mort éternelle.

Mais Jésus est intervenu. Sa mort a payé en entier la dette que l'homme avait encourue à cause de ses péchés – passés, présents ou futurs. C'est pourquoi Jésus s'est écrié : « Tout est accompli! » – « La dette est acquittée! »

Cependant, le paiement effectué par Jésus est crédité à notre compte uniquement si nous croyons. L'Écriture dit :

> *… c'est encore à cause de nous, à qui cela sera imputé,* ***à nous qui croyons*** *en celui qui a ressuscité des morts Jésus notre Seigneur.* *Romains 4.24*

Rappelez-vous que le mot *croire,* tel qu'il est employé dans la Parole de Dieu, a une plus grande portée que celle qu'on lui attribue normalement.

- ❖ Les termes suivants ont tous la même signification dans la Bible : *avoir la foi, croire, avoir confiance.*
- ❖ La vraie confiance repose sur des faits (c'est-à-dire sur le fait que Jésus est mort à notre place pour notre péché). La foi n'est pas une question de *se sentir pardonné.*

- ❖ La véritable foi biblique n'est pas seulement un assentiment mental à la vérité. Elle sous-entend une *confiance profonde,* une confiance dans les faits qui nous pousse à faire un choix. Nous choisissons de croire. (C'est-à-dire: **Je** crois que Jésus a payé la dette découlant de **mon** péché.)

Voilà ce qui devait être une bonne nouvelle pour les disciples. Elle devrait l'être aussi pour nous. La Parole de Dieu dit:

> *Or, tout ce qui a été écrit d'avance l'a été pour notre instruction, afin que, par la patience, et par la consolation que donnent les Écritures, nous possédions l'espérance.* Romains 15.4

Les récits au sujet de la foi et du sacrifice d'Abraham étaient bien connus des disciples. Bien qu'ils les aient entendus depuis leur enfance, ils les comprenaient maintenant pour la première fois dans le contexte de l'ensemble des Écritures. Pendant que Jésus parlait, on aurait pu entendre voler une mouche. Tous les yeux étaient rivés sur lui – le SAUVEUR PROMIS – maintenant assis au milieu d'eux. Jésus a poursuivi son enseignement.

La Pâque

Vous rappelez-vous que lorsque les Israélites étaient esclaves en Égypte, Dieu les avait délivrés du pharaon au moyen de grandes plaies? Le dernier fléau avait été la mort de tous les premiers-nés. Dieu avait dit aux Israélites qu'ils pourraient échapper à cette tragédie s'ils obéissaient à sa parole.

Est-ce que vous vous rappelez comment les Israélites devaient sacrifier un agneau? Selon les Écritures, Jésus est notre Agneau.

Ce n'est probablement pas une simple coïncidence que dès sa naissance Jésus ait été identifié à cet animal inoffensif. Jésus est né dans une étable – un abri pour les moutons. Ses premiers visiteurs étaient des bergers – des hommes qui prenaient soin des brebis pour les protéger. On dit que Bethléhem, la ville natale de Jésus, avait été désignée par les souverains sacrificateurs comme l'endroit où l'on ferait l'élevage des agneaux servant aux sacrifices dans le temple. Jean-Baptiste a dit en parlant de Jésus:

> *Voici l'Agneau de Dieu qui ôte le péché du monde.* Jean 1.29b

Alors, nous ne devrions pas être étonnés que Jésus ait été identifié comme étant l'agneau pascal. Considérez les parallèles suivants:

Vous vous rappellerez que l'agneau devait être *sans défaut.*

Jésus était *sans péché.*

L'agneau devait être un *mâle.*

Jésus était un *homme.*

L'agneau pascal était tué *à la place* du premier-né.

Jésus est mort *à notre place.*

Le sang de l'agneau était appliqué sur les poteaux et le linteau de la porte des maisons.

Tout comme les Israélites devaient demeurer à l'intérieur de la maison pour être en sécurité, c'est seulement lorsque nous mettons notre confiance dans le sacrifice de Jésus sur la croix que nous pouvons être en sécurité et échapper à la mort éternelle.

Lorsque l'ange exterminateur est venu, il est *passé par-dessus* toutes les maisons sur lesquelles le sang avait été appliqué.

De même, Dieu a fourni un moyen par lequel nous serions exemptés du jugement. Le châtiment que nous méritons ne tomberait pas sur nous, mais sur Jésus.

Dieu a spécifié aux Israélites qu'ils ne devaient rompre aucun os de l'agneau pascal. L'agneau était une *image* de Jésus dont les os n'ont pas été rompus. Les soldats romains se sont :

> *...approchés de Jésus, et le voyant déjà mort, ils ne lui rompirent pas les jambes.* Jean 19.33

Les disciples étaient suspendus aux lèvres de Jésus. En entendant la véritable signification de la Pâque, ils n'ont pas pu s'empêcher de réaliser que c'était justement le temps de la Pâque. Jésus avait été crucifié le même jour où l'agneau pascal avait été sacrifié. Les disciples ne savaient pas que les prêtres avaient espéré tuer Jésus après la fête, mais ils savaient que le plan de Dieu avait triomphé. Non seulement Jésus était mort le jour désigné, mais il était mort à la neuvième heure (15h), l'heure habituelle où l'agneau était offert – lors du sacrifice du soir. Jésus était mort exactement comme il avait été prévu, tel que prédit par les prophètes[1]. Les Écritures disent :

> *...car Christ, notre Pâque, a été immolé.* 1 Corinthiens 5.7b

La loi

Vous rappelez-vous les dix commandements ? Les Israélites croyaient être capables de les observer sans difficulté. De nos jours, beaucoup de gens croient pouvoir plaire à Dieu en observant les dix commandements ou une version modifiée de ceux-ci. Cependant, nous avons vu dans notre étude que Dieu n'exige rien de moins que l'obéissance parfaite.

> *Car quiconque observe toute la loi, mais pèche contre un seul commandement, devient coupable de tous.* Jacques 2.10

Il nous est impossible de rétablir notre relation rompue avec Dieu en essayant de suivre les dix commandements.

> *Car personne ne sera justifié devant lui par les œuvres de la loi, puisque c'est par la loi que vient la connaissance du péché.* Romains 3.20

La loi nous rappelle notre fameux problème à deux facettes : *nous possédons quelque chose que nous ne voulons pas : le **péché;** et nous avons besoin de quelque chose que nous ne possédons pas : la **justice.*** Il nous est impossible d'obtenir une *justice égale à la justice de Dieu* en observant les dix commandements.

> *Mais maintenant, sans la loi est manifestée la justice de Dieu, à laquelle rendent témoignage la loi et les prophètes, justice de Dieu par la foi en Jésus-Christ pour tous ceux qui croient.* Romains 3.21,22a

Jésus a révélé à l'humanité qu'il y a un type de justice qui n'est pas relié à la loi. C'est une justice qui émane de Dieu lui-même. L'Écriture dit que pour l'obtenir, il suffit de *croire.* C'est aussi simple que cela. Simple pour nous, mais pas pour Dieu.

À cause de sa nature juste, Dieu ne peut pas laisser le péché impuni. Il doit le punir par la mort. Jusqu'à la mort de Jésus, les hommes offraient des animaux en sacrifice comme paiement pour le péché. Cependant, ces sacrifices ne couvraient que temporairement le péché, car:

> *...il est impossible que le sang des taureaux et des boucs ôte les péchés.* Hébreux 10.4

Y avait-il une autre solution? Oui, en effet. Poussé par un amour désintéressé, Dieu a fait quelque chose de remarquable:

> *C'est lui [Jésus] que Dieu a destiné à être, par son sang pour ceux qui croiraient, victime propitiatoire [expiatoire], afin de montrer sa justice, parce qu'il avait laissé impunis les péchés commis auparavant...* Romains 3.25

La nature juste de Dieu a été satisfaite par la mort de Jésus – la peine de mort a été appliquée en paiement pour le péché. Dieu a laissé impunis les péchés commis auparavant parce qu'il savait qu'un jour Jésus mourrait pour tous les péchés – passés, présents et futurs – rachetant en entier la peine de mort. Jésus est mort afin de permettre à Dieu de montrer:

> *...sa justice dans le temps présent, de manière à être juste tout en justifiant celui qui a la foi en Jésus.* Romains 3.26

Le mot **justifié** était un terme légal utilisé par les tribunaux du temps de Jésus.

Vous rappelez-vous ce qui est arrivé dans le jardin après que l'homme eut péché? À ce moment-là, Dieu a cessé d'être l'ami de l'homme et est devenu son juge. Ce juge équitable et juste a trouvé l'homme COUPABLE d'avoir commis un crime: d'avoir violé la loi sainte de Dieu, d'avoir péché contre un Dieu saint. Devant un Dieu mécontent, l'homme a été accusé et trouvé coupable d'être un transgresseur incorrigible de la loi. La sentence fut la mort – la mort éternelle.

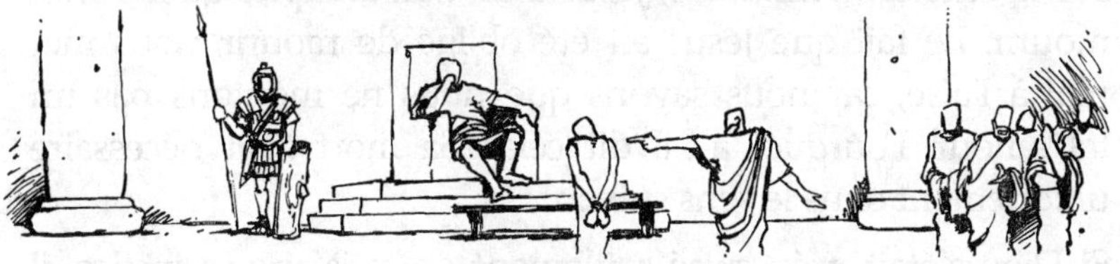

Par la suite, Dieu a mis de côté son devoir de juge pour redevenir l'ami de l'homme. Dieu le Fils, la Parole éternelle, est descendu du ciel pour se tenir devant le tribunal avec nous, sous la forme de l'homme-Dieu, Jésus. Il n'avait qu'une idée en tête – prendre notre condamnation à mort sur lui-même et la subir pour nous. Puisqu'il était sans péché, Jésus était en mesure de mourir pour les péchés d'autrui[2]. Il est mort à notre place. Il a payé la peine de mort pour le péché de tous, pour toujours.

Le problème du péché était maintenant réglé, mais il nous manquait encore la justice.

On a déjà vu, dans le récit d'Abraham, que la justice s'obtenait par la foi. Cependant, pour pouvoir nous accorder cette pureté, quelque chose d'autre devait se produire au tribunal de Dieu. Non seulement Jésus a pris sur lui-même notre vêtement souillé par le péché, mais il nous a aussi revêtus de la robe pure et propre de sa justice – un niveau de *justice égal à celui de SA sainteté.*

Maintenant, quand Dieu, siégeant comme juge, regarde l'humanité et voit un individu revêtu de la justice de Christ, il peut dire en toute honnêteté et justice : « Cet homme (ou cette femme) est parfait(e) devant moi. » Le souverain Juge céleste soulève son marteau, le laisse tomber et déclare : « Justifié! ».

Voilà la signification du mot JUSTIFIÉ : « être déclaré juste aux yeux de Dieu ». Mais rappelez-vous que ceci n'est vrai que pour ceux qui croient que Jésus est mort à leur place. L'Écriture dit :

> *... que l'homme est justifié par la foi...* Romains 3.28
>
> *Étant donc justifiés par la foi, nous avons la paix avec Dieu par notre Seigneur Jésus-Christ.* Romains 5.1

Non, les dix commandements n'ont pas le pouvoir de justifier qui que ce soit.

L'amour et la justice

Sur le chemin d'Emmaüs, Jésus a dit aux disciples qu'il devait mourir. Le fait que Jésus ait été obligé de mourir, nous met mal à l'aise, car nous savons que nous ne méritons pas un tel amour. Pourquoi a-t-il dit cela? Sa mort était nécessaire uniquement dans le sens suivant:

Si Dieu s'était préoccupé seulement de satisfaire sa justice, il nous aurait laissé mourir pour notre propre péché. Cela aurait été juste, mais son amour l'a empêché de le faire.

D'autre part, si Dieu s'était laissé gouverner uniquement par son amour, il aurait fermé les yeux sur le péché pour toujours. Mais à cause de sa justice, cela non plus n'était pas une option. Le péché devait être puni.

C'est à la croix que ces deux attributs se sont manifestés dans un parfait équilibre – l'amour suprême a été manifesté et la justice a été satisfaite. Dans la perspective de Dieu, la croix était nécessaire à cause de Son amour et de Sa justice.

> *Il n'y a pas de plus grand amour que de donner sa vie pour ses amis.* Jean 15.13
>
> *Mais Dieu prouve son amour envers nous, en ce que, lorsque nous étions encore des pécheurs, Christ est mort pour nous.* Romains 5.8

Ce que Dieu a fait pour nous dépasse notre compréhension. Nous ne pouvons pas comprendre comment le Créateur, tout en demeurant Dieu, a démontré une si grande compassion pour ses créatures, qu'il est devenu un être humain et a subi la mort. C'est incroyable! Les voies de Dieu sont au-dessus de nos voies. Tout ce qu'on peut faire c'est de croire ce que Dieu dit dans Sa Parole et de dire avec Marie: « Rien n'est impossible avec Dieu. » On se soumet à la Parole de Dieu et à sa volonté.

...que nul ne soit justifié devant Dieu par la loi, cela est évident... Galates 3.11a

Car tous ont péché et sont privés de la gloire de Dieu. Romains 3.23

Mais la loi avait sa raison d'être. L'Écriture révèle que les dix commandements sont comme un enseignant qui nous prendrait par la main pour nous conduire jusqu'à la croix et nous montrer notre besoin d'un Sauveur.

Ainsi la loi a été comme un précepteur pour nous conduire à Christ, afin que nous soyons justifiés par la foi. Galates 3.24

Tout le monde a besoin d'un Sauveur, car ce n'est qu'en étant revêtus de la justice de Christ que nous pouvons être accueillis chaleureusement par Dieu.

4 La Loi et les Prophètes

— Du tabernacle jusqu'au serpent d'airain —

Vous rappelez-vous comment Dieu a ordonné à Moïse de construire le tabernacle? C'était une aide visuelle à grande échelle qui nous permettrait de comprendre le plan de l'Éternel pour rétablir notre relation rompue avec lui.

On se souvient que Dieu manifestait sa présence aux Israélites par une colonne de nuée le jour et une colonne de feu la nuit. Cette nuée planait au-dessus de l'arche de l'alliance dans le lieu très saint.

Une seule entrée

Lorsqu'une personne venait au tabernacle dans le but de s'approcher de Dieu, la première chose qu'elle voyait était l'enceinte du parvis et une seule entrée – un rappel qu'il n'y a qu'une seule manière de s'approcher de Dieu. Jésus a dit:

Je suis le chemin, la vérité, et la vie. Nul ne vient au Père que par moi. Jean 14.6

L'autel d'airain

En accédant au tabernacle par l'unique entrée, ce qu'on voyait en premier était l'autel d'airain – un rappel que la première chose qu'une personne devait faire pour être en règle avec Dieu était d'offrir un sacrifice sanglant. Il en est de même pour nous. La première et seule chose nécessaire pour rétablir notre relation avec Dieu est de passer par Jésus qui s'est sacrifié pour nous.

Même en faisant une comparaison très limitée entre l'autel d'airain et la croix, on peut constater à quel point Jésus était l'accomplissement de l'image illustrée par les sacrifices du tabernacle.

C'est au moyen de cet autel que Dieu démontrait les conséquences horribles du péché, c'est-à-dire la mort et le sang répandu.

L'autel d'airain	**La croix**
Le sacrifice était :	Jésus est :
... *du gros ou du menu bétail*	... l'Agneau de Dieu
... *un mâle*	... *un mâle*
... *sans défaut*	... sans péché
... *agréé pour lui* [le pécheur]	... mort à notre place
... *pour faire propitiation* [expiation] *pour lui* [le pécheur]	... le moyen préparé pour nous pour obtenir le pardon de nos péchés
... [sacrifice sanglant].	... le sacrifice sanglant pour nous
Lévitique 1.2-5 (Darby)	

Le chandelier

Vous vous rappelez que Dieu a dit à Moïse de faire un chandelier d'or pur pour éclairer le lieu saint? Ce chandelier symbolisait Jésus qui a dit de lui-même :

> *Je suis la lumière du monde; celui qui me suit ne marchera pas dans les ténèbres, mais il aura la lumière de la vie.* Jean 8.12

Jésus désire nous délivrer des ténèbres du péché pour nous amener à la lumière de la vie éternelle.

La table des pains de proposition

Vous vous rappelez que Dieu a dit à Moïse de fabriquer une table sur laquelle il devait placer douze pains? Chacun de ces pains représentait une des douze tribus d'Israël. C'était un autre symbole représentant Jésus.

> *Jésus leur dit : Je suis le pain de vie. Celui qui vient à moi n'aura jamais faim, et celui qui croit en moi n'aura jamais soif.* Jean 6.35

De même que les douze pains signifiaient qu'il y avait suffisamment de pain pour tous les Israélites, de même Jésus est mort pour les péchés du monde entier. En tant que pain de vie, il nous offre la vie éternelle si nous mettons notre confiance en lui :

En vérité, en vérité, je vous le dis, celui qui croit en moi a la vie éternelle. Je suis le pain de vie. Jean 6.47,48

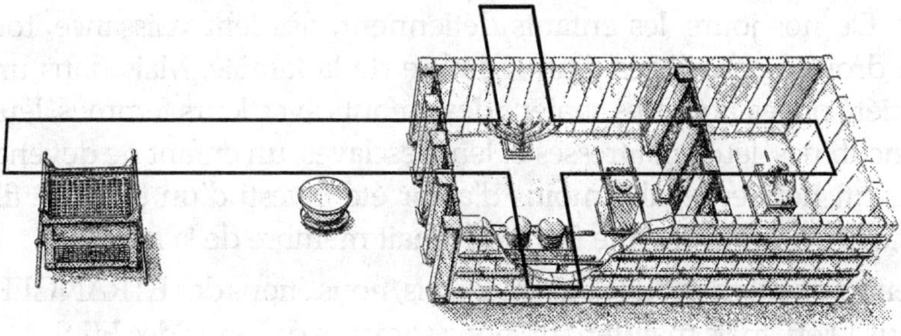

Le voile

Considérons le lourd rideau que Dieu a dit à Moïse de suspendre entre le lieu saint et le lieu très saint. L'homme pécheur était exclu de la présence de Dieu.

L'Écriture dit que nous sommes séparés de Dieu et que nous ne pouvons pas venir en sa présence à cause de notre péché. Nous sommes considérés comme des ÉTRANGERS pour Dieu.

Mais Jésus est intervenu. L'Écriture dit que le voile du tabernacle était une image du corps physique de Jésus. Quand il est mort sur la croix, le voile a été déchiré depuis le haut jusqu'en bas. Aucun homme n'aurait pu déchirer ce voile; mais Dieu l'a déchiré pour illustrer que le corps de Jésus était sacrifié pour vous et moi. L'Écriture nous enseigne que lorsque nous mettons notre confiance en Jésus, notre péché est pardonné et nous pouvons entrer avec assurance dans la présence de Dieu. Notre relation avec Dieu est rétablie.

Ainsi donc, frères, nous avons, au moyen du sang de Jésus, une libre entrée dans le sanctuaire par la route nouvelle et vivante qu'il a inaugurée pour nous au travers du voile, c'est-à-dire de sa chair, et nous avons un souverain sacrificateur établi sur la maison de Dieu; approchons-nous donc avec un cœur sincère, dans la plénitude de la foi… Hébreux 10.19-22a

Mais maintenant, en Jésus-Christ, vous qui étiez jadis éloignés, vous avez été rapprochés par le sang de Christ. Éphésiens 2.13

Mais l'homme n'a pas été reçu simplement comme un ami. Les Écritures disent qu'il est devenu un membre de la famille de Dieu – il a été *adopté*.

Dans la société romaine du temps de Jésus, l'adoption était la *cérémonie légale par laquelle une personne était investie d'un droit de fils.* De nos jours, les enfants détiennent, dès leur naissance, tous les droits et privilèges d'un membre de la famille. Mais dans une société où les hommes avaient des enfants avec leurs femmes, leurs concubines, leurs maîtresses et leurs esclaves, un enfant ne devenait pas un héritier légal à moins d'avoir été investi d'un droit de fils. Une fois adopté comme fils, il devenait membre de la famille.

Il en va de même pour nous. Autrefois, nous étions des ÉTRANGERS pour Dieu, mais maintenant, nous sommes devenus des FILS.

Et parce que vous êtes fils, Dieu a envoyé dans nos cœurs l'Esprit de son Fils, lequel crie: Abba! [Papa] Père! Ainsi tu n'es plus esclave [du péché et de Satan], mais fils; et si tu es fils, tu es aussi héritier par la grâce de Dieu. Galates 4.6,7

Le propitiatoire (le couvercle de l'arche de l'alliance)

Le propitiatoire était le couvercle bien particulier qui reposait sur l'arche de l'alliance, qui se trouvait dans le lieu très saint. C'est là que le souverain sacrificateur apportait le sang une fois par année, au jour de l'expiation. Dieu avait donné aux Israélites un moyen d'échapper au jugement, en apportant au propitiatoire le sang versé d'un agneau innocent. De la même façon, Jésus est maintenant notre propitiatoire et, à cause de son sang versé, nous avons un moyen d'échapper à la mort éternelle. L'homme n'a plus besoin d'offrir des agneaux en sacrifice. Jésus fut le sacrifice final. Dieu dit:

*Et **je ne me souviendrai plus de leurs péchés** ni de leurs iniquités.*

Or, là où il y a pardon des péchés, il n'y a plus d'offrande pour le péché. Hébreux 10.17,18

Avec la mort de Jésus sur la croix, le dernier Agneau était mort. Depuis le début des temps, Dieu avait prévu que la mort de Jésus serait le moyen par lequel l'homme pourrait échapper au jugement. Le sacrifice des agneaux n'était qu'une image de ce qui devait venir. Ces sacrifices n'avaient rien d'efficace en eux-mêmes. Ils ne pouvaient pas enlever le péché. Mais maintenant, il n'est plus nécessaire d'offrir des sacrifices, car le sang de Jésus a payé, une fois pour toutes, la dette liée au péché.

> *…nous sommes sanctifiés, par l'offrande du corps de Jésus-Christ,* ***une fois pour toutes.*** *Et tandis que tout sacrificateur fait chaque jour le service et offre souvent les mêmes sacrifices, qui ne peuvent jamais ôter les péchés, lui, après avoir offert un seul sacrifice pour les péchés, s'est assis* ***pour toujours*** *à la droite de Dieu.* Hébreux 10.10-12

Dieu acceptait ces sacrifices parce qu'il avait prévu un sacrifice ultime – la mort de Jésus. Quand Jésus est mort, il n'a pas simplement couvert le péché pour un an, il l'a fait complètement disparaître de la vue de Dieu, pour toujours. Sur la croix, Jésus s'est écrié : « Tout est accompli! » – « Le dernier Agneau a été trouvé. »

En l'an 70 apr. J.-C., les troupes militaires romaines sous la direction de Tite ont détruit le temple juif faisant ainsi cesser les sacrifices offerts sur l'autel d'airain. C'est comme si Dieu envoyait un message à toutes les nations du monde : désormais, les sacrifices d'animaux ne seraient plus acceptables.

Il se peut que Jésus ait donné à ses disciples beaucoup d'explications à son sujet. En effet, cette aide visuelle – le tabernacle – est remplie de détails extraordinaires et de multiples comparaisons y sont illustrées. Ce qu'il leur a dit était sûrement inoubliable!

Regardant vers l'avenir… →	← **…regardant en arrière**
Un agneau	Jesus
Temporaire	Permanent
Expiation pour *couvrir* le péché	Péchés *enlevés* pour toujours
Plusieurs sacrifices répétitifs	Un sacrifice une fois pour toutes

Moïse et le serpent d'airain

Rappelez-vous que Dieu a envoyé des serpents venimeux lorsque les Israélites ont péché. Ils ont crié à Dieu pour être secourus; Dieu a dit à Moïse de faire un serpent d'airain et de l'élever sur un poteau au milieu du camp. Pour être guéri, il suffisait de REGARDER le serpent. On ne pouvait rien faire de plus.

Et comme Moïse éleva le serpent dans le désert, il faut de même que le Fils de l'homme soit élevé, afin que quiconque croit en lui ait la vie éternelle.

Car Dieu a tant aimé le monde qu'il a donné son Fils unique, afin que quiconque croit en lui ne périsse point, mais qu'il ait la vie éternelle. Dieu, en effet, n'a pas envoyé son Fils dans le monde pour qu'il juge le monde, mais pour que le monde soit sauvé par lui.

Celui qui croit en lui n'est point jugé; mais celui qui ne croit pas est déjà jugé, parce qu'il n'a pas cru au nom du Fils unique de Dieu. Jean 3.14-18

L'homme vient au monde déjà condamné. Comme les Israélites qui ont été mordus par les serpents, nous sommes virtuellement MORTS. Notre relation avec Dieu est inexistante; notre corps finira par mourir et, après la mort, nous aurons part à la seconde mort, au châtiment dans l'étang de feu.

Mais Jésus est intervenu. Il a payé la dette liée au péché avec sa propre mort. Cependant, Jésus n'est pas resté dans le tombeau. Il est revenu à la vie. Si, par la foi, nous regardons à Jésus, tout comme les Israélites avaient regardé au serpent d'airain, Il nous donnera alors la vie spirituelle. De même que Jésus est revenu à la vie, de même nous sommes rendus VIVANTS maintenant et pour l'éternité. L'Écriture dit qu'à partir du moment où nous croyons, nous sommes nés de nouveau.

Vous qui étiez morts par vos offenses… il vous a rendus à la vie avec lui, en nous faisant grâce pour toutes nos offenses. Colossiens 2.13

Mais Dieu, qui est riche en miséricorde, à cause du grand amour dont il nous a aimés, nous qui étions morts par nos offenses, nous a rendus vivants avec Christ (c'est par grâce que vous êtes sauvés). Éphésiens 2.4,5

Même si nous étions autrefois MORTS spirituellement, nous sommes maintenant VIVANTS et pouvons donc vivre éternellement au ciel avec notre Créateur.

5 La Loi et les Prophètes

— De Jean-Baptiste jusqu'à la résurrection —

Il est probable que lorsque Jésus a expliqué aux disciples l'importante signification de ces événements, il ait abordé encore plus de sujets que ceux que nous avons traités. Sans doute les disciples étaient-ils particulièrement intéressés par les choses qui les touchaient de près.

Le bon berger

L'Écriture dit :

> *Nous étions tous errants comme des brebis, chacun suivait sa propre voie.* Ésaïe 53.6a

L'homme a choisi de suivre sa propre voie, mais ce chemin l'a éloigné de Dieu. Selon les Écritures, l'homme était PERDU.

Mais Jésus est venu à notre recherche. Pendant qu'il était sur la terre, Jésus a raconté l'histoire suivante afin d'illustrer combien Dieu se soucie de l'homme :

> *Lequel d'entre vous, s'il a cent brebis, et qu'il en perde une, ne laisse les quatre-vingt-dix-neuf autres dans le désert pour aller à la recherche de celle qui est perdue, jusqu'à ce qu'il la trouve? Lorsqu'il l'a trouvée, il la met avec joie sur ses épaules, et, de retour à la maison, il appelle ses amis et ses voisins, et leur dit : Réjouissez-vous avec moi, car j'ai trouvé ma brebis qui était perdue. De même, je vous le dis, il y aura plus de joie dans le ciel pour un seul pécheur qui se repent, que pour quatre-vingt-dix-neuf justes qui n'ont pas besoin de repentance.* Luc 15.4-7

Dieu aurait pu rester au ciel et nous tourner le dos pour toujours, mais il ne l'a pas fait. L'Écriture dit clairement que c'est Jésus qui a pris l'initiative de venir à notre recherche et, en tant que bon berger, il en a fait encore bien davantage.

> *Je suis le bon berger. Le bon berger donne sa vie pour ses brebis.* Jean 10.11

C'est exactement ce qu'a fait Jésus. Voilà l'amour absolu! Oui, Dieu est amour, mais la manifestation de cet amour lui a coûté très cher. Sur la croix, Jésus s'est écrié:

> *Mon Dieu, mon Dieu, pourquoi m'as-tu abandonné?* Marc 15.34b

Jésus n'est pas seulement mort physiquement. Sa mort comprenait aussi une dimension spirituelle: *le péché exige une séparation.* Durant les heures atroces où Jésus était sur la croix, il a enduré l'horrible séparation d'avec Dieu le Père à cause du péché du monde qu'il avait pris sur lui-même.

L'Écriture dit qu'il y eut des ténèbres sur toute la terre, alors qu'il n'était que midi. C'est comme si le Père n'avait pas voulu que le monde soit témoin de l'agonie de son Fils lorsqu'il a, de son plein gré, pris nos péchés sur lui-même afin de mourir comme notre Agneau substitut. Dieu n'a pas empêché que Jésus meure. En fait, c'était selon son plan. De même que le prophète Abraham a levé le couteau pour mettre à mort son fils bien-aimé, de même Dieu a infligé le châtiment à son Fils à cause de nos péchés. Le fils d'Abraham fut épargné, mais non pas le Fils éternel de Dieu. Il était le parfait et l'ultime sacrifice.

Le grand échange

L'Écriture dit:

> *Celui qui n'a point connu le péché, il l'a fait devenir péché* pour nous…* 2 Corinthiens 5.21a

Ce verset ne signifie pas que Jésus est devenu un pécheur. Le mot ***péché**** dans ce verset contient l'idée d'une offrande pour le péché. *Dieu a fait en sorte que Jésus devienne notre offrande pour le péché.* Lorsque Jésus a pris nos péchés, Dieu, dans sa justice, a déversé sur Jésus toute la fureur de sa colère contre le péché. Ensuite, Jésus a pu faire quelque chose qui nous était impossible – il s'est écrié: « Tout est accompli! ». Si nous avions à payer notre propre peine de mort, nous devrions continuer à la payer pendant toute l'éternité. Nous ne pourrions jamais dire: « Tout est accompli ». Par contre Jésus, lui, a tout payé.

La dernière partie de ce verset dit :

> *... afin que nous devenions en lui justice de Dieu.* 2 Corinthiens 5.21b

C'est en Jésus que nous trouvons la justice! Elle ne vient pas de nous. ***Dieu nous donne sa justice.*** C'est le plus grand échange qui puisse avoir lieu: Ayant pris sur lui-même à la croix, notre péché répugnant, Jésus nous accorde la pureté de sa justice lorsque nous mettons notre confiance en lui. Nous n'avons plus besoin du sang des agneaux pour couvrir nos péchés, car nous sommes revêtus de quelque chose qui est infiniment meilleur – la justice de Christ. Vous rappelez-vous notre question à deux facettes? **Comment peut-on se débarrasser du péché et acquérir une *justice égale à la justice de Dieu* afin d'être accepté en sa présence?** La réponse se trouve dans ce verset; relisons-le:

> *Celui qui n'a point connu le péché, il [Dieu] l'a fait devenir [une offrande pour le] péché pour nous, afin que nous devenions en lui justice de Dieu.* 2 Corinthiens 5.21

La résurrection

Oui, Jésus est mort; mais, contrairement aux prophètes d'autrefois, il n'est pas resté dans le tombeau. Il est revenu à la vie afin de prouver que la mort n'avait aucun pouvoir sur lui. Jésus a dit:

> *Le Père m'aime, parce que je donne ma vie, afin de la reprendre.*
>
> *Personne ne me l'ôte, mais je la donne de moi-même; j'ai le pouvoir de la donner, et j'ai le pouvoir de la reprendre: tel est l'ordre que j'ai reçu de mon Père.* Jean 10.17,18

Les gens ont pointé les Romains du doigt, les accusant d'avoir crucifié Jésus, et ils ont accusé les chefs religieux de les avoir incités à le faire. À travers les siècles, les Juifs ont fait face à des persécutions considérables sous prétexte qu'ils étaient, eux, responsables de toute cette sordide affaire; mais, c'est une mauvaise interprétation des faits.

La Parole de Dieu affirme que *Jésus* a lui-même donné sa vie de son plein gré. Il n'a pas été contraint par qui que ce soit. C'était son propre choix, motivé par son amour pour nous. En réalité, l'humanité entière est responsable d'avoir cloué Jésus à la croix, car il est mort pour les péchés du monde entier.

La résurrection était une puissante démonstration que la *justice* de Dieu avait été satisfaite quand Jésus est mort à notre place. Le paiement a été effectué et déclaré suffisant! Jésus a vaincu la mort – le tombeau n'a pas pu le retenir. Il a brisé l'emprise du péché, renversé le pouvoir de Satan et éliminé la terrible finalité de la mort.

> *Ainsi donc, puisque les enfants participent au sang et à la chair, il y a également participé lui-même, afin que, par la mort, il rende impuissant celui qui avait la puissance de la mort, c'est-à-dire le diable; ainsi il délivre tous ceux qui, par crainte de la mort, étaient toute leur vie retenus dans la servitude.* Hébreux 2.14,15

Satan a dû être désespéré lorsque Jésus est ressuscité. Il pensait avoir eu la *victoire* quand il avait réussi à convaincre Judas de livrer Jésus. Maintenant, il se rendait compte qu'il s'était fait avoir. Son arme la plus puissante – la mort – avait perdu son aiguillon.

Racheté

Depuis des siècles, l'homme était ESCLAVE de Satan. Au moyen de mensonges flagrants, de faux semblants et même de la dénégation de sa propre existence, Satan avait manipulé l'humanité afin d'en arriver à ses propres fins. Toutefois, même sans l'influence de Satan, l'homme n'était pas capable de mener une vie parfaite. Il était ESCLAVE du péché.

Mais Jésus est venu pour nous RACHETER. Il est difficile de saisir toute la signification de ce mot si l'on ne connaît pas son rapport avec l'esclavage qui existait en ce temps-là.

Lorsqu'un homme riche allait au marché pour acheter un esclave, il y voyait des captifs enchaînés, humiliés et brisés, mis en vente pour une certaine somme. L'homme riche en acquittait le prix et alors l'esclave lui appartenait. Jusque là il n'y a rien d'anormal.

Cependant, il arrivait parfois quelque chose à la fois d'intéressant et de surprenant. À de rares occasions, le nouveau propriétaire faisait sortir son esclave du marché, brisait ses chaînes et le libérait. On disait alors que cet esclave était RACHETÉ.

C'est ce que Jésus a fait pour nous. Nous étions liés par les chaînes du péché et par Satan. Nous étions impuissants, incapables de nous libérer nous-mêmes. Mais Jésus est intervenu. Il nous a acquis au prix de son sang. Il a brisé nos chaînes et nous a affranchis.

> *...vous savez que ce n'est pas par des choses périssables, par de l'argent ou de l'or, que vous avez été **rachetés** de la vaine manière de vivre... mais par le sang précieux de Christ, comme d'un agneau sans défaut et sans tache.* 1 Pierre 1.18,19

> *Christ nous a **rachetés** de la malédiction de la loi, étant devenu malédiction pour nous...* Galates 3.13a

> *En lui nous avons la **rédemption** par son sang, le pardon des péchés, selon la richesse de sa grâce.* Éphésiens 1.7

La bergerie

Poursuivons maintenant l'analogie que Jésus a employée, nous comparant à des brebis. Rappelons-nous qu'un bon berger dormait à l'entrée de l'enclos afin de protéger son troupeau. Jésus a dit:

> *Je suis la porte. Si quelqu'un entre par moi, il sera sauvé.* Jean 10.9a

Comme la bergerie n'avait qu'une seule porte d'entrée, Jésus est la seule porte qui donne accès à la vie éternelle. Dieu n'a prévu aucun autre moyen pour nous sauver des conséquences du péché.

De même qu'il n'y avait qu'une seule façon pour Caïn et Abel de s'approcher de Dieu;

...de même qu'il n'y avait qu'une seule porte pour entrer dans l'arche de Noé;

...de même qu'il n'y avait qu'une seule entrée pour accéder au tabernacle;

...et de même qu'il n'y avait qu'une seule porte pour entrer dans la bergerie, ainsi Jésus est le seul chemin qui mène à Dieu.

> *Il n'y a de salut en aucun autre; car il n'y a sous le ciel aucun autre nom qui ait été donné parmi les hommes, par lequel nous devions être sauvés.* Actes 4.12

En entendant l'enseignement de Jésus, basé sur la Loi et les Prophètes, les disciples ont dû commencer à se douter des répercussions de son message. Ils habitaient l'Empire romain. Les Romains étaient tolérants envers les autres religions jusqu'à un certain point, mais ils croyaient aussi que César était un dieu. Les Romains ne verraient pas d'objections à ce qu'on présente Jésus comme un *autre moyen* d'aller vers Dieu, mais les disciples mettraient leur vie en péril s'ils enseignaient que Jésus est le *seul chemin* vers Dieu. Selon des sources extrabibliques, dix des onze disciples furent mis à mort à cause de ce message. Ils sont morts parce qu'ils ont pris position pour ce qu'ils savaient être la vérité. Celui qui n'a pas été exécuté fut condamné à l'exil.

Les pharisiens

Les pharisiens étaient impeccablement religieux. Ils avaient une longue liste de règles à suivre.

L'erreur la plus courante véhiculée de nos jours est de croire que nous pouvons gagner notre ciel en faisant plus de bien que de mal.

Bien que les pharisiens aient été très religieux, Jésus condamnait leur mode de vie ainsi que leur enseignement qui induisait les gens en erreur. Jésus nous enseigne que la seule manière d'aller vers Dieu est de mettre notre foi en lui.

C'est tous les jours que nous exerçons notre foi. En fait, vous l'exercez sans doute en ce moment même. Si vous êtes assis sur une chaise, vous avez foi que la chaise peut vous supporter et qu'elle ne se brisera pas. Vous ne vous êtes pas assis en pensant « Je vais mettre ma confiance dans cette chaise; elle peut me soutenir », mais vous avez tout de même fait preuve de foi. Dans un sens, la foi est neutre. Ce qui importe c'est de savoir en qui ou en quoi on met sa foi. Il est possible que la chaise se brise, mais après tout ce n'est qu'une chaise. Cependant, si vous mettez votre confiance dans le fait que Jésus a payé la dette liée à votre péché, vous pouvez avoir la certitude qu'il l'a fait. Il l'a promis :

> *Car c'est par la grâce que vous êtes sauvés, par le moyen de la foi. Et cela ne vient pas de vous, c'est le don de Dieu. Ce n'est point par les œuvres, afin que personne ne se glorifie.* Éphésiens 2.8,9

Selon les Écritures, c'est par la foi en Jésus-Christ que nous sommes *sauvés* des conséquences du péché. Ce *salut* est un *don* de Dieu. Nous ne le méritons pas à cause d'un quelconque acte religieux ou encore d'une bonne œuvre.

Un cadeau ne coûte rien. Si on travaille pour le mériter, ce n'est plus un cadeau. **Des cadeaux, au sens propre, ne sont pas mérités.**

Si on pense mériter quelque chose, alors ce n'est plus un *cadeau,* cela devient une *récompense.* La vie éternelle que Dieu nous donne est véritablement un cadeau, car nous ne la méritons pas.

Les pharisiens étaient convaincus que leurs bonnes œuvres plairaient à Dieu. Mais Dieu dit que s'il acceptait les gens à cause de leurs bonnes œuvres, ceux-ci pourraient se vanter d'être bons. Dieu nous sauve du jugement non sur la base de nos bonnes œuvres, mais sur celle de notre *foi.*

> *Car le salaire du péché, c'est la mort; mais le don gratuit de Dieu, c'est la vie éternelle en Jésus-Christ notre Seigneur.* Romains 6.23

Par la foi, nous croyons que Jésus est mort *à notre place* pour *notre* péché.

Par la foi, nous croyons que Jésus a payé la dette liée à *notre* péché.

Par la foi, nous croyons que la justice de Dieu a été satisfaite par la mort de Jésus. Nous croyons que lorsque Dieu nous regarde, il ne voit plus nos péchés, mais il voit la justice dont Jésus nous revêt.

Par la foi, nous croyons que Dieu nous fait don de la vie éternelle.

C'est entièrement par la foi, mais *non pas* par une foi aveugle. C'est une foi qui repose sur les faits retrouvés dans les Écritures.

Certains veulent donner à la foi un aspect quantifiable. Selon eux, on peut avoir un peu de foi ou beaucoup de foi. Cette manière de penser est fausse. Placer notre confiance en ce que Jésus a fait pour nous sur la croix est semblable à ce qui se passe lorsqu'un homme est en train de se noyer et que son sauveteur lui demande: « Me fais-tu confiance pour te sauver? » L'homme en péril lui *fait un signe de tête.* Qu'il fasse un grand signe de tête ou un petit signe de tête n'est pas important. Ce n'est même *pas le signe de tête* qui compte. C'est plutôt le fait que l'homme qui est en train de se noyer cesse de s'efforcer de se sauver lui-même et qu'il ait confiance que le sauveteur le secourra.

Qu'il dise par la suite que c'est son grand *signe de tête* qui l'a sauvé serait ridicule. Il en est de même pour nous. Nous devons faire confiance à Jésus pour nous sauver du péché, mais ce n'est pas la mesure de notre foi qui nous sauve; c'est plutôt ce que Jésus a fait pour nous en mourant sur la croix.

> *En effet, la Bonne Nouvelle révèle* ***comment Dieu rend les humains justes devant lui: c'est par la foi seule, du commencement à la fin***... Romain 1.17 (Français courant)

En poursuivant avec l'analogie de l'homme qui se noie, il est aussi important de *reconnaître* que l'on est en train de se noyer. Sinon, on n'acceptera aucun secours. Ou encore, si on *reconnaît* qu'on est en train de se noyer, mais qu'on est trop fier pour demander de l'aide, on se noiera quand même. D'autres peuvent constater que nous sommes en danger, mais ils ne pourront pas nous aider à moins que nous acceptions leur aide. C'est la même chose dans le domaine spirituel. Il faut reconnaître qu'on est pécheur et incapable de se sauver soi-même, avant de pouvoir être délivré des conséquences du péché. C'est le point de départ.

La Parole de Dieu est remplie de descriptions de la personne de Jésus-Christ et de ce qu'il a fait. Nous ne pouvons que deviner lesquelles d'entre elles Jésus aura utilisées pour instruire ses disciples. Sans doute a-t-il employé toutes celles que nous avons vues ensemble et d'autres encore. Quand Jésus eut terminé son enseignement, un grand silence a probablement plané dans la pièce où les disciples étaient réunis. Ils se trouvaient à présent devant une question, là même qui se pose à nous. En qui ou en quoi mettons-nous notre foi? En nous-mêmes – notre religion, nos idées, nos bonnes œuvres – ou dans le fait que Jésus est mort à notre place pour payer la dette de notre péché?

Chapitre quinze

1 Tout ce qu'ont dit les prophètes

2 Jésus retourne au ciel

3 Croyez-vous aux prophètes?

1 Tout ce qu'ont dit les prophètes

Sept cents ans avant la naissance de Jésus, Dieu a dit au prophète Ésaïe d'écrire le passage suivant. Lisez-le attentivement et voyez si vous êtes capable d'interpréter ce passage prophétique des Écritures.

> *Qui a cru à ce qui nous était annoncé? Qui a reconnu le bras de l'Éternel?*
>
> *Il s'est élevé devant lui comme une faible plante, comme un rejeton qui sort d'une terre desséchée; Il n'avait ni beauté, ni éclat pour attirer nos regards, et son aspect n'avait rien pour nous plaire. Méprisé et abandonné des hommes, homme de douleur et habitué à la souffrance, semblable à celui dont on détourne le visage, nous l'avons dédaigné, nous n'avons fait de lui aucun cas.*
>
> *Cependant, ce sont nos souffrances qu'il a portées, c'est de nos douleurs qu'il s'est chargé; et nous l'avons considéré comme puni, frappé de Dieu, et humilié.*
>
> *Mais il était blessé pour nos péchés, brisé pour nos iniquités; le châtiment qui nous donne la paix est tombé sur lui, et c'est par ses meurtrissures que nous sommes guéris. Nous étions tous errants comme des brebis, chacun suivait sa propre voie; et l'Éternel a fait retomber sur lui l'iniquité de nous tous.*
>
> *Il a été maltraité et opprimé, et il n'a point ouvert la bouche, semblable à un agneau qu'on mène à la boucherie, à une brebis muette devant ceux qui la tondent; il n'a point ouvert la bouche. Il a été enlevé par l'angoisse et le châtiment; et parmi ceux de sa génération, qui a cru qu'il était retranché de la terre des vivants et frappé pour les péchés de mon peuple? On a mis son sépulcre parmi les méchants, son tombeau avec le riche, Quoiqu'il n'ait point commis de violence et qu'il n'y ait point de fraude dans sa bouche.*
>
> *Il a plu à l'Éternel de le briser par la souffrance… Après avoir livré sa vie en sacrifice pour le péché, il verra une postérité et prolongera ses jours; et l'œuvre de l'Éternel prospérera entre ses mains. À cause du travail de son âme, il rassasiera ses regards; par sa connaissance mon serviteur juste justifiera beaucoup d'hommes, et il se chargera de leurs iniquités. C'est pourquoi je lui donnerai sa part avec les grands; il partagera le butin avec les puissants, parce qu'il s'est livré lui-même à la mort, et qu'il a été mis au nombre des malfaiteurs.* Ésaïe 53

Ce passage est seulement une des prophéties qui donnent des informations précises concernant le Messie qui devait venir. Il n'est pas surprenant que Jésus ait dit aux deux disciples :

> ***...O hommes sans intelligence, et dont le cœur est lent à croire tout ce qu'ont dit les prophètes!*** *Ne fallait-il pas que le Christ [ou Messie] souffre ces choses, et qu'il entre dans sa gloire?* Luc 24.25,26

Peut-être dirait-il la même chose à nous?

2 Jésus retourne au ciel

Dans les jours qui ont suivi sa résurrection, Jésus a passé du temps avec ses disciples et il :

> *...leur donna plusieurs preuves, se montrant à eux pendant quarante jours, et parlant des choses qui concernent le royaume de Dieu.* Actes 1.3

Finalement, il les a emmenés dans un endroit familier, situé à trois kilomètres de Jérusalem.

> *Il les conduisit jusque vers Béthanie, et, ayant levé les mains, il les bénit. Pendant qu'il les bénissait, il se sépara d'eux, et fut enlevé au ciel.* Luc 24.50,51

> *Et comme ils avaient les regards fixés vers le ciel pendant qu'il s'en allait, voici, deux hommes vêtus de blanc leur apparurent, et dirent : Hommes Galiléens, pourquoi vous arrêtez-vous à regarder au ciel? Ce Jésus, qui a été enlevé au ciel du milieu de vous, viendra de la même manière que vous l'avez vu allant au ciel.* Actes 1.10,11

Les anges ont dit que Jésus reviendrait. Si on prenait le temps d'étudier le sujet, on verrait que la Bible a beaucoup à dire sur le retour de Jésus. Dieu a tenu sa promesse concernant la première venue de Jésus et nous pouvons être certains qu'il tiendra aussi celle de sa seconde venue. Dieu tient toujours parole.

Le reste de la Bible raconte certains événements qui sont survenus durant la vie des disciples, à qui l'on a aussi donné le nom d'apôtres. Ces disciples ont parlé de Jésus à une multitude de gens :

> *La parole de Dieu se répandait de plus en plus, le nombre des disciples augmentait beaucoup à Jérusalem, et une grande foule de sacrificateurs obéissaient à la foi.* Actes 6.7

Même les prêtres, qui avaient joué un rôle important dans la mort de Jésus, ont cru. Mais tout le monde ne s'est pas laissé convaincre, et comme les disciples s'y attendaient, ils ont rencontré beaucoup de résistance. Un jeune pharisien du nom de Saul, animé d'une violente haine pour Jésus, mettait à mort et emprisonnait ceux qui suivaient ses enseignements. Saul observait les lois et les traditions de sa religion avec beaucoup de zèle. Il *pensait* croire les prophètes, mais en fait, il n'avait *jamais vraiment compris* leur message. Il a décidé qu'il fallait faire taire les disciples de Jésus.

> *Cependant Saul, respirant encore la menace et le meurtre contre les disciples du Seigneur, se rendit chez le souverain sacrificateur, et lui demanda des lettres pour les synagogues de Damas, afin que, s'il trouvait des partisans de la nouvelle doctrine, hommes ou femmes, il les amène liés à Jérusalem. Comme il était en chemin, et qu'il approchait de Damas, tout à coup une lumière venant du ciel resplendit autour de lui. Il tomba par terre, et il entendit une voix qui lui disait : Saul, Saul, pourquoi me persécutes-tu?*
>
> *Il répondit : Qui es-tu, Seigneur?*
>
> *Et le Seigneur dit : Je suis Jésus que tu persécutes.* Actes 9.1-5

C'était là le début d'une vie remarquable. Saul avait changé du tout au tout. Il ne tuait plus les croyants et était en fait devenu croyant lui-même. Les rôles étaient inversés – le persécuteur était devenu le persécuté. À une occasion, Saul avait été lapidé et laissé pour mort. À trois reprises, il avait été battu à coup de verges, cinq fois il avait été fouetté et trois fois il avait fait naufrage. Au cours d'un de ces naufrages, il avait été ballotté par les flots pendant plus de vingt-quatre heures. Toutes ces choses sont arrivées à Saul parce qu'il essayait de communiquer sa foi au sujet de Jésus comme étant le SAUVEUR PROMIS de qui tous les prophètes avaient parlé.

3 Croyez-vous aux prophètes?

Il y a des gens qui, après avoir lu la Bible et après avoir compris son message, décident de courir le risque de ne pas croire. Ils choisissent soit :

- de ne pas tenir compte du message;

· de rejeter le message;
· de se préoccuper des choses de la vie, oubliant ainsi le message;
· d'atténuer le message;

...et ils espèrent tous que la Bible se trompe.

Hérode Agrippa était de ceux-là. En tant que petit-fils d'Hérode le Grand et cousin d'Hérode Antipas, il a sûrement eu l'occasion d'entendre les rumeurs qui circulaient au palais au sujet de Jésus. Sans doute, chaque parole de ce prophète de Nazareth lui a-t-elle été rapportée par des espions. Mais Hérode jouissait d'un grand prestige; il était un homme important. Plutôt que de s'humilier devant le Roi des rois, il a persisté à vivre sa vie pour lui-même. Il a même gagné la faveur du peuple en faisant décapiter un des disciples de Jésus. Mais un jour:

> *...Hérode mit son vêtement royal, s'assit sur son trône et leur adressa publiquement un discours. Le peuple s'écria: « C'est un dieu qui parle et non pas un homme! » Mais au même moment, un ange du Seigneur frappa Hérode, parce qu'il s'était réservé l'honneur dû à Dieu: il fut rongé par les vers et mourut.*
>
> Actes 12.21-23 (Français courant)

Dieu, dans sa grâce, tolère le péché pour un temps, mais un jour, dans sa justice, il le jugera. Ce jugement peut arriver pendant la vie ici-bas ou il peut être réservé pour après la mort, mais il viendra certainement. Hérode est mort[6] et doit faire face à l'éternité dans l'étang de feu. Notez le verset suivant:

> *Cependant la parole de Dieu se répandait de plus en plus...*
>
> Actes 12.24

Un autre contemporain de Jésus fut Hérode Agrippa II. Il était l'arrière-petit-fils d'Hérode le Grand et le fils d'Hérode Agrippa; lui aussi savait qui était Jésus. La Bible dit que le roi Agrippa était bien versé dans tout ce qui concernait Jésus. Saul, maintenant connu sous le nom de l'apôtre Paul a été arrêté et a dû comparaître devant le roi. Dans sa défense, Paul a parlé de Jésus. Il a dit:

> *...j'ai subsisté jusqu'à ce jour rendant témoignage devant les petits et les grands, sans m'écarter en rien de ce que les prophètes et Moïse ont déclaré devoir arriver, savoir que le Christ souffrirait, et que, ressuscité le premier d'entre les morts, il annoncerait la lumière au peuple et aux nations... Le roi est instruit de ces*

choses, et je lui en parle librement; car je suis persuadé qu'il n'en ignore aucune, puisque ce n'est pas en cachette qu'elles se sont passées. Crois-tu aux prophètes, roi Agrippa?...

Et Agrippa dit à Paul: Tu vas bientôt me persuader de devenir chrétien! Actes 26.22,23,26-28

Le roi Agrippa semblait avoir bien compris ce que Paul disait. À tel point qu'il a même avoué que Paul avait presque réussi à le convaincre de croire. Mais Agrippa a couru le risque. Il n'a pas cru. Il a contourné le message des prophètes afin d'éviter de prendre une décision. Autant que l'on sache, Agrippa n'a jamais cru. Il est allé au tombeau, comprenant la vérité, mais n'y croyant pas. C'était son choix.

Paul a aussi comparu devant un gouverneur romain du nom de Félix. Paul profitait toujours de ces occasions pour donner une longue explication concernant Jésus.

Quelques jours après, Félix vint avec Drusille, sa femme, qui était Juive, et il fit appeler Paul. Il l'entendit sur la foi en Christ. Mais, comme Paul discourait sur la justice, sur la tempérance, et sur le jugement à venir, Félix, effrayé, dit: Pour le moment retire-toi; quand j'en trouverai l'occasion, je te rappellerai. Actes 24.24,25

Félix a remis sa décision à plus tard. Il voulait attendre un moment plus favorable. C'est facile de reporter sa décision à plus tard, mais la Bible nous rappelle que c'est maintenant l'heure de décider:

Voici maintenant le temps favorable, voici maintenant le jour du salut. 2 Corinthiens 6.2b

Ni les récits bibliques ni l'histoire séculière ne dévoilent le sort de Félix, mais autant que l'on sache, il n'a jamais trouvé de moment plus favorable pour croire.

Saul, Hérode, Agrippa II et Félix avaient chacun un choix à faire. C'est le même choix qui se présente à nous :

... croyez-vous [au message] des prophètes? Actes 26.27

Appendice

Glossaire

Le choix d'une Bible

Une question qui revient

Bibliographie

Notes

Glossaire

Abba: (araméen) équivaut au mot français *papa.*

Adoption: acte légal par lequel une personne est investie des droits et des responsabilités d'un fils

Adorer: déclarer la valeur de Dieu.

Alliance: une promesse; un accord.

Amen: (hébreu / grec) parole d'approbation; une forme d'accord: « C'est vrai! » ou « Je suis d'accord! ».

Ange: (grec) signifie *messager;* être céleste, spirituel, créé par Dieu.

Apôtre: (grec) signifie un *envoyé;* se rapporte le plus souvent aux douze disciples et à Paul.

Arche: un contenant soit grand (bateau) ou petit (coffre).

Autel: plate-forme de terre ou de pierre à l'usage des sacrifices offerts à Dieu ou aux dieux.

Bénédiction: faveur de Dieu, reçue ou donnée.

Centenier: (grec / latin) officier romain qui commandait une troupe de cent hommes.

Christ: (grec) « l'oint », traduit par « Messie » (hébreu) dans l'Ancien Testament.

Confesser: signifie *être d'accord avec; reconnaître pour vrai.*

Démon: être spirituel malin qui est loyal envers Satan.

Diable: (du grec) faux accusateur; calomniateur; un autre nom pour Satan, le plus puissant de tous les êtres spirituels mauvais.

Disciple: personne qui suit un maître pour en recevoir un enseignement.

Emmanuel: (hébreu / grec) signifie *Dieu avec nous.*

Évangile: bonne nouvelle.

Fils de Dieu: un terme idiomatique, sans implications physiques, pour indiquer que Jésus avait les mêmes attributs que Dieu (voir pages 190,191).

Fils de l'homme: expression employée par Jésus en parlant de lui-même afin de mettre l'accent sur son humanité; les érudits des Écritures associaient ce terme au Messie (voir pages 191,192).

Foi: mettre sa confiance en quelqu'un ou dans quelque chose (voir pages 112,113).

Genèse: (grec) signifie *commencement; origine.*

Gloire: littéralement *ayant du poids,* c'est-à-dire de la valeur.

Grâce: la bienveillance, non méritée, de Dieu envers les pécheurs.

JE SUIS: nom pour Dieu signifiant *celui qui existe de lui-même* ou *celui qui existe par son propre pouvoir.*

Jésus: (grec dérivé de l'hébreu) signifie *Sauveur, Libérateur.*

Juste : être en règle avec Dieu; ce terme ne signifie pas que la personne soit sans péché; il peut aussi faire référence à la manière dont une personne se comporte; ayant un style de vie qui est bon ou droit.

Justifier : un acte judiciaire par lequel une personne est déclarée juste aux yeux de Dieu.

Maudire : provoquer ou exprimer le mécontentement.

Messie : (hébreu) signifie *l'oint,* traduit *Christ* (grec) dans le Nouveau Testament.

Miséricorde : l'amour de Dieu envers les pécheurs; la pitié.

Nature pécheresse : parfois appelée la *nature humaine* ou la *nature d'Adam;* un état d'être.

Oindre : l'acte de verser de l'huile sur une personne ou un objet en vue de le mettre à part pour Dieu. *Oint* signifie « ce qui a été choisi pour être au service du Seigneur ».

Parabole : histoire courte qui communique une leçon.

Pécher : l'idée de manquer la cible; dans ce cas, la cible de la perfection de Dieu; mépriser ou dédaigner Dieu et sa Parole; refuser de vivre selon la volonté de Dieu.

Pharaon : titre pour le roi d'Égypte.

Pharisien : personne juive qui observait méticuleusement la loi de Dieu au point de créer des lois additionnelles pour l'aider à éviter d'enfreindre la loi de Dieu.

Prêtre : homme qui remplissait des fonctions dans le tabernacle ou le temple.

Prophète : messager qui parlait de la part de Dieu.

Psaume : (grec) un chant.

Rabbi : (grec) signifie *maître; docteur.*

Racheter : *acheter* au sens d'acheter un esclave au marché.

Sabbat : le septième jour de la semaine; samedi.

Saint-Esprit : ni un ange ni un homme, mais l'Esprit de Dieu Lui-même.

Sanhédrin : (grec) tribunal juif composé de soixante et onze hommes.

Satan : (hébreu / grec) signifie *adversaire;* l'ennemi suprême de Dieu.

Sauveur : celui qui libère ou secourt autrui.

Scribe : anciennement, une personne qui transcrivait les Écritures.

Se repentir : avoir un changement de pensée (voir page 171).

Synagogue : (grec) signifie *assemblée;* se référait souvent à l'édifice.

Transgression : voir pécher.

Le choix d'une Bible

La Bible fut écrite dans le langage courant de chaque génération: l'hébreu, l'araméen, le grec. Dieu a voulu qu'elle soit accessible à chaque homme, femme et enfant, peu importe leurs antécédents ou leur statut social. Depuis l'époque de la civilisation grecque, d'autres traductions ont été faites.

Lorsqu'on traduit un message d'une langue à une autre, la traduction aura toujours ses faiblesses et ses forces quant à l'exactitude et à la cohérence du texte. Heureusement, en règle générale, les Écritures ont été traduites si soigneusement que ce qu'on a entre les mains aujourd'hui est très précis.

Afin d'expliquer la Bible plus en détails, plusieurs versions sont dotées de renvois, d'explications culturelles, de cartes géographiques, etc. Ces outils nous aident à comprendre la Bible. Bien qu'ils soient très utiles, rappelez-vous qu'ils ne sont que des commentaires de la part des hommes au sujet du texte biblique et qu'ils ne font pas partie intégrante des Écritures.

Une question qui revient

« Si une personne met sa confiance en Jésus-Christ comme son Sauveur, est-ce que cela veut dire qu'elle peut vivre comme bon lui semble – faire le mal – et tout de même aller au ciel après la mort? » Voilà une question que plusieurs personnes se posent.

Les Écritures y répondent:

> *Que dirions-nous donc? Demeurerions-nous dans le péché, afin que la grâce abonde? Loin de là! Nous qui sommes morts au péché, comment vivrions-nous encore dans le péché?* Romains 6.1,2

Le message de la mort et de la résurrection du Messie est le juste plan de Dieu pour libérer les pécheurs du péché. Selon la Parole de Dieu, au moment où une personne met sincèrement sa foi en Jésus-Christ, deux choses merveilleuses lui arrivent:

1. Elle est délivrée des **conséquences** du péché: Dieu pardonne tous ses péchés parce que Jésus a payé en entier la dette liée au péché.

2. Elle est délivrée du **pouvoir** du péché: le Saint-Esprit de Dieu vient faire sa demeure en elle et renouvelle son cœur. La personne commence alors à voir la vie selon une nouvelle perspective: elle déteste le mal et aime la justice.

Si quelqu'un est en Christ, il est une nouvelle création. Les choses anciennes sont passées; voici, toutes choses sont devenues nouvelles. 2 Corinthiens 5.17

Mais le fruit de l'Esprit, c'est l'amour, la joie, la paix, la patience, la bonté, la bienveillance, la foi, la douceur, la maîtrise de soi. Galates 5.22,23

Il s'est donné lui-même pour nous, afin de nous racheter de toute iniquité, et de se faire un peuple qui lui appartienne, purifié par lui et zélé pour les bonnes œuvres. Tite 2.14

Bibliographie

Voici une liste de quelques références se rapportant aux sujets de la création, du déluge et de Babel. L'auteur n'est pas nécessairement d'accord avec tous les points de vue présentés dans ces ouvrages.

Livres en français :

WHITCOMB, Dr John C. *Le monde qui a péri.* 190 pages.

WHITE, Dr A.J. Monty. *Évolution, un mythe croulant,* Centre Biblique Européen.

WHITE, Dr A.J. Monty. *Quel est l'âge de la Terre?* 130 pages.

WIELAND, Dr Carl. *Os et Roches,* Centre Biblique Européen, 1994. 39 pages.

Vidéos en français :

La Genèse : la réponse à toutes nos questions, Ken Ham.

Le monde qui a péri, Films for Christ, 2628 West Birchwood Circle, Mesa, Arizona, 1991.

Série de 6 vidéos sur les Origines, avec le Dr A.E. Wilder Smith. Centre Biblique Européen.

Livres en anglais :

BEHE, Michael J. *Darwin's Black Box.* NY: Touchstone, Simon and Schuster.

BROWN, Walt. *In the Beginning: Compelling Evidence for Creation and the Flood.,* Phoenix, AZ: Center for Scientific Creation.

HAM, Ken, Jonathan Sarfati and Carl Wieland. Edited by Don Batten. *The Revised & Expanded Answers Book: The 20 Most-Asked Questions about Creation, Evolution, and the Book of Genesis, Answered!* Green Forest, AR: Master Bks.

LUBENOW, Marvin L. *Bones of Contention: A Creationist Assessment of Human Fossils.* Grand Rapids, MI: Baker Bk House.

Notes

Chapitre un

1. MCDOWELL, Josh. Sous la direction de Bill Wilson, *A Ready Defense,* Thomas Nelson Publishers, 1993. p. 27,28. Avec autorisation.
2. PACHE, René. *L'inspiration et l'autorité de la Bible,* Éditions Emmaüs, 1967. p. 41.
3. *Des gens vinrent à lui, amenant un paralytique porté par quatre hommes.* Marc 2.3
4. *Illustrated Bible Dictionary,* Pt. 3, IVP © The Universities and Colleges Christian Fellowship, 1980. p. 1538.
5. COMFORT, Philip W. *The Origin Of The Bible,* Mark R. Norton, Texts and Manuscripts of the Old Testament, © Tyndale House Publishers, Inc. 1992. p. 151 sqq.
6. Traduit par William Whiston. *The Works Of Josephus,* © Hendrickson Publishers, Inc., 1987. p. 776.

Chapitre deux

1. La galaxie illustrée ici n'est pas la Voie lactée puisqu'il est impossible de la photographier. Pour la représenter, nous avons utilisé une galaxie qui lui ressemble.
2. Statistiques : *THE WORLD BOOK ENCYCLOPEDIA; Nightwatch, A Practical Guide to Viewing the Universe* par Terence Dickinson, publication par Firefly Books, avril 1999. Selon les estimés, le nombre de galaxies ne cesse d'augmenter.
3. Jude 6
4. Luc 20.36. La mort dans le sens physique. Les anges ne cessent jamais d'exister.
5. Marc 12.25

Chapitre trois

1. Il se peut que les *espèces* qui ont été créées au commencement aient engendré des groupes qui auraient par la suite été classifiés comme une *espèce* à part. Par exemple, il se peut que les dingos, les coyotes et les loups descendent tous d'une seule *espèce* (le chien). Il faut comprendre que ceci ne constitue pas une forme d'évolution puisque aucune nouvelle information génétique n'a été rajoutée.
2. Parfait dans le sens de la perfection morale.
3. Pour un exemple, voir : BEHE, Dr Michael J. *Darwin's Black Box,* Touchstone, Simon and Schuster, NY, NY 307 pp.
4. La géochronologie est une vaste discipline. Une recherche sur Internet révèle de nombreux travaux au sujet de différents modèles d'horloges.

Chapitre quatre

1. Apocalypse 12.3-9; on considère généralement que les versets 3 et 4 se rapportent à la chute de Satan, tandis que les versets 7 et 9 parlent de quelque chose qui est encore à venir. J'ai cité le passage au complet puisque ces derniers versets répondent à la question « qui » sur laquelle on se penche.
2. Ce passage reflète les choix qu'Adam et Ève ont faits.
3. Voir Romains 5.12-14 pour plus de détails. Voir aussi chapitre dix, note n° 1. Adam était le père – le chef – de toute la race humaine. Nous étions *en lui* lorsqu'il a péché.
4. *Newsweek,* le 11 janvier 1988. p. 46-52.
5. *Time,* le 4 décembre 1994, USA Edition. p. 29.

Chapitre cinq

1. Certaines personnes enseignent que Dieu n'a pas accepté le sacrifice de Caïn à cause de sa mauvaise attitude. Il va sans dire que Caïn avait une attitude d'indépendance à l'égard de Dieu, mais la Bible dit clairement: « C'est par la foi qu'Abel offrit à Dieu un sacrifice plus excellent que celui de Caïn… » La Bible ne dit pas une **attitude** plus excellente. Caïn a désobéi à Dieu puisqu'il n'a pas apporté le genre de sacrifice demandé par Dieu. Voir Hébreux 11.4. Pour recevoir un document traitant ce sujet en profondeur, veuillez communiquer avec nous en vous adressant à l'un des bureaux de GOODSEED® dont la liste figure à la fin de ce livre.
2. Luc 17.27; Matthieu 24.38
3. Romains 1.21-32; bien que ce passage ne parle pas directement des gens du temps de Noé, il reflète tout de même les choix qu'ils ont faits et les conséquences de ces choix.
4. Probablement fait à base de résine de pin bouillie avec du charbon de bois. Le goudron bitumineux n'aurait existé qu'après le déluge.
5. Genèse 6.3
6. 2 Pierre 2.5
7. Plusieurs savants ont fait des calculs pour estimer la capacité de l'arche. Une bonne référence sur le sujet est: *Noah's Ark: A Feasability Study*–par John Woodmorappe, ICR, El Cajon, CA 306 pages.
8. Le Dr John Baumgardner, géophysicien à Los Alamos National Laboratories au Nouveau Mexique, propose un modèle qui est connu des créationnistes sous le nom de « Catastrophic Plate Tectonics » (Plaques tectoniques catastrophiques).
9. Job 40.10-28; 41.1-25.
10. *L'Éternel descendit…* Si Dieu est présent partout à la fois, pourquoi devait-il *descendre?* La Bible utilise souvent des termes par rapport à Dieu pour nous aider à mieux comprendre un passage. Par exemple, la Bible dit que Dieu *regarde,* même si en tant qu'Esprit il n'a pas d'yeux physiques.
11. Je suis redevable à Carl Wieland d'avoir contribué à l'article sur la génétique. Pour une étude approfondie de ce sujet, consultez *The Revised & Expanded Answers Book*–par Ken Ham, Jonathan Sarfati, Carl Wieland, éd. par Don Batten, PH.D., Master Bks, Green Forest, AR 274 pages.

Chapitre six

1. Remarquez que l'espérance de vie des hommes était considérablement raccourcie après le déluge. À l'âge de soixante-quinze ans, Abraham était déjà considéré comme âgé.
2. Abram est devenu une grande nation: le père de la nation juive ainsi que des nations arabes.
3. Le nom d'Abram fut rendu grand: les Juifs et les Arabes tiennent Abram en haute estime. Il est important de noter que c'est Dieu qui a rendu le nom d'Abram grand, tandis qu'à Babel ce sont les hommes eux-mêmes qui recherchaient la renommée.
4. L'histoire semble démontrer que ceux qui ont persécuté les Juifs n'ont pas connu la prospérité à long terme.
5. Jean 8.56
6. Matthieu 17.20
7. *Car le salaire du péché c'est la mort…* Romains 6.23a. Voir chapitre quatre, La mort, page 65.

Chapitre sept

1. Les douze tribus d'Israël sont les douze fils de Jacob. Il y a deux exceptions: il n'y a pas de tribu de Lévi puisque ses fils sont devenus les chefs religieux de la nation; de plus, il n'y a pas de tribu de Joseph; les descendants de ses deux fils, Ephraïm et Manassé, composent les deux tribus manquantes.

Chapitre huit

1. Exode 14.1 à 15.21.
2. Ce paragraphe est une paraphrase d'Exode 19.5.

Chapitre neuf

1. Je ne préconise pas cette façon de secourir une personne en train de se noyer. Je l'utilise uniquement à titre d'illustration.
2. ❶ L'autel d'airain: Exode 27.1,2
   ❷ La cuve: Exode 30.18
   ❸ Le chandelier: Exode 25.31
   ❹ La table des pains de proposition: Exode 25.23,30
   ❺ L'autel des parfums: Exode 30.1-3
   ❻ L'arche de l'alliance: Exode 25.10,11
   ❼ Le propitiatoire: Exode 25.17-21
3. Les sacrificateurs ne pouvaient pas entrer dans le lieu très saint quand la colonne de nuée y était, car elle signifiait la présence de Dieu. Lorsque la colonne se levait pour indiquer aux Israélites qu'ils devaient se mettre en marche, alors les sacrificateurs étaient libres de préparer toutes les parties du tabernacle pour le déménagement.
4. 2 Samuel 7.12-17
5. Les savants ne s'accordent pas quant aux dates exactes de la création, du déluge et de Babel. L'interprétation littérale de la Bible ne permet pas des intervalles de millions ou de milliards d'années. Ces trois événements ont dû avoir lieu, tout au plus, sur une période de quelques milliers d'années.

Chapitre dix

1. Il ne faut pas interpréter ceci comme étant un lien génétique, c'est-à-dire que le péché se trouve dans une séquence quelconque de l'A.D.N. Le lien est strictement au niveau spirituel. Dieu tenait l'homme responsable de la rébellion dans le jardin d'Éden et, à cause de cela… *comme par un seul homme le péché est entré dans le monde, et par le péché la mort, et qu'ainsi la mort s'est étendue sur tous les hommes, parce que tous ont péché…* (Romains 5.12). Nous avons tous un père humain donc nous avons tous une nature pécheresse. Jésus fut conçu par Dieu, le Saint-Esprit. Il possédait donc la nature de Dieu.
2. Considérez ce qu'un des prophètes a écrit plus de 500 ans avant la naissance de Jésus: *Je regardai pendant mes visions nocturnes, et voici sur les nuées des cieux arriva quelqu'un de semblable à un fils de l'homme… On lui donna la domination, la gloire et le règne; et tous les peuples, les nations, et les hommes de toutes langues le servirent.* Daniel 7.13,14
3. Dans l'Ancien Testament, Seigneur est un titre qui est utilisé en parlant du *Messie* (Psaume 110.1). Il fait ressortir l'autorité du Messie–son droit de régner. PENTECOST, J. Dwight. *The Words And Works Of Jesus-Christ,* © The Zondervan Corporation, 1981. p. 61.
4. Un parfum

6. Il est probable que ce voyage à Jérusalem correspondait à la bar-mitsva de Jésus. Le Talmud dit: « à l'âge de la puberté ». Certains le situent plutôt un an après la bar-mitsva.

Chapitre onze

1. Jean fut emprisonné par Hérode Antipas, fils d'Hérode le Grand. Jean avait réprimandé Hérode pour avoir péché en prenant la femme de son demi-frère.

Chapitre douze

1. Le sanhédrin était le tribunal juif.
2. Il y a une distinction: *Puis la mort et le séjour des morts furent jetés dans l'étang de feu.* Apocalypse 20.14

Chapitre treize

1. Je n'ai pas inclus tous les détails du procès et de la crucifixion. À ce point-ci du récit, un incident significatif s'est produit:

   Comme ils l'emmenaient, ils prirent un certain Simon de Cyrène, qui revenait des champs, et ils le chargèrent de la croix, pour qu'il la porte derrière Jésus. Luc 23.26
2. WHISTON. *The Works of Josephus.* p. 720.
3. L'emploi du verbe au passé composé indique la certitude que ces événements s'accompliront dans l'avenir.
4. SHEPARD, J.W. *The Christ Of The Gospels,* Grand Rapids, Eerdmans, 1964. p. 604. Tel que cité par PENTECOST. *The Words and Works of Jesus Christ.* p. 487.
5. WALVOORD, John F. et Roy B. Zuck. *The Bible Knowledge Commentary,* © SP Publications, Inc., 1983. p. 340.

   PENTECOST. *The Words and Works of Jesus Christ.* p. 487.

   WIERSBE, Warren W. *The Bible Exposition Commentary,* Vol. 1, © SP Publications, Inc., 1989. p. 384.
7. Un bataillon est une unité militaire composée de trois cents à mille soldats.
8. La Bible ne donne pas la séquence exacte des événements de ce matin-là. J'ai utilisé un des scénarios les plus probables.

Chapitre quatorze

1. Jésus fut cloué à la croix à 9 h, l'heure du sacrifice du matin. Il est mort à 15 h, l'heure du sacrifice du soir.
2. La vie parfaite de Jésus le qualifiait pour être un sacrifice acceptable, mais c'est sa mort qui a payé la dette liée au péché. Ce n'est que par sa mort que Jésus a pu satisfaire les exigences de la loi. Matthieu 5.17,18.

BONNESEMENCE[MC] est un organisme à but non lucratif qui existe uniquement pour communiquer clairement le contenu du présent livre en anglais ainsi qu'en d'autres langues. Veuillez prendre contact avec nous si vous êtes intéressé à nos projets en cours ou à des traductions.

BONNESEMENCE[MC] CANADA
CP 82091
Gatineau QC J8T 8B6
Canada

Bureau :	819 663 3350
Commandes :	888 314 3623
Télécopieur :	819 663 5654
Courriel :	info.qc@goodseed.com
GOODSEED Australia	**1800 89 7333** info.au@goodseed.com
GOODSEED Canada	**800 442 7333** info.ca@goodseed.com
GOODSEED UK	**0800 073 6340** info.uk@goodseed.com
GOODSEED USA	**888 654 7333** info.us@goodseed.com

www.goodseed.com